生产网络与区域创新论丛

本书受国家自然科学基金（41801109）、教育部人文社会科学基金（18YJC790004）、华东师范大学教育部重点研究基地成果出版基金联合资助。

基于全球—地方视角的上海高新技术产业创新网络研究

曹贤忠　著

中国财经出版传媒集团
中国财政经济出版社

图书在版编目（CIP）数据

基于全球—地方视角的上海高新技术产业创新网络研究／曹贤忠著．
—北京：中国财政经济出版社，2018.12
ISBN 978－7－5095－8705－8

Ⅰ.①基… Ⅱ.①曹… Ⅲ.①高技术产业－产业发展－研究－上海
Ⅳ.①F127.51

中国版本图书馆 CIP 数据核字（2018）第 301909 号

责任编辑：彭　波　　责任印制：刘春年
封面设计：孙俪铭　　责任校对：李　丽

中国财政经济出版社 出版
URL：http：//www.cfeph.cn
E－mail：cfeph @ cfemg.cn

社址：北京市海淀区阜成路甲 28 号　邮政编码：100142
营销中心电话：010－88191537
北京财经印刷厂印装　各地新华书店经销
710×1000 毫米　16 开　18.75 印张　279 000 字
2019 年 2 月第 1 版　2019 年 2 月北京第 1 次印刷
定价：68.00 元
ISBN 978－7－5095－8705－8
（图书出现印装问题，本社负责调换）
本社质量投诉电话：010－88190744
打击盗版举报热线：010－88191661　QQ：2242791300

总　序

长江全长6397千米，是世界第三大长河，流域面积180万平方千米。长江经济带包括上海、江苏、浙江、安徽、江西、湖北、湖南、重庆、四川、贵州、云南九省二市，2015年，其土地面积为205万平方千米，占全国国土总面积的21.3%；人口为5.9亿，占全国的43.7%；国内生产总值为30.53万亿元，占全国的45.12%，是横跨我国东中西三大不同类型区的巨型经济带，也是世界上人口最多、产业规模最大、城市体系最为完整的流域，在中国发展中发挥着十分重要的作用。

协同发展（Coordinated Development）是指协调两个及两个以上的不同资源、个体，相互协作围绕某一具体目标，达到共同发展的过程。协同发展论与达尔文进化论不同，强调竞争不以优胜劣汰、置对方于死地为目的，而是通过发挥双方各自特长，通过制度、体制、科技、教育、文化的创新，实现双方的共同发展和社会共同繁荣。协同发展的理论根基为协同学。而协同学（Synergeics）由德国斯图加特大学教授、著名物理学家赫尔曼·哈肯（Harmann Haken）于1971年首次提出，并在1976年发表的《协同学导论》著作中进行了系统论述，它是一门跨越自然科学和社会科学的新兴交叉学科，是研究系统内部各子系统之间通过相互合作共享业务行为和特定资源，而产生新的空间结构、时间结构、功能结构的自组织过程和规律的科学。1990年以来，随着冷战的结束、经济全球化的发展，协同学逐渐被引入到地理学、经济学、管理学、社会学等学科领域，并得到了进一步发展和应用。

放眼全球，受经济全球化不断深化的影响，协同发展论已经成为当今世界许多国家和地区实现社会可持续发展的理论基础，欧盟已将协同发展作为推进欧洲一体化的指导思想与原则，并据此制定了一系列涉及世界城市群建设、创新网络、经济互动、社会共享等领域的纲领和政策措施，并取得了显著成效。回眸域内，长江经济带建设是我国新时期与“一带一路”、京津翼协同发展并列的三大国家发展战略之一。2013 年 7 月 21 日，习近平总书记在湖北考察时指出，“长江流域要加强合作，发挥内河航运作用，把全流域打造成黄金水道”；2014 年 3 月 5 日，李克强在《2014 政府工作报告》中首次提出“要依托黄金水道，建设长江经济带”；2014 年 9 月 25 日，国务院发布了《关于依托黄金水道推动长江经济带发展的指导意见》（国发〔2014〕39 号），明确了长江经济带的地域范围、奋斗目标和发展战略；2016 年 3 月 18 日发布的《中华人民共和国国民经济和社会发展第十三个五年规划纲要》指出，推进长江经济带发展，建设沿江绿色生态廊道，构建高质量综合立体交通走廊，优化沿江城镇和产业布局，坚持生态优先、绿色发展的战略定位，把修复长江生态环境放在首要位置，推动长江上中下游协同发展、东中西部互动合作，建设成为我国生态文明建设的先行示范带、创新驱动带、协调发展带。

展望未来，长江经济带在我国国民经济带发展中肩负着重要的历史使命，必须在践行创新、协调、绿色、开放、共享的发展理念、在协同发展、科技创新等方面率先垂范。有鉴于此，依托教育部人文社科重点研究基地“华东师范大学中国现代城市研究中心”、上海市哲社重点研究基地“华东师范大学长三角一体化研究中心”、上海市人民政府决策咨询研究基地曾刚工作室、华东师范大学城市发展研究院，在教育部中国特色世界一流大学和一流学科建设计划、上海高等学校高峰学科和高原学科建设计划等的支持下，在笔者主持的长江经济带系列研究项目的基础上，编著、出版《长江经济带协同发展的过程、机理、管治》丛书，全面系统探讨长江经济带不同空间层级、不同专题领域的协同发展、创新发展问题，以期为长江经济带科学规划、健康发展提供理论和应用参考。

在丛书的编写和出版过程中，上海市人民政府发展研究中心、华东师范大学长江经济支撑带协同创新中心、中国长江经济带研究会（筹）等单位、组织的领导和工作人员给予了大力支持，中国财政经济出版社王长廷副总编辑等为本书顺利出版付出了大量心血，特此致谢！

需要特别说明的是，长江经济带协同发展是一个重大而复杂的理论与应用命题，迫切需要社会各界协同探索。受多方面条件所限，本套丛书谬误之处在所难免，恳请读者批评指正！

华东师范大学终身教授　曾刚

2016年5月于华东师大丽娃河畔

前　言

随着经济全球化的深化和知识经济的发展，世界范围内企业、高校、科研机构、政府机构等创新主体之间的知识、技术流动和创新合作日益增多，在不同空间尺度上的企业创新合作日趋活跃。经济学者通常从企业经营效益的视角出发来审视企业的技术创新行为，而地理学者则更关心区域发展与企业创新之间的互动关系。20 世纪 90 年代以来，部分经济地理学者从“本土创新”（territorial innovation）的视角来观察企业创新活动，而另一部分经济地理学者则从“外部创新”（external innovation）的视角出发来分析影响企业创新合作的因子，学术界对企业合作创新网络的最佳空间单元和影响因子的认识存在较大的分歧。

高新技术产业是指从事技术开发、技术转让、技术咨询、技术服务、技术检测，或高新技术产品（服务）的研发、生产、经营等科技与创新活动，R&D 投入强度不低于 5% 的制造业。高新技术产业的发展在很大程度上受到企业创新合作水平的直接影响。本书以上海高新技术产业为研究对象，借助上海市科委高科技企业年报系统数据库、上海市高技术产业联盟建设报告、中国国家知识产权局数据库、中国国际工业博览会工业企业调查汇编、展讯通信等高新技术企业访谈资料等数据信息，综合运用社会网络分析、结构方程模型、数据包络分析等方法工具，从全球、本国、本市和全球—地方四个空间尺度入手，对上海高新技术产业创新网络进行了系统研究。主要得出如下结论：

（1）全球—地方创新网络是新时期企业创新合作结网的重要形式。以 Coe 等学者为首的曼彻斯特学派从全球生产网络、全球价值（商品）链的视角出发，认为全球联系在企业创新网络构建和运行中占据主导地位；而以 Scott 为代表的“新区域主义”（new regionalism）学派从地方产业集群、区域创新系统的视角出发，本地联系占据企业创新网络的主导地位。笔者的研究发现，企业如果过于强调全球联系，则会造成“水土不服”现象，如果过于强调本地联系，则会造成“过度根植性”（embeddedness）、“区域锁定”（regional lock-in）等问题。因此，兼具全球联系和本地根植性的全球—地方创新网络能较好地解释企业创新现实。

（2）上海基本上形成了以企业为主导、以国内合作为支撑的高新技术产业创新网络。其基本特征为：第一，企业在发明专利网络中发挥着核心作用。2015 年，上海 55.7% 的高新技术企业会通过申请专利的方式开展创新活动，其中 34% 的企业与其他机构联合开展专利申请。按上海高新技术产业创新网络的主导者来分，企业占总数的 83.71%、大学占 8.61%，科研机构占 6.75%、行业协会等其他主体仅占 0.93%。发明专利创新网络的网络密度为 0.468，低于 0.5，上海高新技术产业创新网络间节点联系紧密度总体还不高，创新合作水平仍有待进一步加强。网络中心势为 3.47%，上海高新技术产业创新网络一些核心节点发挥了重要作用。发明专利网络呈现出以“上海—北京—广州—重庆”为核心的“菱形”结构，在上海市内以浦东新区、闵行区等为主，在国内其他城市以北京、南通、广州、重庆、深圳、武汉、杭州、苏州、嘉兴、西安等为主，在海外以日本、美国、加拿大等国家或地区为主。第二，上海市高新技术企业的外向度不高。在 2015 年调查的 2350 家样本企业中，90.10% 的企业供应商来自国内，82.09% 的企业客户来自国内。第三，企业是上海高新技术产业联盟网络的主体。2015 年，在上海高新技术产业联盟中，企业为主导者占 63.62%，大学占 14.93%，科研机构占 18.55%，行业协会等其他主体占 2.9%。但产业联盟网络的网络密度仅为 0.104，远远低于 0.5，联盟网络间节点联系紧密度总体较低，联盟各成员间合作水平提升空间巨大。网络中心势为 0.33%，上海高新技术产业联盟网络重心不稳，一些核心节点尚未形成。上海高新技术产业联盟网络合作伙伴位于上海市内的最多，共有 547 家，占总量的 92.6%，44 家分布在国内其他城市，占总量的 7.4%，没有海外合作伙伴。

（3）企业发展阶段、企业规模和行业地位对上海高新技术产业创新网络形成与发展具有显著地正向促进作用，企业的劳动生产率、主营业务收入及其占行业总收入比重贡献较大。而区域制度安排、空间区位条件、企业所有制类型、企业对其他创新主体的桥接能力等三个因子对创新网络发展影响不大。

（4）本国和全球—地方创新网络的创新效率相对较高，本市创新网络和全球创新网络创新效率相对较低。具体而言，研发资金和研发人员高投入的区域，全球、本国、本市和全球—地方创新网络创新效率均达到相对最优水平；研发资金投入高、研发人员投入低的区域，本国创新网络达到相对最优，本市、全球与全球—地方创新网络创新效率总体效率不高；研发资金投入低、研发人员投入高的区域，全球、全球—地方和本国创新网络效率相对较高，本市创新网络效率相对较低；研发资金和研发人员投入低的区域，全球—地方和全球创新网络效率相对较高，本国和本市创新网络效率相对较低。总之，国家尺度创新绩效最佳，上海、北京、广州、重庆等国内中心城市发挥着关键节点和枢纽作用。

本书是教育部重点研究基地华东师范大学中国现代研究中心的研究成果。在写作过程中，曾刚教授给予了诸多指导，邹琳、陈斐然提供了重要协助。

在本书编写和出版过程中，华东师范大学城市发展研究院、中国现代城市研究中心、城市与区域科学学院领导和老师给予了大力支持，中国财政经济出版社为本书的顺利出版付出了艰辛的劳动，在此一并致谢！

然而，创新网络是一个复杂的科学及应用命题，需要学者们共同努力开展相关研究，本书正是围绕创新网络影响因子、效率、优化建设方面的初步探索，加上作者水平有限，谬误之处在所难免，恳请各位读者批评指正！

曹贤忠
2019 年 1 月于华东师大丽娃河畔

目　录

第1章

总　　论

1.1

研究背景及意义

科技创新是一项复杂的系统工程，区域、企业之间的合作所产生的本土技术溢出效应能有效提高创新绩效，通过论文合作、专利合作、产业技术创新联盟、科技项目合作等形式展开区域间长期、稳定的合作关系，以产学研合作有效整合创新资源，对于提升我国自主创新能力和区域经济长期稳定增长具有重大推动意义。

1.1.1　经济全球—地方化的时代呼唤

20世纪70年代以来，发达国家的经济结构调整和产业扩散引发了日趋增强的经济全球化趋势（刘卫东等，2003）①，经济全球化是个较为复杂的现象，可将其看作一种发展过程，也可看作一种状态（李小建，1997）②，目前大多研究集中在全球化的过程上。发达国家跨国公司通过对外直接投资形成的全球生产网络是经济全球化的主要标志（Henderson et al.，2002）③，

---

① 刘卫东，马丽，刘毅．经济全球化对我国区域发展空间格局的影响［J］．地域研究与开发，2003，22（3）：11－17.

② 李小建．新产业区与经济活动全球化的地理研究［J］．地理科学进展，1997，16（3）：16－23.

③ Henderson J.，Dicken P.，Hess M.，Coe N.，et al. Global production networks and the analysis of economic development［J］. Review of International Political Economy，2002（9）：64－436.

而发展中国家在经济全球化过程中的主导作用不强，更多地表现为接纳全球产业转移和吸引外资进入，一般而言，发展中国家仅是全球化活动的被动参与者。实际上，有学者指出自19世纪以来，经济全球化经历了三个时代，即19世纪到20世纪中叶的经济全球化1.0时代、20世纪中叶到当前的经济全球化2.0时代以及当前世界范围内正在兴起的经济全球化3.0时代。中国在经济全球化1.0时代国运衰落，在经济全球化2.0时代寻求复兴，必将在经济全球化3.0时代占据重要国际地位，发挥影响全球的大国作用（金碚，2016）①。

经济全球化正在广度和深度上全面突进，代表现阶段经济全球化特色的一种现象日益明晰起来。Dicken（2004）② 认为全球化已成为国家、地区和企业制定发展策略的重要影响因素之一，并将经济活动的空间尺度划分为“地方—国家—区域—全球”。20世纪90年代，Robertson（1995）③ 首次引入了全球—地方化（glocalization）的概念，并指出全球—地方化可能会替代全球化（globalization）和地方化（localization），在经济全球化背景下，全球尺度与地方尺度的二元建构常用于探讨国家与地方力量对跨国公司竞争力的影响、地方发展的内在条件与外来冲击的影响等方面（Benneworth et al.，2007）④，Swyngedouw（2004）⑤ 指出全球化进程的实质是“全球—地方化”，经济全球化包含了全球和地方两个层次，既有全球地方化的细化，也有地方全球化的扩展，经济活动是全球与地方综合作用的结果。这表明跨越国境的全球性经济活动，日益具备了越来越浓厚的所在国或地区的文化特征和地域属性，不再是简单的商品和投资在国与国之间的流动，不再是跨国公司母企业或母国文化及管理资源、技术资源和实物资源等的物理性移动（陈彩虹，2006）⑥。因此，全球—地方化成为经济全球

---

① 金碚．论经济全球化3.0时代——兼论“一带一路”的互通观念［J］．中国工业经济，2016（1）：5－20.

② Peter D. Global Shift（4th edition）［M］. London：Sage Publications，2004.

③ Robertson R. （n. d.）The conceptual promise of glocalization：commonality and diversity，1995. http：//artefact. mi2. hr/_aO4/lang_en/index_en. htm.

④ Benneworth P.，Hospers G. -J. The new economic geography of old industrial regions：universities as global-local pipelines［J］. Environment and Planning C，2007，25（6）：779－802.

⑤ Swyngedouw E. Globalisation or ‘glocalisation’？networks，territories and rescaling［J］. Cambridge Review of International Affairs，2004，17（1）：25－48.

⑥ 陈彩虹．“全球地方化”：经济全球化的另一种趋势［J］．中国新时代，2006（8）：26－26.

化的新阶段。

毋庸置疑，经济全球化促进了世界各国经济的发展，随着发展中国家在全球生产分工中地位的攀升，加之信息技术的迅猛发展，学界对全球化研究的不断深入，可将全球经济活动看作“全球—地方化”的现象。西方发达国家长期占据全球领导地位，促使西方经济地理学者开展了较为广泛的相关研究，形成了如全球生产网络等较为完善的全球化理论体系，为发达国家的发展做出了突出的贡献（贺灿飞、毛熙彦，2015）①。作为发展中国家的典型代表，中国正逐步从全球化的被动接受者转变为全球竞争的积极参与者。发展中国家的全球分工和地位正逐渐引起各界人士的重视，这一地位的转变迫切需要区域经济和经济地理学者开展更具时代特色的全球—地方化相关研究，补充完善区域经济学和经济地理学理论体系。

1.1.2　“创新驱动，转型发展”国家战略实施的需要

2012年11月，党的十八大报告把实施创新驱动发展战略摆在国家发展全局的核心位置，并指出要坚持走中国特色自主创新道路，以全球视野谋划和推动创新，提高原始创新、集成创新和引进消化吸收再创新能力，更加注重协同创新。创新驱动发展战略上升为国家战略（杨维汉等，2015）②。2015年3月，国务院发布的《中共中央国务院关于深化体制机制改革加快实施创新驱动发展战略的若干意见》指出，在全球新一轮科技革命与产业变革的重大机遇和挑战之下，深化体制机制改革、加快实施创新驱动发展战略是我国实现“两个一百年”奋斗目标的必要路径，更加明确了实施创新驱动发展战略的必要性（中共中央国务院，2015）③。2015年5月，国务院发布的“中国制造2025”提出了以新一代信息技术、高端装备、新材料、生物医药等高技术产业为核心的10个重点产业发展领域

---

① 贺灿飞，毛熙彦．尺度重构视角下的经济全球化研究［J］．地理学报，2015，34（9）：1073－1083.

② 杨维汉等．把创新摆在国家发展全局核心位置［EB/OL］．新华每日电讯3版，2015－10－31．http：//news. xinhuanet. com/mrdx/2015－10/31/c_134768553. htm.

③ 中共中央国务院．关于深化体制机制改革加快实施创新驱动发展战略的若干意见［EB/OL］．新华社，2015－03－23．http：//news. xinhuanet. com/2015－03/23/c_1114735805. htm.

（中共中央国务院，2015）[①]。2015 年 11 月，国务院和发改委发布的《中共中央关于制定国民经济和社会发展第十三个五年规划的建议》指出，创新是引领发展的第一动力，促进新一代信息技术、生物医药、新材料产业等高技术产业的不断壮大，强化企业的创新主体地位和主导作用（中共中央国务院/发改委，2015）[②]。2016 年 5 月，国务院发布的《国家创新驱动发展战略纲要》指出要明确企业、科研院所、高校、社会组织等各类创新主体功能定位，构建开发高效的创新网络（中共中央国务院，2015）[③]。2017 年 10 月，党的十九大报告指出创新是引领发展的第一动力，是建设现代化经济体系的战略支撑，并加强国家创新体系建设。2018 年 3 月，李克强总理在全国两会的政府工作报告中再次强调了创新驱动战略的重要性，创新是引领发展的第一动力，必须摆在国家发展全局的核心位置，深入实施创新驱动发展战略。国家出台的相关文件表明，创新驱动是新时期国家经济发展必须采取的发展战略，实施创新驱动发展战略必然要以重点产业为依托，高新技术产业创新成为支撑创新驱动发展战略的首选。

党的十八届五中全会提出“创新、协调、绿色、开放、共享”五大发展理念，其中创新是五大发展理念之首，表明创新发展是我国在“十三五”乃至更长时期实现发展目标的核心驱动因素。中国科学院研究员樊杰、刘汉初（2016）[④] 研究指出科技创新正逐步超过投资和外向型经济对区域经济增长的带动作用，成为新时期新的经济增长驱动力。中小企业在创新过程中的作用受到学者们的高度关注，并认为由于中小企业的创新能力弱，因而更加需要依赖于区域创新系统的建设（樊杰等，2004）[⑤]。实际上，企业是技术创新主体，企业的强弱直接决定了国家的强弱，实施创新

---

① 中共中央国务院．中国制造 2025［EB/OL］．中华人民共和国中央人民政府官方网站，2015 – 05 – 19. http：//www. gov. cn/zhengce/content/2015 – 05/19/content_9784. htm.

② 中共中央国务院/发改委．关于制定国民经济和社会发展第十三个五年规划的建议［EB/OL］．新华社，2015 – 11 – 03. http：//news. cnr. cn/native/gd/20151103/t20151103_520379989. shtml.

③ 中共中央国务院．中共中央国务院印发《国家创新驱动发展战略纲要》［EB/OL］．中华人民共和国中央人民政府网站，2016 – 05 – 19. http：//www. gov. cn/gongbao/content/2016/content_5076961. htm.

④ 樊杰，刘汉初．“十三五”时期科技创新驱动对我国区域发展格局变化的影响与适应［J］．经济地理，2016，36（1）：1 – 9.

⑤ 樊杰等．中小企业技术创新与区域经济发展［M］．北京：中国科学技术出版社，2004.

驱动发展战略有必要加快构建产、学、研结合的技术创新体系，合作开展创新活动，从而突破核心技术的关键环节。在经济全球—地方化的时代背景下，开展基于高新技术产业全球—地方创新网络相关研究，能为国家实施创新驱动发展战略提供决策支持。

1.1.3 高新技术产业创新的迫切需求

随着信息技术的发展，人类社会进入了知识经济占主导的时代，由于高新技术产业较为依赖技术扩散，高新技术产业的创新发展成为区域创新和区域经济发展的重要因素（曾刚，2002）①。与传统产业类似，高新技术产业的发展也离不开土地、劳动、资本、技术、管理等生产要素的综合作用，在各种要素中，拥有着知识的人力资本是高新技术产业发展的关键，也是高新技术产业的基本特点（吴敬琏，1999）②。高新技术产业的发展需要良好的区域环境，从我国高新技术产业发展实践可看出，高新技术产业发展需要较为充裕的资金和高素质、高技能、研究开发能力较强的人才，同时还离不开传统制造业的支撑和具有一线操作技术的熟练技术工人以及高级管理人才的有效配合，并不是任何区域都可以大规模发展高新技术产业，往往一些科研机构和大学等较为集中的大中城市具备高新技术产业的发展条件（陆大道，2004）③。

中国已成为世界第一制造大国，然而技术“瓶颈”依然难以突破。1990 年，中国制造业产值仅占世界制造业总产值的 3%，中国人口却占世界人口的 20%，这一令人尴尬的数字反映了中国工业基础的孱弱。经过一代人的努力，2010 年，这个数字变成了 19.4%，并且超过美国的 18.2% 成为世界第一制造大国。然而，技术难关依然严重制约着中国制造业的发展，中国政府对此有着清醒的认识，“中国制造 2025”中指出，我国制造业仍然大而不强，自主创新能力弱，关键核心技术与高端装备对外依存度

① 曾刚．技术扩散与区域经济发展［J］．地域研究与开发，2002，21（3）：38－41.

② 吴敬琏．制度重于技术——论发展我国高新技术产业［J］．中国科技产业，1999（10）：1－6.

③ 陆大道．中国区域发展的新因素与新格局（节选）［J］．地理教育，2004（1）：261－271.

高，以企业为主体的制造业创新体系不完善；产品档次不高……转型升级和跨越发展的任务紧迫而艰巨。因此，以高新技术产业为代表的中国制造业迫切需要攻克技术难关，实现建成全球领先的技术体系和产业体系的目标。

发达国家的高技术产业多数在大公司的研究与开发部门、大学和公共研究机构密集的地区发展，不仅是由于这些地区拥有大量高素质人才资源，富含大量的创新知识源，而且是由于产学研之间有频繁的信息和知识交流与互动，具有很强的知识溢出效应（王缉慈、王敬甯，2007）①。而我国高新技术产业仅处于世界的下游阶段，主要加工生产外部设备和进行整机组装等，核心技术和关键部件的研究开发几乎都掌握在发达国家手里，信息技术领域里的“数字鸿沟”日益扩大，提高我国高技术产业竞争力从而提高国家整个竞争力迫在眉睫（蔡运龙等，2004）②。我国高新技术产业迫切需要通过创新来实现区域的可持续发展，从全球化和信息技术革命背景上研究高新技术产业的集聚、创新网络的形成和发展，对未来我国高新技术产业的发展战略和区域布局决策具有重要作用，这也是区域经济学者义不容辞的责任。

1.1.4 上海全球科技创新中心建设的需要

上海与其他地区开展紧密的科技创新合作可以弥补上海资源的不足，推动全球科技创新中心的建设。加快建设具有全球影响力的科技创新中心，是以习近平同志为核心的党中央对上海的指示要求，是一项国家战略。2014 年 5 月，国家主席习近平在上海视察工作时指出，上海要在推进科技创新、实施创新驱动发展战略方面走在全国前头，加快向“具有全球影响力的科技创新中心”进军。作为上海步入新常态下的一号课题，2015 年《上海市政府工作报告》中明确指出，上海全球科技创新中心建设将致

---

① 王缉慈，王敬甯．中国产业集群研究中的概念性问题［J］．世界地理研究，2007，16（4）：89－97.

② 蔡运龙，陆大道，周一星等．中国地理科学的国家需求与发展战略［J］．地理学报，2004，59（6）：811－819.

力于“牢牢把握科技进步大方向、产业革命大趋势、集聚人才大举措，深入推进以科技创新为核心的全面创新”，以实现“创新要素高度集聚、创新活力竞相迸发、创新成果持续涌现”为目标。2015年5月，上海市委、市政府发布了《关于加快建设具有全球影响力的科技创新中心的意见》，指出要努力把上海建设成为世界创新人才、科技要素和高新科技企业集聚度高，创新创造创意成果多，科技创新基础设施和服务体系完善的综合性开放型科技创新中心，成为全球创新网络的重要枢纽和国际性重大科学发展、原创技术和高新科技产业的重要策源地之一，跻身全球重要的创新城市行列。2016年4月，国务院发布了《上海系统推进全面创新改革试验加快建设具有全球影响力的科技创新中心方案》，围绕建设具有全球影响力的科技创新中心总体目标定位，部署建设上海张江综合性国家科学中心、建设关键共性技术研发和转化平台、实施引领产业发展的重大战略项目和基础工程、推进张江国家自主创新示范区建设等四方面重点任务。系列政策文件均对将上海建设成为具有全球影响力的创新中心提出了明确要求，但上海目前还存在一些障碍。例如，2018年4月，上海市发展改革委下属决策咨询机构——原上海市信息中心编制的《全球科技创新中心评估报告》指出，上海位列全球科技创新中心综合评分百强城市第17位，相较于前面16个创新中心，上海还存在着世界一流大学和重量级科技奖项缺乏、电子信息和生物医药行业的龙头企业缺乏、企业研发投入不足、创投和众筹等创新活动与上海金融中心地位不匹配、创新人才集聚度不高等制约因素。因此，开展此研究也能为上海建设具有全球影响力的科技创新中心提供理论依据，具有重要的研究价值。

另外，从世界范围看，一些全球城市为摆脱服务经济的单一化，已在着手建设科技创新中心，例如，伦敦于2010年启动实施了“英国科技城”的国家战略，试图将东伦敦地区打造为世界一流的国际技术中心；纽约试图借助新科技革命带来的先发优势引导产业回流以重构全球分工体系，并于2012年制定了打造“东部硅谷”的宏伟蓝图，计划在曼哈顿以东创建一个与加州硅谷并驾齐驱的应用科学园，力图成为“全球科技创新领袖”。与之相比，上海正努力加快向具有全球影响力的科技创新中心进军，期望成为一个依靠知识创造和创新发展的全球创新城市，而上海目前已经形成较为稳定的官产学协同创新体系（陈强、刘笑，2015）①，因此，开展上海高新技术产业创新网络相关研究对于上海建设全球科技创新中心具有重要的推动作用。

1.1.5 经济地理学理论的新趋向

20世纪80年代以来，经济地理学经历了诸多思潮的演变。作为经济地理学的基本研究对象，区位、空间与地方的内涵也随着经济地理学的变革而不断演进，尤其是随着弹性专业化、后福特主义生产模式及经济全球化的兴起，西方经济地理学者在阐释“空间”的概念时发生了分歧，相继提出了制度转向、文化转向、关系转向、尺度转向和演化转向等众多转向（苗长虹，2004；苗长虹、魏也华，2007）②③。而Castells（1996）④认为空间逐渐分化成为两种不同的形式，即流动空间（space of flows）与地方空间（space of places），随着信息技术的迅速发展，“距离的死亡”或“地理的终结”等论断不绝于耳，这对于基于距离的古典经济地理学理论提出了巨大挑战，经济地理学必须要重新认识“空间”的概念。信息技术的进步引发了新空间形式的转变，经济活动从根本上变得非地方化，全新的“流的空间”已经取代传统静态的“地方空间”（艾少伟、苗长虹，2010）⑤。对于全新的“流的空间”而言，可看作是一个由创新网络和企业网络交织在一起的集合网络，借助于该网络知识与技术得以在地方、全球等不同空间尺度进行传播，“流的空间”所构成网络的节点之间的距离则已超越了古典经济地理学所说的物理距离，而是一种基于“关系”强弱决定的空间距离。“流的空间”和“关系”的探讨，促使创新网络逐渐成为经济地理

---

① 陈强，刘笑．城市三螺旋创新体系测度——基于上海和东京的对比研究［J］．中国科技论坛，2015（9）：17－23.

② 苗长虹．变革中的西方经济地理学：制度、文化、关系与尺度转向［J］．人文地理，2004，19（4）：68－76.

③ 苗长虹，魏也华．西方经济地理学理论建构的发展与论争［J］．地理研究，2007，26（6）：1233－1246.

④ Castells M. The Rise of the Network Society［M］. Cambridge，MA：Blackwell，1996.

⑤ 艾少伟，苗长虹．从“地方空间”“流动空间”到“行动者网络空间”：ANT视角［J］．人文地理，2010（2）：43－49.

学界的核心研究领域。在经济地理和区域经济发展的相关文献中，网络的研究呈现出日益增多的态势，已成为经济地理学和区域经济学研究的热点，如全球生产网络（Coe et al.，2008）[①]、创新环境（Maillat，1998；王缉慈，2016）[②③]、区域创新系统（Cooke，2004；Doloreux and Parto，2005）[④⑤]和集群（Porter，1998；Huber，2012）[⑥⑦]，这也充分表明了网络与经济增长之间存在着较高的相关性。然而，从古典区位理论开始，到全球生产网络、区域创新系统等理论演变，经济地理学者对于区域和企业创新活动的解释仍然存在着较大争议，全球—地方联结下的创新网络相关研究成为近来经济地理学者关注的新焦点（司月芳等，2016；Cao et al.，2018；童昕等，2017）。[⑧⑨⑩]

作为经济地理学前沿领域，系统地分析、研究基于不同区位条件的创新路径、创新机制具有十分重要的意义（Bathelt and Zeng，2012；颜子明等，2018）[⑪⑫]，尤其是加强发展中国家的企业创新研究，有助于经济地理

① Coe N.，Dicken P.，Hess M. Global production networks：realizing the potential［J］. Journal of Economic Geography，2008（8）：271－295.

② Maillat D. Innovative milieux and new generations of regional policies［J］. Entrepreneurship & Regional Development，1998，10（1）：1－16.

③ 王缉慈．创新集群三十年探索之旅［M］．北京：科学出版社，2016.

④ Cooke P. Regional innovation systems—an evolutionary approach. In P. Cooke，M. Heidenreich，H. Braczyk（eds）Regional Innovation Systems：The Role of Governance in a Globalised World. London：Routledge，2004.

⑤ Doloreux D.，Parto S. Regional innovation systems：Current discourse and unresolved issues［J］. Technology in Society，2005，27（2）：133－153.

⑥ Porter M. E. On Competition. Cambridge，MA：Harvard Business School Press，1998.

⑦ Huber F. Do clusters really matter for innovation practices in Information Technology? Questioning the significance of technological knowledge spillovers［J］. Journal of Economic Geography，2012，12：107－126.

⑧ 司月芳，曾刚，曹贤忠，等．基于全球—地方视角的创新网络研究进展［J］．地理科学进展，2016，35（5）：600－609.

⑨ Cao X.，Zeng G.，Teng T.，Si Y. The best spatial scale of firm innovation networks：Evidence from Shanghai high－tech firms［J］. Growth and Change. 2018，49（4）：696－711.

⑩ 童昕，王涛，李沫．无锡光伏产业链中的全球—地方联系［J］．地理科学，2017，37（12）：1823－1830.

⑪ Bathelt H.，Zeng G. Strong growth in weakly-developed networks：producer-user interaction and knowledge brokers in the greater Shanghai chemical industry［J］. Applied Geography，2012，32（1）：158－170.

⑫ 颜子明，杜德斌，刘承良，等．西方创新地理研究的知识图谱可视化分析［J］．地理学报，2018，73（2）：362－379.

学理论体系的完善。作为处于追赶过程中的新兴经济体，中国是众多发展中国家的典型代表，其创新政策和体系、创新主体与德、美等发达国家存在着较大的不同，现有区域创新理论在中国的适用性尚待进一步探讨。综上所述，作为发展中国家企业层面的创新合作研究的典型代表，从全球—地方视角开展高新技术产业创新网络相关研究，不仅是经济全球—地方化的时代需求、国家战略的现实需要、高新技术产业自身创新发展的需要，更是经济地理学和区域经济学学科理论发展的迫切需要。因此，从全球—地方视角，开展上海高新技术产业创新网络研究，对区域创新理论、全球生产网络理论和高新技术产业发展实践具有重要价值。

1.2 研究目标及问题

1.2.1 研究目标

基于区域创新系统、全球创新网络两大理论思潮，系统总结归纳全球—地方创新网络的理论分析框架，以上海高新技术产业为例，明晰上海高新技术产业创新网络的总体结构特征（产业链、联盟网络和专利网络），比较分析全球创新网络、地方创新网络（本国和本市）和全球—地方创新网络的影响因子、网络创新效率，并比较生物医药、电子信息、新材料和高新技术改造传统等高新技术产业中四个核心行业创新网络间的差异，尝试总结归纳创新网络的形成机制和创新机理，并完善全球—地方创新网络的理论架构。

1.2.2 研究问题

从区域经济学和经济地理学领域近年来的相关文献来看，有关创新的研究主要集中于协调问题、邻近性与地理环境（包括集群、溢出、合并和网络）、流动和联系（包括交易、贸易和链条）、企业和企业家精神、创新和知识五个核心主题（Howells，2012）[①]。从经济地理学思想演变来看，杜能农业区位论、韦伯工业区位论和克里斯泰勒中心地理论等基于距离的经济地理学理论主要关注地方，而随着经济全球化的加速发展，基于关系的经济地理学思潮开始成为主流，主要关注全球，并逐渐向全球—地方化（glocalization）转变，形成了新经济地理学。新经济地理学有三大主要学派：一是曼彻斯特学派，重点关注全球生产网络，代表学者有 Jeffrey Henderson、Peter Dicken、Martin Hess、Neil Coe 以及 Henry Wai-Chung Yeung 等；二是北欧创新学派，重点关注区域创新系统，代表学者有 Philip Cooke、Kevin Morgan 以及 Peter Maskell 等；三是关注全球与地方相联结的创新网络和知识流动（glocal innovation network），代表学者有 Harald Bathelt、曾刚等。

有关全球—地方创新网络的相关研究在国内刚刚起步，司月芳等（2016）[②] 首次界定了全球—地方创新网络的概念，并把区域创新系统和全球创新网络进行了比较，指出全球—地方创新网络将是经济地理学领域研究的重点。本书在此基础上，尝试重点解决以下三个问题：第一，上海高新技术产业创新网络的主体结构与空间结构特征如何？第二，哪些因子对创新网络的形成具有重要影响以及创新网络的影响机制。全球—地方创新网络与全球创新网络、地方创新网络影响因子有何不同？第三，创新网络的最佳空间尺度及创新网络创新机理。全球—地方创新网络的作用效果与全球创新网络、地方创新网络的创新效果有何异同，创新网络的创新机理是什么？

1.3 主要研究内容

研究内容主要分为总论、文献综述与理论分析、上海高新技术产业创

① Howells J，Bessant J. Introduction：Innovation and economic geography：a review and analysis [J]. Journal of Economic Geography，2012（12）：929 – 942.

② 司月芳，曾刚，曹贤忠，等．基于全球—地方视角的创新网络研究进展［J］．地理科学进展，2016，35（5）：600 – 609.

新网络实证分析以及结论与展望四个部分：

第一部分为总论，包括第 1 章。主要分析开展本书的理论与现实意义，明晰主要研究问题、研究目标，并设计研究内容、方法和技术路线。

第二部分为文献综述与理论分析，包括第 2 章、第 3 章。第 2 章主要评述了经济地理学领域国内外有关创新网络的研究文献，运用 Citespace 知识图谱分析方法，识别出 1990 年至今关于创新网络的研究热点，并对各研究热点进行了述评，围绕创新网络的全球与地方化之争进行了系统总结，指出全球—地方联结下的创新网络研究是新时期经济地理学领域的研究重点；第 3 章主要对区域创新系统理论、全球生产网络理论进行了总结，在归纳最新研究进展的基础上，重点围绕区域创新系统理论在解释全球化创新问题上的不足、全球生产网络 1.0 和 2.0 版在解释地方化创新问题上的不足，对全球—地方创新网络的科学内涵进行界定，通过文献分析和实地调研资料构建全球—地方创新网络的理论分析框架。

第三部分为上海高新技术产业创新网络实证分析，包括第 4 章、第 5 章、第 6 章、第 7 章。第 4 章主要对高新技术产业的范围、分类进行界定，并从全球、中国、上海三个层面分析了高新技术产业的发展现状和空间格局，评价上海高新技术产业的创新环境；第 5 章基于上海市科委高科技企业数据库创新数据、产业联盟数据和联合发明专利数据，较为系统地分析了上海高新技术产业的创新网络结网类型、网络结构和结网尺度划分；第 6 章主要运用结构方程模型（SEM）方法对上海高新技术产业全球创新网络、地方创新网络、全球—地方创新网络的影响因子进行定量比较分析，并分别探讨各因子对不同空间尺度和不同行业网络形成的影响机制；第 7 章主要运用数据包络分析（DEA）方法分析探讨上海高新技术产业全球创新网络、地方创新网络、全球—地方创新网络的创新效率，比较分析上海高新技术产业不同空间尺度和不同行业创新网络的创新效率差异，总结归纳上海高新技术产业创新网络的创新机理。

第四部分为结论与展望，包括第 8 章。总结全书的研究结论，回应研究综述中提到的研究争议，总结归纳全书的理论贡献和创新点，并尝试在本书的研究基础上，展望未来经济地理学学者围绕创新网络的研究建议。

全书框架如图1-1所示。

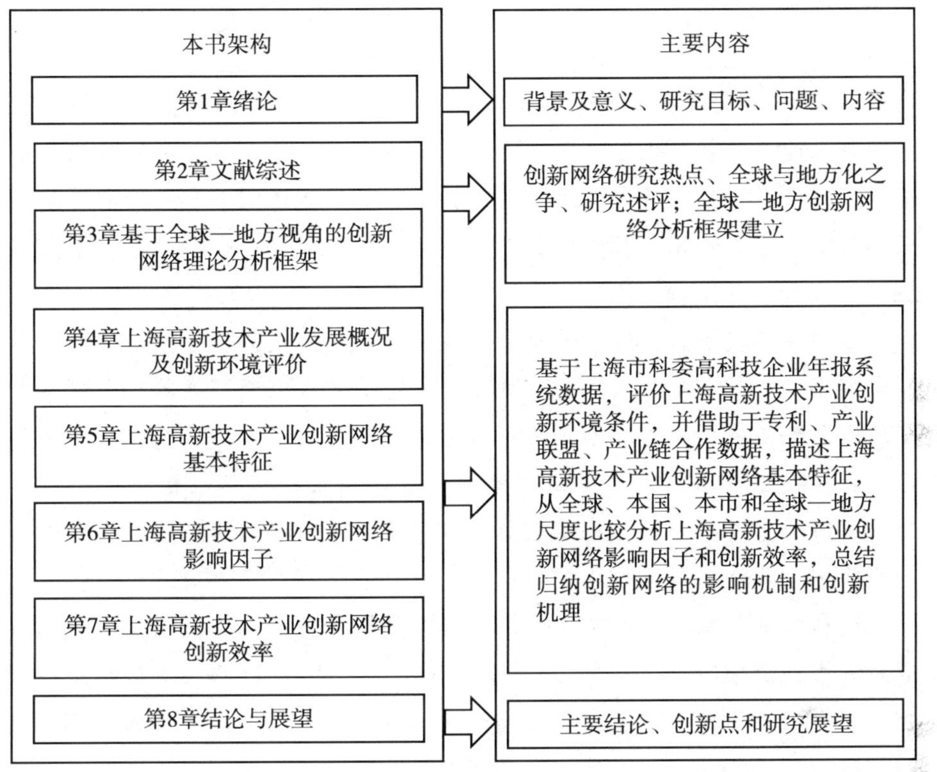

图1-1 全书总体框架图示

1.4 研究基础及方法

1.4.1 研究基础

笔者所在研究团队长期致力于创新领域的研究，装备制造产业创新网络是近年来团队主攻方向之一。围绕高技术产业技术扩散与光电子产业、生物医药产业、集成电路产业、装备制造业全球创新网络和地方创新网络等开展了大量研究，在区域经济学和经济地理学领域具有重要的影响力。本书正是在这一研究基础上的重要延续和深化，也是对创新网络相关研究的重要完善，对于创新经济地理学理论体系的形成具有重要价值。

笔者自 2013 年攻读博士学位以来，先后参加了德国基金会项目“中国装备工业自主创新能力研究”的装备工业调研工作，作为课题秘书先后参与了 2014 年上海市规土局 2040 战略课题“全球视野下长三角海洋发展战略与空间应对研究”、2014 年上海市政府发展研究中心决策咨询重点课题“上海在长江中国新支撑带中的地位和作用研究”、2015 年上海市科委软科学项目“基于长江经济带发展战略的长三角科技创新合作研究”等课题研究工作，对上海市产业发展概况、发展困境、创新网络的相关理论有了较为深刻的认识。2017 年博士毕业后，先后主持了上海市哲学社会规划基金青年项目“基于创新网络视角的长江经济带区域增长机理研究（编号：2017EJL002）”、中国博士后科学基金项目“基于多维邻近性视角的上海高技术企业创新网络作用机理研究（编号：2017M621408）”、教育部人文社会科学青年基金项目“长三角城市群高技术企业创新网络效率空间差异及邻近性机理研究（编号：18YJC790004）”、国家自然科学基金青年项目“基于创新网络视角的区域增长时空演化特征及机理研究（编号：41801109）”。围绕区域发展、经济技术开发区转型发展、创新网络、区域创新效率等主题撰写了 20 余篇论文，形成了多份研究报告，对产业创新网络的相关研究积累了丰富的研究经验。

另外，在以上课题的支持下，笔者先后对 2013 ~ 2017 年国际工业博览会约 400 家企业进行了调研，并对包括展讯通信有限公司、上海振华重工（集团）股份有限公司、沪东中华造船（集团）有限公司、中芯国际集成电路制造有限公司、中国宝武钢铁集团有限公司、上海复星医药（集团）股份有限公司、上海微型电子装备有限公司、齐耀动力、东方有线等 10 多家重点高新技术企业进行了访谈，与上海市科委、发改委、教委、张江科学城、浦东科技创新促进中心、上海市政府发展研究中心、上海市规土局、上海市奉贤区发改委等职能部门进行了座谈，形成了 20 份调研报告，15 份相关课题开题、中期和结题评审会议上的专家咨询会议纪要等，收集了大量有关上海高技术企业创新合作、区域创新合作的统计资料，对上海高新技术产业空间布局、发展现状、技术“瓶颈”有了充分认识，同时，本书还使用了上海市科委提供的上海高技术企业年报相关数据。另外，对区域创新网络国内外相关文献进行了系统研读，明确了主要研究争论和研究问题。这些工作为本书的研究打下了坚实的工作基础。

1.4.2　研究方法

1.4.2.1　文献分析方法

以中国知网（CNKI）和 Web of Knowledge 数据库为文献收集来源，运用 Citespace 知识图谱分析法定量分析 1990 年至今有关创新网络的中外文献，对研究热点关键词和学者进行可视化分析，为本书研究问题提出提供科学依据；同时通过大量相关中外文献梳理和总结，对区域创新系统理论、全球创新网络理论进行系统归纳，并与本书全球—地方创新网络研究建立理论联系，基于已有研究文献分别对区域创新网络和全球创新网络进行界定和比较，探讨全球—地方创新网络的理论分析框架。

1.4.2.2　实地调研方法

实地调研主要是为了获取统计资料难以量化的相关数据资料，主要可分为政府企业职能部门座谈会、重点企业问卷调查和深度访谈三类。政府企业职能部门座谈会主要以课题专家咨询的形式进行。问卷调查采取的方式是通过中国工业博览会参展企业进行调查。深度访谈主要采取两类方式：一类是借助相关课题组织单位提供的上门访谈企业方式，这类访谈时间一般为 2 个小时左右，主要访问对象为企业高级管理者、市场部主管、技术研发主管和研发人员等；另一类是在发放问卷过程中，对包括上海航瞰信息技术有限公司、上海复旦微电子集团股份有限公司、上海津驰自动化设备有限公司、上海曼恒数字技术股份有限公司、上海福建中科光汇激光科技有限公司、上海电科智能系统股份有限公司、上海微敏自控技术有限公司、上海科比传动技术有限公司、上海沐泽信息技术有限公司、上海超导科技股份有限公司、上海简通激光科技有限公司、上海械灵自动化科技有限公司、上海发那科机器人有限公司、上海司南卫星导航技术股份有限公司、上海微电子装备有限公司、特一（上海）新材料有限公司等16家企业的访谈资料，访谈时间平均为每家企业30分钟，访谈对象主要为技术研发人员和市场部人员。

1.4.2.3 数学模型方法

数学模型主要用于室内数据和实地调研数据的分析计算，包括因子分析法、社会网络分析方法、SEM模型、DEA模型。因子分析法和SEM模型分析方法用于分析上海高新技术产业创新环境评价和影响因子分析，明晰影响因子对创新网络的影响路径；社会网络分析方法用于分析上海高新技术产业及四个分行业的主体结构特征、空间网络结构特征；DEA模型用于分析上海高新技术产业全球创新网络、地方创新网络和全球—地方创新网络的创新效率分析评价。

1.5 研究技术路线

图1-2为本书的技术路线图。首先，通过国内外创新网络相关文献、理论分析，总结归纳全球—地方创新网络分析框架；其次，基于专利数据、上海市科委高科技企业年报系统数据、产业联盟数据，运用社会网络分析方法系统分析上海高新技术产业的创新网络结构特征、创新网络类型和创新网络尺度，并运用SEM模型和DEA模型对上海高新技术产业不同空间尺度和不同行业类型的创新网络影响因子和创新效率进行定量评价，同时，通过文献分析和企业访谈、问卷调查资料对测算结果进行定性分析；最后，基于文献和实证结果，系统总结归纳上海高新技术产业创新网络影响机制和创新机理，从而为创新经济地理学的理论发展提供新的分析视角。

创新网络研究综述
创新网络理论基础
文献分析
全球—地方创新网络理论分析框架
问卷调查
文献分析
企业访谈
创新网络特征
网络影响因子
网络创新效率
结网方式
网络结构
结网尺度
全球尺度
地方尺度
全球—地方
全球尺度
地方尺度
全球—地方
社会网络
SEM模型
DEA模型
创新网络影响机制及创新机理
企业访谈
定性分析
影响因子
主体结构
创新效果
结论与展望

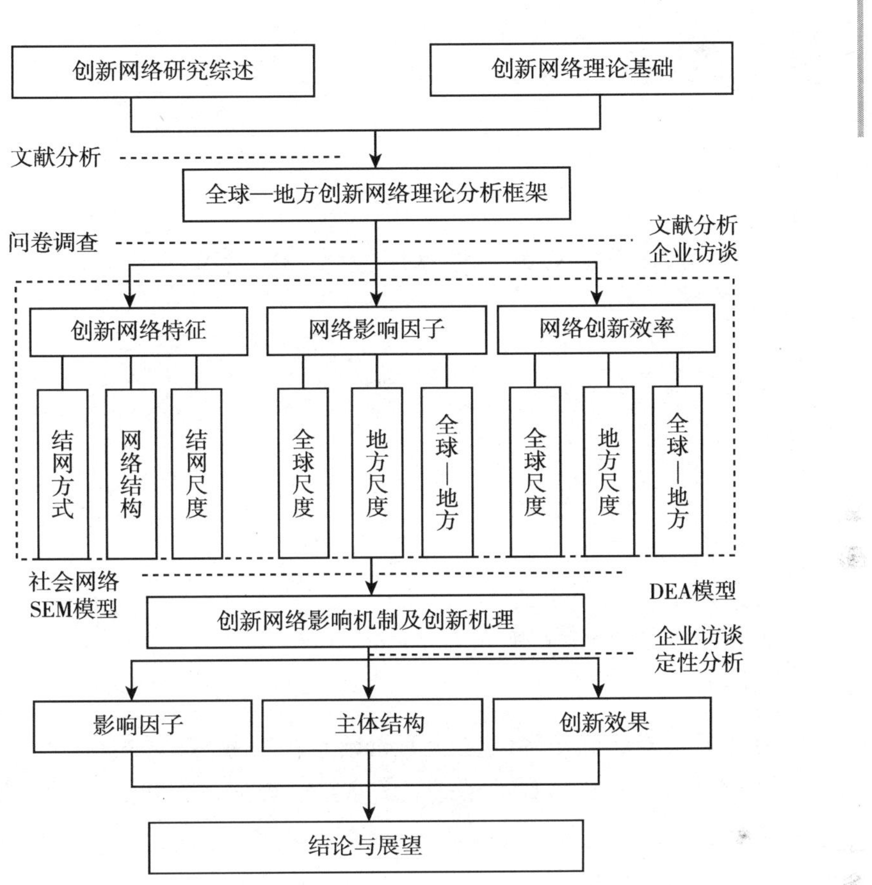

图 1－2　技术路线图

第2章

创新网络相关文献综述

2.1

创新网络的科学内涵及构成

企业通过构建合作网络进行创新已是企业通行的创新模式，企业创新模式相继经历了技术推动模式、需求拉动模式、交互模式、综合模式，现已进入以创新网络为核心的第五代创新模式，这也是未来创新研究的主导方向（Rothwell，1992）①。学者们由此开始从网络范式角度探讨创新问题，研究视野从产学研垂直一体化逐步转向创新网络（王飞，2012）②。根据创新活动范围和主体的不同，有学者将创新分为渐进式创新、激进式创新、企业系统创新和区域创新网络四种形式（Tracey，2003）③。区域创新网络是创新研究领域的最新研究进展，多个学者对创新网络进行了概念界定方面的研究（Arndt and Sternberg，2000；王大洲，2001；盖文启、王

① Rothwell R. Successful Industrial Innovation: Critical Factors for the 1990s [J]. R&D Management, 1992, 22 (3): 221 - 239.

② 王飞. 生物医药创新网络演化机理研究——以上海张江为例 [J]. 科研管理，2012，33 (2): 49 - 54.

③ Tracey P., Clark G. L. Alliances, Networks and Competitive Strategy: Rethinking Clusters of Innovation [J]. Growth and Change, 2003, 34 (1): 1 - 16.

缉慈，1999；李金华、孙东川，2006；吕国庆等，2014；梅亮、许庆瑞，2011)[1][2][3][4][5][6]，从创新网络本质含义来看，可将创新网络看作一个联系紧密的实体或系统，并由不同创新主体间正式关系和非正式关系交织而成，还有的学者指出创新网络是企业创新在地理空间和战略关系层面上的综合体现（连远强，2016）[7]。Freeman（1991）最早开展了创新网络研究，并提出了创新网络的概念[8]，Cooke（1996）在其基础上，对创新网络内部主体关系进行了界定研究[9]。实际上，区域创新网络构建的最根本原因在于单个企业知识匮乏、创新能力不足、创新资源有限，因而企业为了获取知识、弥补自身的创新缺陷与其他企业合作创新（郑展、韩伯棠，2009）[10]。

创新网络主体一般包括企业、大学与科研机构、政府、资本市场、中介机构等。从企业的角度来看，企业与其他各类创新主体相互弥补自身不足，为了开展技术创新进行合作，形成的组织就是企业创新网络，众多企业参与创新网络形成的众多组织的集合构成了区域创新网络，企业在创新网络中起着技术创新和科技成果转化的作用；大学与科研机构是创新网络中的重要知识生产者和转移者，承担着基础性的研究，并为企业提供知识来源；政府、资本市场、中介机构等在创新网络中是知识的传送者，负责营造创新网络良好的氛围，组织和引导知识在不同的创新主体间进行流动

---

① Arndt O., Sternberg R. Do manufacturing firms profit from intraregional innovation linkages? An empirical based answer [J]. European Planning Studies, 2000 (8): 465 -485.

② 王大洲. 企业创新网络的进化与治理：一个文献综述 [J]. 科研管理，2001，22 (5)：96 -103.

③ 盖文启，王缉慈. 论区域创新网络对我国高新技术中小企业发展的作用 [J]. 中国软科学，1999 (9).

④ 李金华，孙东川. 创新网络的演化模型 [J]. 科学学研究，2006，24 (1)：135 -140.

⑤ 吕国庆，曾刚，顾娜娜. 经济地理学视角下区域创新网络的研究综述 [J]. 经济地理，2014，34 (2)：1 -8.

⑥ 梅亮，许庆瑞. 创新网络研究述评 [J]. 科技管理研究，2011，31 (10)：18 -25.

⑦ 连远强. 国外创新网络研究述评与区域共生创新战略 [J]. 人文地理，2016 (1)：26 -32.

⑧ Freeman C. Networks of innovators: A synthesis of research issues [J]. Research Policy, 1991 (20): 499 -514.

⑨ Cooke P. The new wave of regional innovation networks: Analysis, characteristics and strategy [J]. Small Business Economics, 1996, 8 (2): 159 -171.

⑩ 郑展，韩伯棠. 基于知识流动的区域创新网络研究评述 [J]. 科技管理研究，2009 (6)：176 -179.

(Storper and Venables, 2004)①。根据不同的划分标准，创新网络也有不同的类型，例如，根据网络联系是否跨越企业的边界可将创新网络分为企业内部网络和企业外部网络；根据网络联系是否跨越地域边界可将创新网络分为区域内联系和区域外联系，受 Dicken（1994）空间尺度划分的影响②，也有的学者将创新网络细分为全球、区域、国家和地方创新网络；根据网络合作性质的不同，可将创新网络分为垂直合作网络（产业链上下游联系）和水平合作网络（企业与大学、科研院所的联系）（Dowling and McGee，1994；Zhou and Tong，2003；Liefner and Hennemann，2011）③④⑤。

2.2 基于 Citespace 的创新网络知识图谱分析

创新网络研究近年来在区域经济学和经济地理学界受到前所未有的重视，研究成果呈现出多样化的特征。为了较好地总结国内外创新网络研究成果，笔者运用科学知识图谱分析软件来识别热点关注领域。CiteSpace 软件系统由美国德雷塞尔大学华人学者陈超美博士于 2004 年首次开发，并于 2006 年对其更新发布了 CiteSpace 第Ⅱ版，该软件主要用于计量和分析科学文献数据的信息可视化软件，对科学知识领域的全面研究概况能直观刻画，进而有助于识别某一科学领域中的关键文献、热点研究和前沿方向(侯剑华、胡志刚，2013)⑥。近年来，科学知识图谱分析逐渐被引入经济

① Storper M., Venables A. J. Buzz: Face-to-face contact and the urban economy [J]. Journal of economic geography, 2004, 4 (4): 351 -370.

② Dicken P. Global-local tensions: Firms and states in the global space-economy. Economic Geography, 1994, 70: 101 -128.

③ Dowling J. M., McGee E. J. Business and technology strategies and new venture performance: A study of the telecommunications equipment industry [J]. Management Science, 1994, 40 (12): 1663 -1677.

④ Zhou Y., Tong X. An innovative region in China: Interaction between multinational corporations and local firms in a high-tech cluster in Beijing [J]. Economic Geography, 2003, 79 (2): 425 -434.

⑤ Liefner I., Hennemann S. Structural holes and new dimensions of distance: the spatial configuration of the scientific knowledge network of China's optical technology sector [J]. Environment and Planning A, 2011, 43: 810 -829.

⑥ 侯剑华，胡志刚. CiteSpace 软件应用研究的回顾与展望 [J]. 现代情报，2013，33 (4): 99 -103.

地理学的文献分析之中，一些经济地理学者的研究成果表明，Citespace 知识图谱分析对经济地理学领域的文献识别、分析和可视化具有非常重要的作用（贺灿飞等，2014；李婉、孙斌栋，2014；韩增林等，2016）①②③。

2.2.1 数据来源

本书主要梳理创新网络的国内外研究，考虑到 Citespace 软件对数据的要求及识别，采用的中英文文献基础数据分别来自 Web of knowledge（涵盖了 SCIE、SSCI、AHCI、INSPEC、BCI 等收录的英文期刊）和中国知网（涵盖了期刊、学位论文、会议、报纸等）。为了确保数据分析结果的权威性和可靠性，本书对基础数据库中的期刊进行筛选，对于英文文献，选择 Web of ScienceTM 核心合集收录期刊，文献类型为 Article、Proceeding Paper 和 Review，主题为"Innovation Networks""Networks of Innovation""Innovation cooperation"，关系词为"or"；对于中文文献，选择北大中文核心、CSSCI 收录期刊和硕博士学位论文，主题为"创新网络"，分别进行检索。入库起始时间为 1990 年 1 月 1 日，截止时间为 2016 年 5 月 5 日，经过对检索出的文献进行筛选，删除书评、广告新闻、会议通知以及与创新网络无关的记录，最终获得英文文献 1731 篇、中文文献 1458 篇。由于本书已涵盖了所设定的能代表创新网络研究的全部成果，因此所收集的数据可看作是全样本分析，分析结果具有较高的代表性。

2.2.2 创新网络研究知识图谱及特点

运用 Citespace 软件对 1990～2016 年 Web of Science 收录的 SSCI 期刊和中国知网收录的核心和 CSSCI 期刊所刊载的创新网络主题文献进行分析，时

① 贺灿飞，郭琪，马妍等．西方经济地理学研究进展［J］．地理学报，2014，69（8）：1207－1223.

② 李婉，孙斌栋．西方经济地理学的知识结构与研究热点——基于 CiteSpace 的图谱量化研究［J］．经济地理，2014，34（4）：7－12.

③ 韩增林，胡伟，李彬等．中国海洋产业研究进展与展望［J］．经济地理，2016，36（1）：89－96.

间切片选择5年，并遴选每个片中前50的关键词形成知识图谱，为了简化关键词知识网络结构并突出重点关键词间的联系，采用 Minimum Spanning Tree 算法对所有切片组成的网络进行剪裁。通过数据处理后，中英文关键词知识网络节点为227个，各节点之间有892条联系（见图2-1和图2-2）。

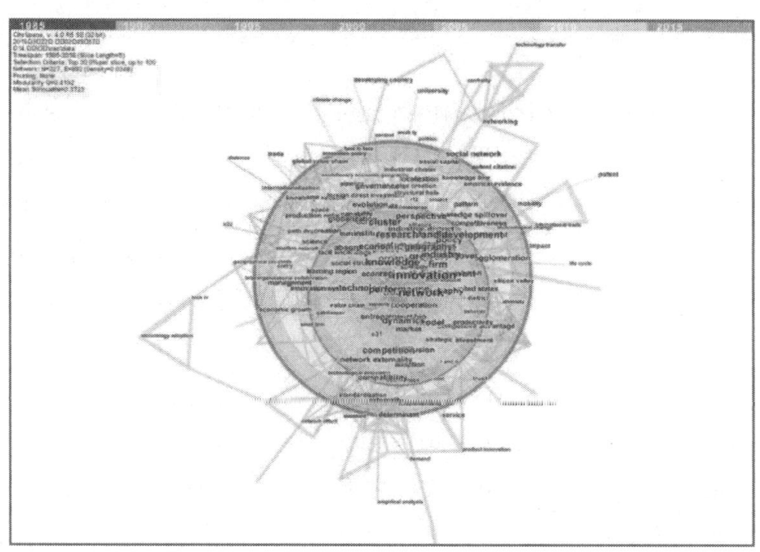

图2-1 1990~2016年英文创新网络关键词知识网络

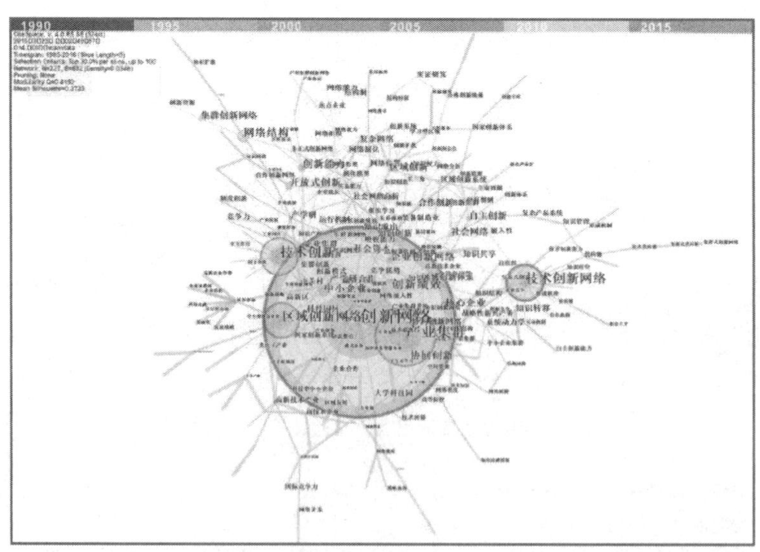

图2-2 1990~2016年中文创新网络关键词知识网络

图 2－1 为英文文献关键词的共引关系（节点之间有连线）可视化图示，与 innovation networks 具有共引关系的关键词主要包括 performance、knowledge flow、industry、research and development、economic growth、cluster、dynamics、globalization、global value chain、innovation policy、social network、geographical proximity、competition、network externality、strategic investment。其中 dynamics、global value chain、social network、geographical proximity 等关键词被引用的频率较高，这也是近年来西方经济地理学者关注的热点，且研究领域也逐步拓展到 small firm、tacit knowledge、evolution、learning region 等关键词，研究空间尺度包括全球、区域和地方，主要研究区域集中在德国、英国、美国等发达国家的案例，如 silicon valley 等；图 2－2 为中文文献关键词的共引关系可视化图示，与创新网络具有共引关系的关键词主要包括网络结构、创新效率、企业创新网络、产业集群、技术创新、企业合作、区域创新网络、创新模式、协同创新、技术创新网络、集群创新网络、高新技术产业、大学科技园、社会网络、开放式创新、创新能力、复杂网络、产学研、区域创新系统、国家创新系统、区域发展。产业集群、区域创新网络、技术创新、创新效率、协同创新关键词被引用的频率较高，也是近年来国内经济地理学者关注的热点，且研究领域逐步拓展到中小型科技企业、企业集群、空间集聚、协同创新网络、形成机理、知识转移等关键词，研究空间尺度包括全球、区域和地方，研究案例多以产业或高科技园区为主，如装备制造业、光电子产业、中关村、战略性新兴产业等。综合来看，创新网络形成与演化动力、创新效率、知识流动、区域经济发展、装备制造业等关键词是国内外经济地理学者关注的热点，研究关注的空间尺度为全球、区域或地方单一空间尺度，没能融合不同空间尺度进行研究。

为了进一步明晰区域经济学和经济地理学者对创新网络的研究脉络，运用 Citespace 软件对中英文 1990 年以来研究文献中热点关键词的时间演变趋势进行可视化（见图 2－3 和图 2－4），关键词出现的频率越大半径则越大，标有深色的节点的中心性较高且在知识网络中具有重要的地位。1990～2010 年，产业集群、技术创新、科技园区、区域创新系统是研究重点，2010 年以来，区域创新网络、协同创新、区域经济、产学研合作、创新效率成为研究的热点，新近涌现出来的研究热点为网络结构、开放式创新、网络影响因素，而全球创新网络、创新能力和知识流动等一直是研究关注的焦点。

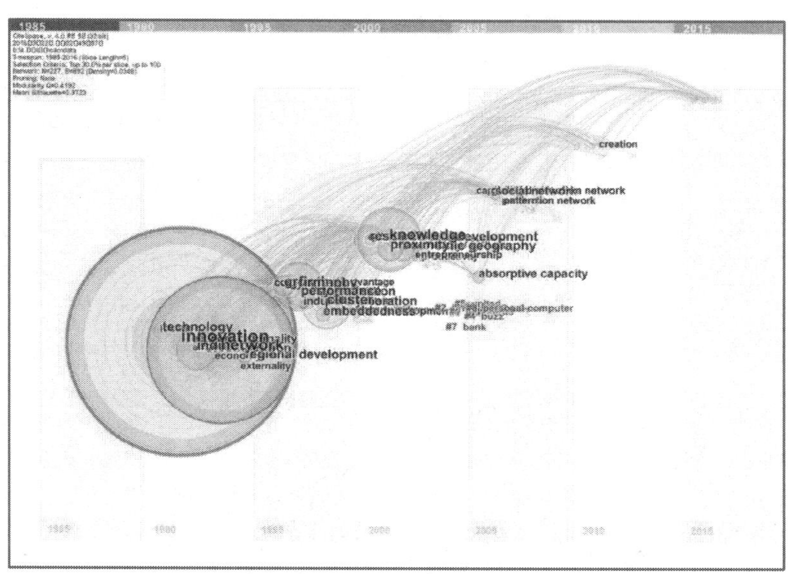

图 2－3　1990～2016 年英文创新网络关键词演变

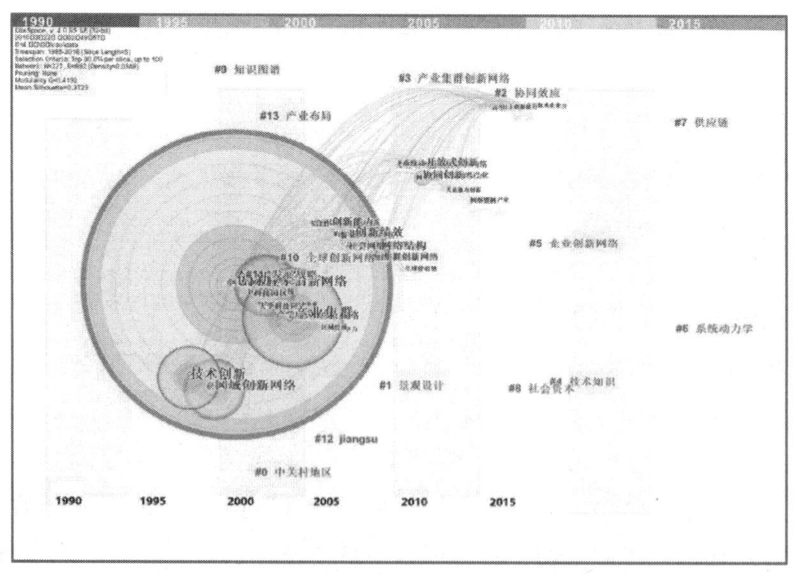

图 2－4　1990～2016 年中文创新网络关键词演变

基于国内外文献关键词构建的知识网络聚类分析可得到 14 个聚类（见图 2－5 和图 2－6），由于 Modulariy＝0.4192（一般认为 Modularity 数值处于 0.4～0.8 之间适合聚类），Mean Sihouette＝0.3723（该值越高表明同一聚类内相似性越强）。聚类结果表明经济地理学者关于创新网络的研究涉及面较广，同一主题研究内容的研究视角呈现多样化。图 2－5 显示了国外学者关键词的聚类，包括 innovation city、economic growth、innovation policy、knowledge spillover、social network、local and global network、cluster、economic geography、innovation system、firm、embeddedness、innovation performance、technology network、evolution dynamic；图 2－6 显示了国内学者关键词聚类，包括知识图谱、产业集群创新网络、协同效应、供应链、产业布局、企业创新网络、系统动力学、全球创新网络、发展战略、景观设计、社会资本、技术知识、中关村地区、典型城市或产业。

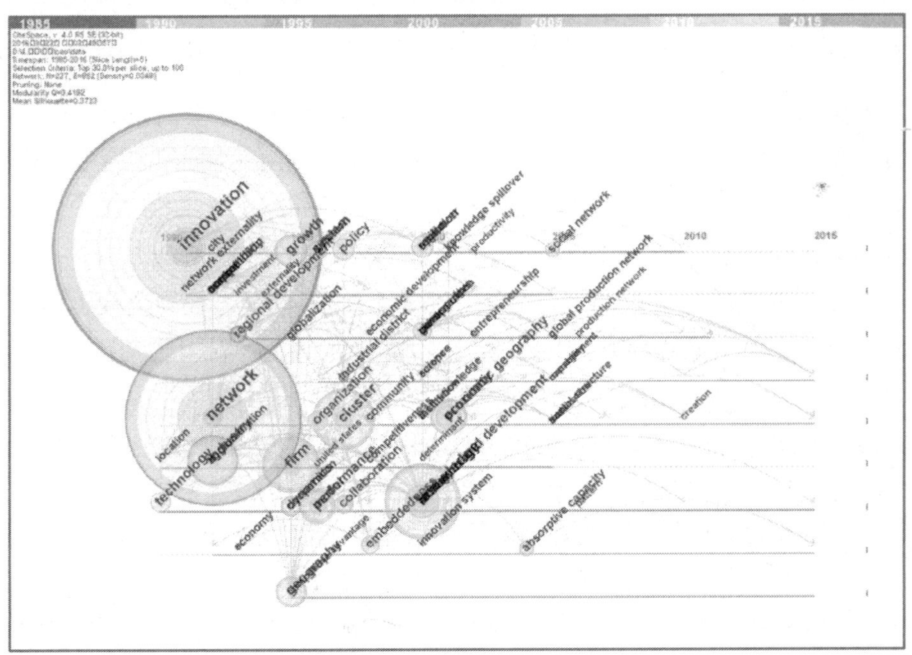

图 2－5　1990～2016 年英文创新网络关键词聚类

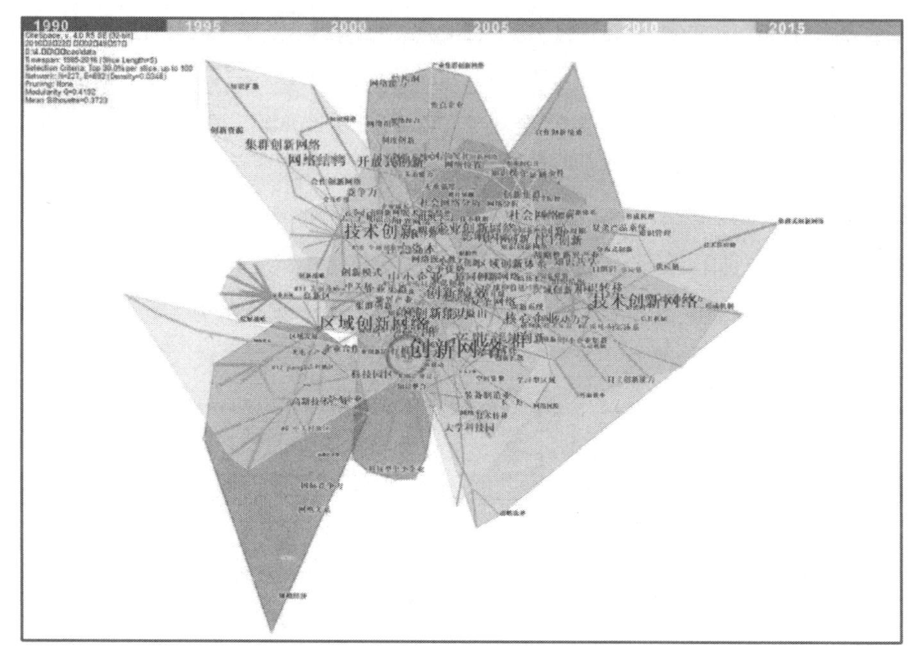

图 2-6　1990～2016 年中文创新网络关键词聚类示意

图 2-7 和图 2-8 展示了 1985 年以来较为活跃的创新网络研究学者，国外的早期研究者包括 Grillitsch、Molina-Morales、Simmie、Doloreux、Karlsson、Staber、Huber、Jauhiaine、Malechi、Antonelli、Agrawal、Smith、Doloreux、Hassink、Isaksen 等，近年来 Schwartz、Lagendijk、Maggioni、Boekema、Sternberg、Rodnguez-Pose、Fitiar、Pinch 等学者表现得较为活跃，而 Cooke、Wei、Boschma、Huggins、Bathelt、Coe 等研究者长期致力于区域创新系统、创新网络演化、全球创新网络、全球生产网络、知识流动等方面的研究，学科背景以经济地理学者为主。从国内来看，学者的范围较为广泛，包括经济学、地理学、管理学等多学科背景的学者，从 1990 年以来，一直较为活跃的研究者包括党兴华、池仁勇、李金华、邵云飞、张永安、孙永磊、曾德明、曾刚、谢永平、阮平南、刘秉镰等。一些经济地理学和区域经济学者刘毅、王缉慈、樊杰、李小建、顾朝林、杨开忠、苗长虹、安虎森、甄峰、张文忠、刘凤朝、王振、任胜钢、李二玲、张辉、庞瑞芝、王灏、盖文启、吕国庆、朱华晟等也对创新网络进行了较为深入的探讨。

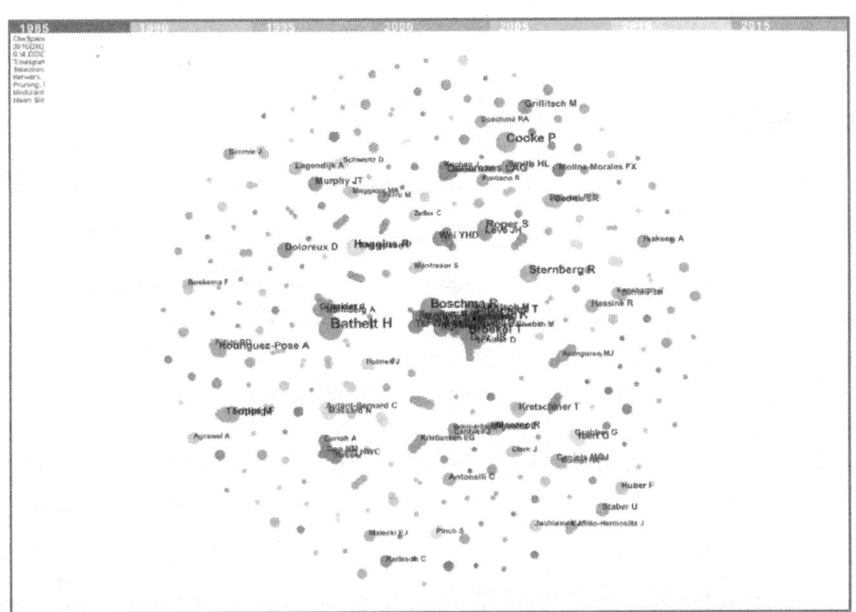

图 2－7　1990～2016 年英文文献中创新网络学者可视化图示

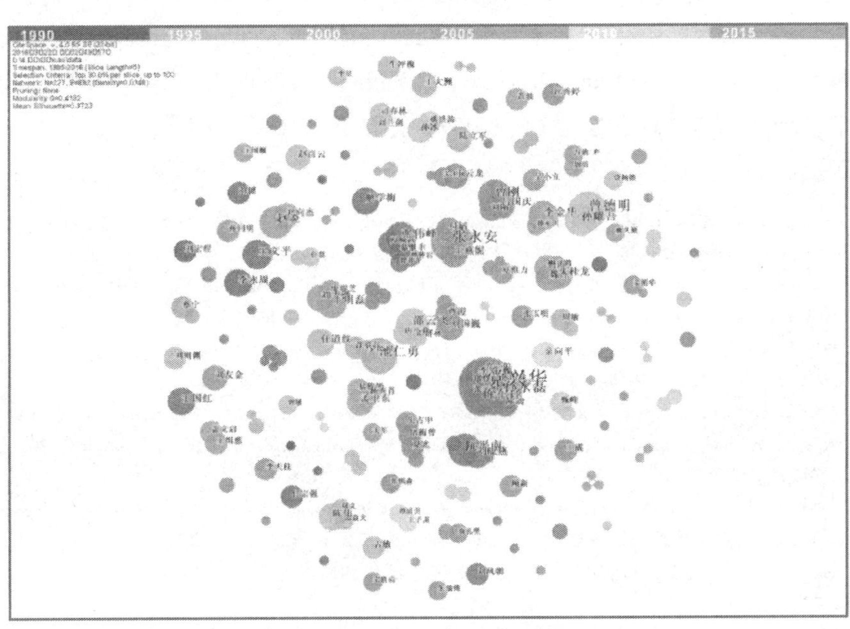

图 2－8　1990～2016 年国内创新网络学者可视化图示

2.3 创新网络的研究热点

根据创新网络现有文献的 Citespace 知识图谱分析和对未来创新网络研究趋势的判断，重点评述创新网络形成与演化影响因子、创新网络结构与作用机理、创新网络与创新效率、创新网络与知识流动、创新网络与区域经济发展五个研究热点。

2.3.1 创新网络形成与演化影响因子

创新网络的形成和演化主要取决于以下三个方面的因素：一是新成员的不断加入，并与网络内已有成员发生联系；二是网络内部现有成员之间由于优势互补的需要也会发生大量的合作，这种合作对网络结构会造成重大的影响；三是区域内成员与区域外建立密切有效的联系（Hite and Hesterly，2001；Lechner and Dowling，2003）①②。已有文献对创新网络形成和演化的描述多从创新网络的生命周期、发展阶段出发，通过具体案例分析，对不同发展阶段的创新网络中创新主体数量、创新主体组成、联系通道种类和强度等进行归纳总结（Knight and Pye，2005；Balland，2011；Ter Wal，2013；易将能等，2005；李二玲、李小建，2009；鲁新，2010）③④⑤⑥⑦⑧。创新网络演

① Hite J.，Hesterly W. S. The evolution of firm networks：from emergence to early growth of the firm，Strategic Management Journal，2001，22（3）：275－286.

② Lechner C.，Dowling M. Firm networks：external relationships as sources for the growth and competitiveness of entrepreneurial firms，Entrepreneurship & Regional Development，2003，15（1）：1－26.

③ Knight L.，Pye A. Network Learning：An Empirically Derived Model of Learning by Groups of Organizations［J］. Human Relations，2005，58（3）：369－392.

④ Balland P. A. Proximity and the evolution of collaboration networks：Evidence from research and development projects within the global navigation satellite system Industry［J］. Regional Studies，2011，46（6）：741－756.

⑤ Ter Wal A. The Dynamics of the Inventor Network in German Biotechnology：Geographic Proximity versus Triadic Closure［J］. Journal of Economic Geography，2013（2）：1－32.

⑥ 易将能，孟卫东，杨秀苔．区域创新网络演化的阶段性研究［J］. 科研管理，2005，26（5）：24－28.

⑦ 李二玲，李小建．欠发达农区传统制造业集群的网络演化分析——以河南省虞城县南庄村钢卷尺产业集群为例［J］. 地理研究，2009，28（3）：738－750.

⑧ 鲁新．创新网络形成与演化机制研究［D］. 武汉：武汉理工大学硕士学位论文，2010.

化一般受到创新主体、创新联系和创新政策等因子的影响，其中创新主体因子包括主体组成及结构，如企业性质、企业规模、所有制组成等（Huggins，2000；曾刚等，2006；Zeng et al.，2011；He and Xiao，2011；He and Wang，2012）①②③④⑤；创新联系因子根据不同标准，可分为企业、区域内外联系和企业垂直合作、水平合作联系联系等（Yeung，2000；Bathelt and Li，2014）⑥⑦；创新政策因子包括产权制度、激励约束机制、市场状况、调控手段等创新政策制定、系统管治（Cooke and Morgan，1998；符文颖等，2013）⑧⑨，地方政府可通过资助公益性或基础性较强的研究项目，通过软、硬基础设施的建设，促进当地创新水平的提高（Giuliani，2005；王缉慈，2016）⑩⑪。

到目前为止，创新网络的研究正逐步从概念化的研究阶段向精密科学阶段转变，以定性的规范研究与实证研究为主。Glückler（2007）从演化经济地理视角探讨了网络演化理论在地理学中的应用，并提出了一个基于路径依赖或路径破坏的“地理网络轨迹”（geographical network trajectories）概念分析框架⑫；Balland 等（2013）认为产业网络演化不同阶段的动力是

---

① Huggins，R. The Business of Networks：Inter-Firm Interaction，Institutional Policy and the TEC Experiment [M]. Aldershot：Ashgate，2000.

② 曾刚，李英戈，樊杰. 京沪区域创新系统比较研究 [J]. 城市规划，2006，30（3）：32 –38.

③ Zeng G.，Liefner I.，Si Y F. The role of high-tech parks in China's parks in China's regional economy：Empirical evidence from the IC industry in the Zhangjiang high-tech park，Shanghai [J]. Edkunde，2011，65（1）：43 –53.

④ He C. F.，Xiao X. J. Functional locational choices of multinationals in China [J]. Symphonya. Emerging Issues in Management，2011（1）：29 –40.

⑤ He C. F.，Wang J. S. Does ownership matter for industrial agglomeration in China [J]. Asian Geographers，2012，29（1）：1 –19.

⑥ Yeung H. Organizing 'the firm' in industrial geography I：networks，institutions and regional development [J]. Progress in Human Geography，2000，24：301 –315.

⑦ Bathelt H.，Li P. F. Global cluster networks – foreign direct investment flows from Canada to China [J]. Journal of Economic Geography，2014，14：45 –71.

⑧ Cooke P，Morgan K. The Associational Economy [M]. Oxford：Oxford University Press，1998.

⑨ 符文颖，Diez J. R.，Schiller D. 区域创新系统的管治框架演化 [J]. 人文地理，2013，13（2）：83 –88.

⑩ Giuliani B. M. The Micro-determinants of Meso-level Learning and Innovation：Evidence from a Chilean Wine Cluste [J]. Research Policy，2005，34（1）：47 –68.

⑪ 王缉慈. 创新集群三十年探索之旅 [M]. 北京：科学出版社，2016.

⑫ Glückler J. Economic geography and the evolution of networks [J]. Journal of Economic Geography，2007（5）：619 –634.

经济地理学较新的研究领域，运用 SAOM（stochastic actor-oriented model）模型，分析了全球视频游戏产业演化动力，发现企业间网络的动力基本保持不变，视频游戏企业更愿意与那些距离较短和认知比较相近的企业进行合作①；马丽、刘卫东等（2004）从企业行为博弈角度出发，指出地方生产网络演变可分为连接扩展型、破碎融解型、成长壮大型和抵抗衰落型四类②；按照集聚式创新网络发展的时间顺序，区域创新网络演化过程可分为形成、成长、成熟和退化四个阶段（鲁新，2010）③；李二玲、李小建（2009）运用企业问卷调查和社会网络分析法，分析了河南省虞城县南庄村钢卷尺产业集群网络的形成和演化过程，发现家族或泛家族网络、内部分工生产网络、本地创新网络以及全球供应链网络在集群网络的产生、成长、成熟和升级阶段发挥了重要作用④；吕国庆、曾刚等（2014）利用专利数据，分析了长三角装备制造业产学研创新网络的结构特征及空间演化过程，发现长三角各城市之间的产学研交流以等级扩散为主，且地理邻近和认知邻近在选择合作对象过程中具有重要作用⑤；马双等（2016）研究发现城市创新能级、主体创新能级和地理邻近分别在国家、区域和本地尺度对创新网络起着关键作用⑥；陈强、刘笑（2016）分析了地理邻近与组织邻近在上海 18 所高校论文合著网络演化中的影响⑦。上述研究大多根据网络形态进行阶段划分，为区域创新网络形成和演化的刻画提供了依据，但对于创新网络形成与演化过程中动力因子随时间变化的重要性尚待进一

---

① Balland P. A., Vaan M. D., Boschma R. The dynamics of interfirm networks along the industry life cycle: The case of the global video game industry, 1987-2007 [J]. Journal of Economic Geography, 2013, 13: 741-765.

② 马丽，刘卫东，刘毅．经济全球化下地方生产网络模式演变分析——以中国为例［J］．地理研究，2004，23（1）：87-96.

③ 鲁新．创新网络形成与演化机制研究［D］．武汉：武汉理工大学硕士学位论文，2010.

④ 李二玲，李小建．欠发达农区传统制造业集群的网络演化分析——以河南省虞城县南庄村钢卷尺产业集群为例［J］．地理研究，2009，28（3）：738-750.

⑤ 吕国庆，曾刚，郭金龙．长三角装备制造业产学研创新网络体系的演化分析［J］．地理科学，2014，34（9）：1051-1059.

⑥ 马双，曾刚，吕国庆．基于不同空间尺度的上海市装备制造业创新网络演化分析［J］．地理科学，2016，36（8）：1155-1164.

⑦ 陈强，刘笑．上海高校创新合作演化路径分析——基于论文合作的角度［J］．同济大学学报（社会科学版），2016，27（5）：109-116.

步研究。

近年来，复杂网络理论、知识分工理论以及自组织理论成为研究创新网络演化的有效理论基础。利用复杂网络理论可根据创新网络的演化机制定量地表述出创新网络的结构，从而分析创新网络的各种行为（李金华、孙东川，2006）[①]；魏旭、张艳（2006）认为由于存在知识分工，创新网络内成员之间会形成知识上的彼此依赖与互补性的关系[②]；自组织理论建立在耗散结构理论（dissipative structure theory）的基础上（Prigogine and Nicolis，1977）[③]，根据自组织理论的观点，区域创新网络主体间的连接是动态变化的，网络形成的过程是一个自我优化、自我发展的过程，在没有外力控制的前提下，网络能够自行组织、自行演化，逐步从无序走向有序，并形成有结构的系统（蒋同明、刘世庆，2011）[④]。

综上所述，在经济地理学和区域经济学领域内，企业间网络的相关研究已成为学者们研究的焦点（Bathelt and Glückler，2003；Balland et al.，2013）[⑤⑥]，有关创新网络的形成与演化成为近年来学者们探讨的重点，但多是基于现状的描述和总结（Cassi and Plunket，2010；Balland，2012；Broekel and Boschman，2012）[⑦⑧⑨]，虽然社会网络分析法、问卷调查方法

---

① 李金华，孙东川．创新网络的演化模型［J］．科学学研究，2006，24（1）：135－140.

② 魏旭，张艳．知识分工、社会资本与集群式创新网络的演化［J］．当代经济研究，2006（10）：24－27.

③ Prigogine I.，Nicolis G. Self-organization in nonequilibrium systems［M］. New York：John Wiley & Sons，1977.

④ 蒋同明，刘世庆．基于自组织理论的区域创新网络演化研究［J］．科技管理研究，2011（7）：23－26.

⑤ Bathelt H.，Glückler J. Toward a relational geography［J］. Economic Geography，2003（3）：117－144.

⑥ Balland P. A.，Vaan M. D.，Boschma R. The dynamics of interfirm networks along the industry life cycle：The case of the global video game industry，1987－2007［J］. Journal of Economic Geography，2013，13：741－765.

⑦ Cassi L.，Plunket A. The determinants of co-inventor tie-formation. Proximity and network dynamics. Papers presented in Evolutionary Economic Geography，no. 10. 15，Utrecht University，Utrecht，2010.

⑧ Balland P. A. Proximity and the evolution of collaboration networks：evidence from research and development projects within the global navigation satellite system（GNSS）industry［J］. Regional Studies，2012，46：741－756.

⑨ Broekel T.，Boschma R. A. Knowledge networks in the Dutch aviation industry：The proximity paradox［J］. Journal of Economic Geography，2012，12：409－433.

以及复杂网络、知识分工和自组织理论被应用于创新网络的形成与演化的刻画和机制的解释等方面，对创新网络形成与演化研究起到了重要的助推作用，但对于网络时空演化动力演变、网络形式的实际应用等方面的研究仍较为匮乏（Ter Wal，2011）①。

2.3.2 创新网络与创新效率

创新效率是指企业在创新活动过程中将创新投入转化为创新产出的一种能力，有狭义和广义之分。其中狭义上创新效率指企业将新产品投入市场的能力（Freeman and Soete，1997）②，而广义上创新效率包括新产品的技术创新能力和投放到市场能力两个方面（Ahuja and Lampert，2001）③。由于企业越来越倾向于合作创新（Chesbrough，2003）④，因而近年来关于创新合作网络的创新效率评估受到学界较高的关注。

经济地理学者大多从创新网络的结构特征出发，探讨其与创新效率的关系，创新网络的结构特征会影响知识在主体间的流动和吸收，进而影响企业的创新效率（Corey，2011）⑤，归纳起来主要包括关系强度、网络密度、网络位置三个方面：第一，关系强度对创新效率的影响。网络关系可分为强关系和弱关系，以 Coleman（1994）⑥ 为代表的“强关系”学者们认为，网络成员间联系紧密能促进企业技术创新和获取知识（Landry et al.，2002）⑦，联系较强的网络可加快知识在创新主体间转移，进而提高企

① Ter Wal A. The spatial dynamics of the inventor network in German biotechnology: geographical proximity versus triadic closure. Papers presented in Evolutionary Economic Geography 11 – 02, Section of Economic Geography, Utrecht University, 2011.

② Freeman C., Soete L. The economics of industrial innovation [M]. London: Psychology Press, 1997.

③ Ahuja G., Morris L. C. Entrepreneurship in the large corporation: A longitudinal study of how established firms create breakthrough inventions [J]. Strategic Management Journal, 2001, 22 (6/7): 521 – 543.

④ Chesbrough H. W. Open innovation: The new imperative for creating and profiting from technology [M]. Oxford University Press, Oxford, 2003.

⑤ Corey G. Theory and practice of group counseling [M]. London: Cengage Learning, 2011.

⑥ Coleman J. S. Social capital in the creation of human capital [J]. American Journal of Sociology, 1988: S95 – S120.

⑦ Landry R., Amara N., Lamari M. Does social capital determine innovation? To what extent? [J]. Technological Forecasting and Social Change, 2002, 69 (7): 681 – 701.

业的创新效率（Inkpen and Tsang，2005）[①]，一些学者通过案例分析也证实了网络强联系对创新效率存在着正向促进作用（解学梅、左蕾蕾，2013；刘学元等，2016）[②③]。而以 Granovetter（1983）[④] 为代表的“弱关系”学者认为，强关系网络可能会造成知识和资源的冗余，带来“关系嵌入性”的问题，而网络关系中的弱关系（远距离且不频繁的联系）可有助于企业获取新知识和新信息，更加有利于网络创新水平的提高（Singh，2000）[⑤]。对于这一争论，也有的学者指出如果创新网络规模较大，强联系和弱联系都能促使企业从网络中获得创新所需的知识和资源（Rost，2011）[⑥]。第二，网络密度对创新效率的影响。大多学者认为网络密度对创新效率存在着显著正相关的作用（Clifton et al.，2010）[⑦]，如 Egbetokun（2015）通过对尼日利亚企业创新情况调查发现，企业创新效率与它的结网规模之间存在着正向相关关系[⑧]。李志刚等（2007）对合肥高新区高技术企业调查发现，企业所嵌入的网络密度对创新效率的促进作用较明显[⑨]。赵炎、郑向杰（2013）分析了中国高科技行业 420 个上市公司的网络嵌入性对创新效率的影响，发现行业网络密度对嵌入企业的创新效率具有显著影响[⑩]。第三，网络位置对创新效

---

① Inkpen A. C.，Tsang E. W. K. Social capital，networks，and knowledge transfer [J]. Academy of Management Review，2005，30（1）：146－165.

② 解学梅，左蕾蕾．企业协同创新网络特征与创新绩效：基于知识吸收能力的中介效应研究［J］．南开管理评论，2013，16（3）：47－56.

③ 刘学元，丁雯婧，赵先德．企业创新网络中关系强度、吸收能力与创新绩效的关系研究［J］．南开管理评论，2016，19（1）：30－42.

④ Granovetter M. S. The strength of weak ties：A network theory revisited [J]. Sociological Theory，1983，1（1）：201－233.

⑤ Singh R. P. Entrepreneurial opportunity recognition through social networks [M]. New York：Garland Publishing，2000.

⑥ Rost K. The strength of strong ties in the creation of innovation [J]. Research Policy，2011，40（4）：588－604.

⑦ Clifton N.，Keast R.，Pickernell D.，Senior M. Network structure，knowledge governance，and firm performance：evidence from innovation networks and SMEs in the UK [J]. Growth and Change，2010，41（3）：337－373.

⑧ Egbetokun A. A. The more the merrier? Network portfolio size and innovation performance in Nigerian firms [J]. Technovation，2015，43－44：17－28.

⑨ 李志刚，汤书昆，梁晓艳等．产业集群网络结构与企业创新绩效关系研究［J］．科学学研究，2007，25（4）：776－781.

⑩ 赵炎，郑向杰．网络嵌入性与地域根植性对联盟企业创新绩效的影响——对中国高科技上市公司的实证分析［J］．科研管理，2013，34（11）：9－17.

率的影响。网络中心位置会正向影响创新效率，学者们的研究对此有着较为一致的论断（Colazo，2010）[①]，施放、朱吉铭（2015）分析了228家浙江省高新技术企业创新网络对创新效率的影响，发现网络中心性能直接促进企业的创新效率[②]。钱锡红等（2010）探讨了深圳市IC产业创新网络效率，指出占据网络中心和富含结构洞的网络位置有利于提升企业创新效率[③]。但Glückler（2014）通过对巴斯夫化学公司阿根廷子公司调研访谈，并运用社会网络分析发现，处于网络边缘的企业在知识创新过程中也会发挥重要作用[④]。另外，还有一些学者探讨了网络能力（周江华等，2013）[⑤]、网络内部要素协同（张方华、陶静媛，2016）[⑥]、创新政策（Samara et al.，2012）[⑦]、互补性资源（王丽平、何亚蓉，2016）[⑧]、R&D合作（Broekel，2015）[⑨]等对创新网络中企业创新效率的影响。

从研究对象来看，学者们对中小企业、不同空间尺度和不同知识来源的创新网络创新效率进行了研究。例如，池仁勇（2007）利用2001～2003年264家浙江省中小企业的问卷调查数据，分析发现网络结点联结强度对企业销售增长、利润增长、新产品开发均具有显著影响，且与科研机构联系更加

① Colazo J. A. Collaboration structure and performance in new software develepment：Findings from the study of open source projects［J］. International Journal of Innovation Management，2010，14（5）：735－758.

② 施放，朱吉铭．创新网络、组织学习对创新绩效的影响研究——基于浙江省高新技术企业［J］．华东经济管理，2015，29（10）：21－26.

③ 钱锡红，徐万里，杨永福．企业网络位置、间接联系与创新绩效［J］．中国工业经济，2010（2）：78－88.

④ Glückler，J. How controversial innovation succeeds in the periphery？A network perspective of BASF Argentina［J］. Journal of Economic Geography，2014，14：903－927.

⑤ 周江华，刘宏程，仝允桓．企业网络能力影响创新绩效的路径分析［J］．科研管理，2013，34（6）：58－67.

⑥ 张方华，陶静媛．企业内部要素协同与创新绩效的关系研究［J］．科研管理，2016，37（2）：20－28.

⑦ Samara，E.，Georgiadis，P.，Bakouros，I. The impact of innovation policies on the performance of national innovation systems：A system dynamics analysis［J］. Technovation，2012，32：624－638.

⑧ 王丽平，何亚蓉．互补性资源、交互能力与合作创新绩效［J］．科学学研究，2016，34（1）：132－141.

⑨ Broekel，T. Do cooperative research and development（R&D）subsidies stimulate regional innovation efficiency？Evidence from Germany［J］. Regional Studies，2015，49（7）：1087－1110.

有助于创新效率提升①；Lee 等（2010）运用中间人网络模型分析了韩国中小企业的开放式创新过程，认为网络是促进中小企业开放式创新的一个有效方式②；Bathelt 等（2011）通过分析加拿大“技术三角”内大学衍生企业的知识溢出，发现水平、垂直知识流动和跨区域网络能显著提升区域创新水平③；Guan 等（2015）基于 USPTO 专利数据，建立了城市与国家尺度的创新网络，他们认为国家的中心性和结构洞较高，城市的中心性和结构洞对创新效率具有显著的正向促进作用④。Frenz 和 Ietto-Gillies（2009）基于英国社区案例调查，研究发现自主研发和购买知识产权两类不同知识来源在企业内部的影响不显著，而对于外部企业网络创新效率有着正向促进作用⑤；从研究方法来看，数据包络分析模型（Chen and Guan，2012；曹贤忠等，2015）⑥⑦、负二项固定效应回归模型和结构方程模型（Guan et al.，2015）、分量回归方法（Egbetokun，2015）⑧、神经网络分析方法（Wang and Chien，2006）⑨、系统动力学方法（Samara et al.，2012）⑩ 等已广泛应用于创新网络创新效率的评价与预测。同时，在构建合作网络过程中的数据来源以问卷调查、企业访谈和 USPTO 等专利数据库合作专利数据为主。

---

① 池仁勇．区域中小企业创新网络的结点联结及其效率评价研究［J］．管理世界，2007（1）：105－113.

② Lee S.，Park G.，Yoon B.，Park J. Open innovation in SMEs—An intermediated network model［J］. Research Policy，2010，39：290－300.

③ Bathelt H.，Kogler D. F.，Munro A. K. Social foundations of regional innovation and the role of university spin-offs：The case of Canada's technology triangle［J］. Industry and Innovation，2011，18（5）：461－486.

④ Guan J. C.，Zhang J. J.，Yan Y. The impact of multilevel networks on innovation［J］. Research Policy，2015，44：545－559.

⑤ Frenz M.，Ietto-Gillies G. The impact on innovation performance of different sources of knowledge：Evidence from the UK community innovation survey［J］. Research Policy，2009，38：1125－1135.

⑥ Chen K. H.，Guan J. C. Measuring the efficiency of China's regional innovation systems：Application of network data envelopment analysis（DEA）［J］. Regional Studies，2012，46（3）：355－377.

⑦ 曹贤忠，曾刚，邹琳．长三角城市群 R&D 资源投入产出效率分析及空间分异［J］．经济地理，2015，35（1）：104－111.

⑧ Egbetokun A. A. The more the merrier? Network portfolio size and innovation performance in Nigerian firms［J］. Technovation，2015，43－44：17－28.

⑨ Wang T. Y.，Chien S. C. Forecasting innovation performance via neural networks—a case of Taiwanese manufacturing industry［J］. Technovation，2006，26：635－643.

⑩ Samara E.，Georgiadis P，Bakouros I. The impact of innovation policies on the performance of national innovation systems：A system dynamics analysis［J］. Technovation，2012，32：624－638.

2.3.3 创新网络与知识流动

Teece 于 1977 年最早提出了知识流动的概念，他认为企业通过技术的国际转移，能获得大量跨界知识，经合组织（OECD）在 1997 年发表的《国家创新体系》报告中指出知识流动包括企业之间、企业与大学和科研机构之间的知识和信息流动、知识和技术向企业的扩散、人才在公共和私人部门间的流动①。由于考察对象的不同，在知识流动相关研究过程中，出现了一系列与知识流动相关或相近的概念，如知识溢出（Romer，1986，1990；谢富纪、徐恒敏，2001；王立平，2005）②③④⑤、技术扩散或转移（曾刚、袁莉莉，1999；）⑥⑦、知识扩散（Pinch et al.，2003）⑧、知识可达性（拜琦瑞、杨开忠，2008）⑨、联系（Bathelt et al.，2004）⑩。

不同的知识源及相关知识的流动与碰撞、知识的整合与学习是创新的关键，不同属性的知识及其流动与扩散的方式会引致知识交流效果的重大差别，进而影响企业的创新活动和创新效率（魏旭、张艳，2006）⑪。知识一般包括隐性、可编码化、科学、技术、文化、美学、表述和符号等类

---

① OECD. National innovation systems [M]. Paris，1997.

② Romer P. Increasing returns and long-run growth [J]. Journal of Political Economy，1986，XCIV：1001－1037.

③ Romer P. Endogenous technological change [J]. Journal of Political Economy，1990，XCVIII：71－102.

④ 谢富纪，徐恒敏．知识、知识流与知识溢出的经济学分析［J］．同济大学学报（社会科学版），2001，12（2）：54－57.

⑤ 王立平．我国高校 R&D 知识溢出的实证研究——以高技术产业为例［J］．中国软科学，2005（12）：54－59.

⑥ 曾刚，袁莉莉．长江三角洲技术扩散规律及其对策初探［J］．人文地理，1999，14（1）：1－5.

⑦ 陈劲，梁靓，吴航．基于解吸能力的外向型技术转移研究框架——以网络嵌入性为视角［J］．技术经济，2012，31（5）：8－11.

⑧ Pinch S.，Henry N.，Jenkins M.，Tallman S. From "industrial districts" to "knowledge clusters"：a model of knowledge dissemination and competitive [J]. Journal of Economic Geography，2003（3）：373－388.

⑨ 拜琦瑞，杨开忠．论知识可达性与区域经济增长［J］．经济经纬，2008，（2）：64－67.

⑩ Bathelt H.，Malmberg A.，Maskell P. Clusters and knowledge：local buzz，global pipelines and the process of knowledge creation [J]. Progress in Human Geography，2004，28（1）：31－56.

⑪ 魏旭，张艳．知识分工、社会资本与集群式创新网络的演化［J］．当代经济研究，2006（10）：24－27.

型，这些不同类型的知识维持了地方集群内企业的竞争优势，并有助于提升经济竞争力（Pinch et al.，2003）[①]。其中隐性知识（或缄默知识）和可编码化知识在学界应用最为广泛，两者间在表达形式、交流方式、转移难易程度、地理空间范围等方面存在着显著的差异（曹贤忠等，2016）[②]（见表2-1）。网络对知识流动的促进作用毋庸置疑，网络包括主体间的互动和关系，企业通过网络获取知识，但这些网络只是知识在创新主体间流动的途径，并不是对知识的直接交易。因此，网络扮演着一个管道的作用，可促进技能、专门化知识、技术和R&D等知识的流动[③]（Andersson and Karlsson，2007）。网络有联系网络和合作网络两种模式，创新主体一般通过联系网络获取知识，通过合作网络进行合作创新（见表2-2）。合作网络主要关注重复、持久或持续的互动或联系[④]（Huggins，2001），联系网络则由创新主体之间非正式的互动和联系组成，组织更新和改变他们的联系较为频繁，从而引起网络的动态演变[⑤]（Trippl et al.，2009）。

表2-1　　编码化知识与隐性/缄默知识特征

特征	编码化知识	隐性/缄默知识	代表学者
表达形式	表达方式多样	表达方式单一	Polanyi，1966；Maskell and Malmberg，1999
交流方式	正式交流	非正式交流	王缉慈，2001；Breschi and Lissoni，2009
转移难易	容易	较难	Arrow，1962；Maskell，1999
地理空间	全球	本地/区域	Jaffe et al.，1993；Martin and Sunley，2003
	全球和本地可互换知识		Bathelt et al.，2004；Amin and Thrift，2002

资料来源：曹贤忠，曾刚，司月芳．网络资本、知识流动与区域经济增长：一个文献述评［J］．经济问题探索，2016（6）：175-184.

① Pinch S.，Henry N.，Jenkins M.，Tallman S. From "industrial districts" to "knowledge clusters"：a model of knowledge dissemination and competitive［J］. Journal of Economic Geography，2003（3）：373-388.

② 曹贤忠，曾刚，司月芳．网络资本、知识流动与区域经济增长：一个文献述评［J］．经济问题探索，2016（6）：175-184.

③ Andersson M.，Karlsson C. Knowledge in regional economic growth：the role of knowledge accessibility［J］. Industry and Innovation，2007，14：129-149.

④ Huggins R. Inter-firm network policies and firm performance：evaluating the impact of initiatives in the United Kingdom［J］. Research Policy，2001，30：443-458.

⑤ Trippl M.，Tödtling F.，Lengauer L. Knowledge sourcing beyond buzz and pipelines：Evidence from the Vienna software sector［J］. Economic Geography，2009，85（4）：443-462.

表 2-2　　不同类型组织网络与知识流动的关系比较

网络类型	联系网络	合作网络	代表学者
结网目的	获取知识源	合作创新	Huggins，2012
结网方式	非正式	正式	Trippl et al.，2009
结网类型	短暂、临时联系	持久、重复联系	Gulati，1999；Huggins，2001
网络结构	动态变化	较稳定	Trippl et al.，2009
网络空间	全球为主， 地方为辅	地方为主， 全球为辅	Cooke，2009

资料来源：曹贤忠，曾刚，司月芳．网络资本、知识流动与区域经济增长：一个文献述评［J］．经济问题探索，2016（6）：175-184.

随着创新网络研究的深入，网络结构被认为是影响知识转移的关键因素（Cowan and Jonard，2004；Van Wijk and Jansen，2008）①②。近年来，有关知识流动的网络研究多以知识网络研究为主，Beckmann（1993）首次提出知识网络的概念，认为知识网络是进行科学知识生产和传播的机构和活动③。之后，国内外学者们做了大量的研究，汪涛、曾刚（2010）综述了知识网络的研究进展，认为在知识网络的地理空间尺度、非地理距离的定量计算及知识网络的演化机制等方面的研究还存在着理论难点和技术瓶颈④；Ter Wal（2011）发现随着时间的演进，德国生物技术知识网络内地理邻近的重要性不断下降⑤；Hennemann（2011）运用复杂网络分析法评估了中国科学知识生产系统融入全球的情况，研究指出知识网络受到内部和外部动力的共同影响，内部动力为精英高校的主动融合效应，外部动力

① Cowan R.，Jonard N.，Zman M. Knowledge dynamics in a network industry［J］. Technological Forecasting & Social Change，2004（71）：469-484.

② Van Geenhuizen M. Knowledge networks of young innovators in the urban economy：biotechnology as a case study［J］. Entrepreneurship & Regional Development，2008（20）：161-183.

③ Beckmann M. Knowledge networks：The case of scientific interaction at a distance［J］. The Annals of Regional Science，1993，27（1）：5-9.

④ 汪涛，任瑞芳，曾刚．知识网络结构特征及其对知识流动的影响［J］．科学学与科学技术管理，2010（5）：150-155.

⑤ Ter Wal A. The spatial dynamics of the inventor network in German biotechnology：Geographical proximity versus triadic closure［J］. Evolutionary Economic Geography，2011，11（2）.

为全球知识系统的涓滴效应[①]；李丹丹等（2013）以生物技术的知识溢出为例，在探讨不同时空尺度上知识溢出网络拓扑和空间结构演变特征基础上，分析了不同空间尺度知识溢出的影响因子[②]。

上述研究虽然从知识网络的空间结构以及知识溢出网络进行了较为详实的研究，但并没有区分内外部知识网络，更多地强调了内部知识网络，对外部知识网络却鲜有涉及，一些经济学学者对此进行了研究。外部知识网络是企业为了实现知识的转移和创造，与各类外部组织机构持续互动而形成的发展共同体（Seufert et al.，1999）[③]，外部知识网络是企业为弥补知识缺口，与外部知识主体（高等院校、科研机构、政府部门、其他企业、科技中介服务机构等）进行知识交换而形成的关系集合（Steafan，2010）[④]。王海花等（2012）从结构洞理论视角揭示了企业外部知识网络能力的多维度构成和内部演化机理[⑤]；李贞、张体勤（2010）则认为网络知识传送能力应重点考虑知识外化能力（显性化）和社交类能力[⑥]。

2.3.4 创新网络与区域经济发展

在经济地理和区域经济发展的相关文献中，网络的关注度越来越高，已取得了较为丰硕的成果，如全球生产网络（Coe et al.，2004，2008）[⑦][⑧]、

---

① Hennemann S.，Wang T. Mechanism of Integration of Chinese Academic Knowledge Network into Global Research System During the Transition Period [J]. Scientia Geographica Sinica，2011，31（9）：1043－1049.

② 李丹丹，汪涛，周辉. 基于不同时空尺度的知识溢出网络结构特征研究 [J]. 地理科学，2013，33（10）：1180－1187.

③ Seufert A.，Krogh G.，Bach A. Towards knowledge networking [J]. Journal of Knowledge Management，1999，3（3）.

④ Steafan K. Regional knowledge networks：A network analysis approach to the interlinking of knowledge resources [J]. European Urban and Regional Studies，2010（1）.

⑤ 王海花，谢富纪. 企业外部知识网络能力的结构测量——基于结构洞理论的研究 [J]. 中国工业经济，2012（7）：134－146.

⑥ 李贞，张体勤. 企业知识网络能力的理论架构和提升路径 [J]. 中国工业经济，2010（10）：107－116.

⑦ Coe N. M.，Hess M.，Yeung H. W. C.，Dicken P.，Henderson J. Globalizing regional development：A global production networks perspective [J]. Transactions of the Institute of British Geographers，2004：468－484.

⑧ Coe N.，Dicken P.，Hess M. Global production networks：Realizing the potential [J]. Journal of Economic Geography，2008（8）：271－295.

创新环境（Maillat，1998a，1998b）、区域创新系统（Asheim and Isaksen，2002；Cooke，2004）①② 和集群（Porter，1998；Malmberg and Power，2006；Huber，2012）③④⑤ 等，这充分表明网络与经济增长之间存在着相关性（Huggins and Thompson，2014）⑥。创新网络对于区域经济发展有着显著的促进作用，由于企业是区域经济活动的主体（贾若祥、刘毅，2004）⑦，因此企业合作网络对区域经济发展的作用得到了学者们较多的关注。王缉慈（2016）认为处于合作网络中的企业，通过相互学习形成创新网络，从而有利于区域经济发展⑧。陆大道（2001）也指出企业的跨地区合作，可带来经济效益的提高⑨。张满银等（2011）认为创新型网络是建立创新型国家、推动区域经济发展和保持区域竞争优势的战略选择⑩。陆立军、郑小碧（2007）利用浙江省三大类经济区的问卷调查数据，分析发现以企业研发中心为“创新极”并联结而成的区域创新网络对区域发展具有显著影响⑪。高菠阳、刘卫东（2008）分析了我国彩电制造业30余年的产业空间转移，发现外商投资、产业集群、创新网络建设等新因素对产业发展与布局有着重要影响⑫。安虎

① Asheim B. T.，Isaksen A. Regional innovation systems. The integration of local “sticky” and global “ubiquitous” knowledge［J］. Journal of Technology Transfer，2002，27：77－86.

② Cooke P. Regional innovation systems—an evolutionary approach. In P. Cooke，M. Heidenreich，H. Braczyk（eds）Regional Innovation Systems：The Role of Governance in a Globalised World. London：Routledge，2004.

③ Porter M. E. On competition. Cambridge，MA：Harvard Business School Press，1998.

④ Malmberg A.，Power D. True clusters：a severe case of conceptual headache. In B. Asheim，P. Cooke，R. Martin（eds）Clusters and Regional Development：Critical Reflections and Explorations. London：Routledge，2006.

⑤ Huber F. Do clusters really matter for innovation practices in information technology? Questioning the significance of technological knowledge spillovers［J］. Journal of Economic Geography，2012，12：107－126.

⑥ Huggins R.，Thompson P. A network-based view of regional growth［J］. Journal of Economic Geography，2014，14（3）：511－545.

⑦ 贾若祥，刘毅．企业合作在我国区域发展中的作用［J］．人文地理，2004，19（3）：31－35.

⑧ 王缉慈．创新集群三十年探索之旅［M］．北京：科学出版社，2016.

⑨ 陆大道．论区域的最佳结构与最佳发展［J］．地理学报，2001，56（2）：127－135.

⑩ 张满银，杨丽芸，韩大海．区域创新网络理论述评［J］．当代经济研究，2011（6）：30－35.

⑪ 陆立军，郑小碧．区域经济发展差异与创新网络联结度相关关系研究［J］．科学学与科学技术管理，2007（10）：130－134.

⑫ 高菠阳，刘卫东．我国彩电制造业空间变化的影响因素［J］．地理研究，2008，27（2）：375－384.

森（1998）从新产区的视角，指出新产业区可看作“孕育创新过程的区域组织”，是区域经济发展的内源力量[①]，刘刚（2014）也指出创新型创业活动的涌现及其组织和制度变革是使科技创新和内源型技术进步成为中国经济发展的内生力量[②]。谭成文、杨开忠（2001）以中关村为案例，指出中关村区域创新网络的培育有助于带动中国知识经济的发展[③]。方创琳等（2014）系统评估了我国 287 个地级以上市的创新型城市建设水平，发现城市综合创新水平与城市经济发达水平呈密切的正相关关系[④]。曹贤忠等（2016）研究指出长江经济带 110 个地级以上市研发资源投入与区域经济增长之间存在长期稳定的关系[⑤]。

知识是区域经济增长的核心变量，知识溢出、空间集聚与收益递增紧密关联、相互作用，成为区域经济和新增长理论的重要概念之一。在这一研究过程中，知识生产函数是最重要的研究工具，知识生产函数被广泛用于评估 R&D 投入在区域发明和创新水平上的效应（O'hUallachaín and Leslie，2007；王立平，2005）[⑥⑦]。区域经济发展是创新网络运行经济效果的最终体现，创新是维持经济稳定增长和发展的必要条件，创新和知识产权主宰着经济（Ramadani et al.，2013）[⑧]，在增长理论中，知识存量和知识流动扮演着中心角色，例如，杨鹏（2007）对我国不同区域 1984～2003 年知识存量在区域经济发展中的经济效果进行了实证研究，结果显示我国各区域知识存量与其区域产出之间存在较高的正相关性[⑨]；James（2014）

① 安虎森．新产业区理论与区域经济发展［J］．北方论丛，1998（2）：17－22.

② 刘刚．中国经济发展的新动力［J］．华东经济管理，2014，28（7）：1－7.

③ 谭成文，杨开忠．中关村科技园区发展问题剖析［J］．中国软科学，2001（4）：92－96.

④ 方创琳，马海涛，王振波等．中国创新型城市建设的综合评估与空间格局分异［J］．地理学报，2014，69（4）：459－473.

⑤ 曹贤忠，曾刚，邹琳等．基于面板数据的 R&D 投入对区域经济增长的影响［J］．长江流域资源与环境，2016，25（2）：208－218.

⑥ O'h Uallachaín B.，Leslie T. F. Rethinking the regional knowledge production function［J］. Journal of Economic Geography，2007（7）：737－752.

⑦ 王立平．我国高校 R&D 知识溢出的实证研究——以高技术产业为例［J］．中国软科学，2005（12）：54－59.

⑧ Ramadani V.，Gërguri，S.，Rexhepi，S. Innovation and economic development：The case of FYR of Macedonia［J］. Journal of Balkan and Near Eastern Studies，2013，15（3）：324－345.

⑨ 杨鹏．我国区域 R&D 知识存量的经济计量研究［J］．科学学研究，2007（3）：461－466.

以爱尔兰都柏林和英国剑桥两个区域为例，探讨了 IT 产业工人为了工作—生活平衡产生的跨区域流动和隐性知识、技能流动对经济竞争力的影响①。关于不同空间尺度的知识对区域发展的影响也存在着差异，例如，Bathelt、Cohendet（2014）指出本地知识创造、全球知识获取对经济发展的关系是相互的②；Crespo（2014）则主要分析了本地知识网络的结构属性对区域竞争力提升的影响③。而对于知识如何对经济增长产生作用，石书德、高建（2009）指出大学、科研机构以及企业研发机构创造新知识，并通过技术交易等形式转移知识到现有企业和新创企业，实现知识的转化，进而影响经济增长（见图 2－9）④。在这一研究过程中，考虑到经济要素地理空间的影响，空间计量经济学方法也逐渐被引入到创新网络与区域经济发展的研究中（王铮等，2003；吴玉鸣，2006）⑤⑥。

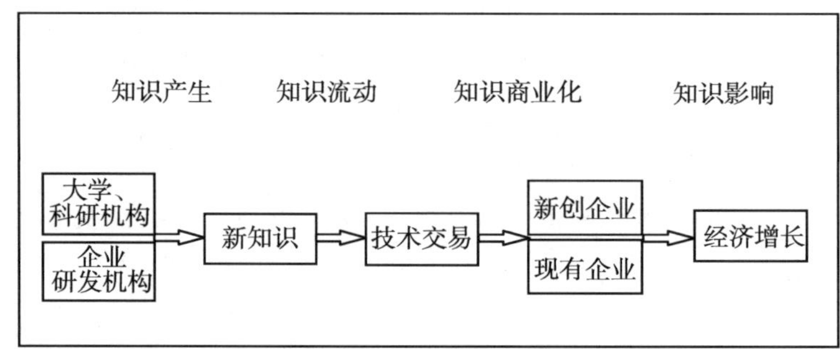

图 2－9　知识与经济增长的关系

资料来源：石书德，高建．知识流动、创业活动对经济增长的影响——一种解释中国区域经济差异的观点［J］．科学学与科学技术管理，2009（11）：134－140.

---

① James A. Work-life "balance" and gendered（im）mobilities of knowledge and learning in high-tech regional economies［J］. Journal of Economic Geography，2014，14：483－510.

② Bathelt H，Cohendet P. The creation of knowledge：local building，global accessing and economic development—toward an agenda［J］. Journal of Economic Geography，2014，14：869－882.

③ Crespo J.，Suire R.，Vicente J. Lock-in or lock-out? How structural properties of knowledge networks affect regional resilience［J］. Journal of Economic Geography，2014，14：199－219.

④ 石书德，高建．知识流动、创业活动对经济增长的影响—— 一种解释中国区域经济差异的观点［J］．科学学与科学技术管理，2009（11）：134－140.

⑤ 王铮，马翠芳，王莹等．区域间知识溢出的空间认识［J］．地理学报，2003，58（5）：773－780.

⑥ 吴玉鸣．大学、企业研发与首都区域创新的局域空间计量分析［J］．科学学研究，2006，24（3）：398－404.

从网络内在投资资源类型来看，可将网络资源分为社会资本（social capital）和网络资本（network capital）。其中，社会资本关注网络主体的社会化能力，而网络资本则关注网络主体的经济能力，网络资本是一项关系资产，根植于组织网络的战略部署，可促进知识流动、创新和为组织获得经济上的竞争优势（Huggins，2014）①。相较于社会资本概念，网络资本在投资来源、运行机制、主体对象以及对网络收益的影响均存在着差异（见表 2－3），但两者最为根本的区别在于主体的合理性和行为动机是否直接促进了经济或社会回报（Huggins et al.，2012）②。

表 2－3　　组织网络中网络资本与社会资本特征比较

项目	特征	网络资本	社会资本
来源	合理性	经济	社会/规范
	网络	可计算网络，社会网络以副产品形式出现	社会网络，可计算网络以副产品形式出现
	投资	企业的关系投资	个人的关系投资
机制	互动	基于商业和专业期望的逻辑	基于社会能力和社会期望的逻辑
	平稳性	动态和平稳网络	平稳网络
	信任	明确	盲目
	管理	企业可通过战略管理实现	企业难以通过战略管理实现
	邻近性	网络主体邻近程度低	网络主体邻近程度较高
对象	核心对象	企业	个人
	企业规模	大型和成长型企业	小型和新企业
影响	网络收益	主要是经济收益，社会收益以副产品形式出现	主要是社会收益，经济收益以副产品形式出现

资料来源：Huggins，R. Forms of network resource：knowledge access and the role of inter-firm networks ［J］. International Journal of Management Reviews，2010（12）：335－352.

① Huggins R，Thompson P. A Network-based view of regional growth ［J］. Journal of Economic Geography，2014，14（3）：511－545.

② Huggins R.，Thompson P.，Johnston A. Network capital，social capital，and knowledge flow：how the nature of inter-organizational networks impacts on innovation ［J］. Industry and Innovation，2012（19）：203－232.

对于全球生产网络而言，跨国公司（MNEs）作为全球生产网络（GPNs）的旗舰标杆（flagships）或连接器（connectors），在构建和管制全球管道时起着重要作用（Yeung，2015；Coe et al.，2009）[①②]，GPN 方法集成了全球商品链（global commodity chains，GCCs）和全球价值链（global value chains，GVCs）等各种类似观点，对价值链增值创造和跨越企业、地理边界结网进行了系统阐述（Gereffi et al.，2005）[③]，研究表明，全球联系网络越紧密的企业，其生产率和销售增长的效果越好，所在区域竞争力、创新绩效及应对经济危机的能力越强（Brancati et al.，2017）[④]。虽然企业跨界组织网络相关研究取得了一定进展，如战略耦合过程推动了区域经济发展（Coe et al.，2008；Yeung，2016）[⑤⑥]，然而，在地方经济发展和公共政策制定时全球—地方互动分析仍较为缺失。

对于地方创新网络而言，不少研究表明创新网络构建能有效促进区域知识流动、创新能力提升和区域发展。Λзhcim 等（2017）[⑦] 借助知识库方法（knowledge bases），从不同知识特性入手，探讨了企业、产业和区域内知识创造和知识组合动态变化对区域发展的影响，发现区域创新系统中不同知识的组合对区域发展路径构建起到了积极作用。但也有学者指出不同类型知识的组合对区域创新和发展有着显著差别，创新往往涉及分析知识、综合知识和符号知识，三个知识库的均衡混合最有助于提高企业创新

---

① Yeung H.，Coe N. M. Toward a dynamic theory of global production networks [J]. Economic Geography，2015，91（1）：29－58.

② Coe N. M.，Dicken P.，Hess M. Global production networks：realizing the potential [J]. Journal of Economic Geography，2009，8（3）：271－295（25）.

③ Gereffi G.，Humphrey J.，Sturgeon T. The governance of global value chains [J]. Review of International Political Economy，2005，12（1）：78－104.

④ Brancati E.，Brancati R.，Maresca A. Global value chains，innovation，and performance：Firm-level evidence from the great recession [J]. Journal of Economic Geography，2017，17（5）：1039－1073.

⑤ Coe N.，Dicken P.，Hess M. Global production networks：realizing the potential [J]. Journal of Economic Geography，2008（8）：271－295.

⑥ Yeung G. The operation of Global Production Networks（GPNs）2.0 and methodological constraints [J]. Geoforum，2016，75：265－269.

⑦ Asheim B.，Grillitsch M.，Trippl M. Introduction：Combinatorial Knowledge Bases，Regional Innovation，and Development Dynamics [J]. Economic Geography，2017，93（5）：429－435.

能力（Grillitsch et al.，2017）[①]。王缉慈（2016）[②] 认为处于合作网络中的企业，通过相互学习形成创新网络，从而有利于区域经济发展；高菠阳、刘卫东（2008）[③] 分析了我国彩电制造业 30 余年的产业空间转移，发现外商投资、产业集群、创新网络建设等新因素对产业发展与布局有着重要影响；谭成文、杨开忠（2001）[④] 以中关村为案例，指出中关村区域创新网络的培育有助于带动中国知识经济的发展；方创琳等（2014）[⑤] 系统评估了我国 287 个地级以上市的创新型城市建设水平，发现城市综合创新水平与城市经济发达水平呈密切的正相关关系；曹贤忠等（2016）[⑥] 研究指出长江经济带 110 个地级以上市研发资源投入与区域经济增长之间存在长期稳定的关系。此外，还有一些学者认为区域制度厚度（institutional thickness）对区域发展的影响日益增强（Zukauskaite et al.，2017）[⑦]，创新网络中的组织和制度层面对区域创新和区域多样化（Neffke et al.，2011；Boschma et al.，2013）[⑧⑨] 的影响受到越来越多学者的关注。

国内外学者系列研究成果表明，创新网络构建对区域经济发展具有重要作用，且这一研究议题已成为国内外学者关注的焦点。随着全球—地方互动程度的加深，区域内外行为者的紧密联系对企业创新能力提升和区域发展具有重要作用（Bathelt et al.，2004；Bathelt and Li，2014；Zhu et

① Grillitsch M.，Martin R.，Srholec M. Knowledge Base Combinations and Innovation Performance in Swedish Regions [J]. Economic Geography，2017，93（5）：458 – 479.

② 王缉慈．创新集群三十年探索之旅［M］．北京：科学出版社，2016.

③ 高菠阳，刘卫东．我国彩电制造业空间变化的影响因素［J］．地理研究，2008，27（2）：375 – 384.

④ 谭成文，杨开忠．中关村科技园区发展问题剖析［J］．中国软科学，2001（4）：92 – 96.

⑤ 方创琳，马海涛，王振波等．中国创新型城市建设的综合评估与空间格局分异［J］．地理学报，2014，69（4）：459 – 473.

⑥ 曹贤忠，曾刚，司月芳．网络资本、知识流动与区域经济增长：一个文献述评［J］．经济问题探索，2016（6）：175 – 184.

⑦ Zukauskaite E.，Trippl M.，Plechero M. Institutional thickness revisited [J]. Economic Geography，2017，93（4）：325 – 345.

⑧ Neffke F.，Henning M.，Boschma R. How do regions diversify over time? Industry relatedness and the development of new growth paths in regions [J]. Economic Geography，2011，87（3）：237 – 265.

⑨ Boschma R.，Minondo A.，Navarro M. The emergence of new industries at the regional level in spain：A proximity approach based on product relatedness [J]. Economic Geography，2013，89（1）：29 – 51.

al., 2017)[①②③]，已有学者分别基于自上而下（全球对地方的影响）和自下而上（地方对全球的影响）开展了丰富研究，但尚缺乏研究地方和全球相互作用于区域经济增长方面的研究（Crescenzi and Rodríguez-Pose, 2011; Crescenzi and Iammarino, 2017)[④⑤]。

2.3.5 创新网络与邻近性机理

"邻近性"（proximity）问题是经济地理学关注的焦点，随着经济地理学领域对创新网络研究关注度的提高，邻近性成为经济地理学者解析创新网络影响因子、演化动力、作用机理的新视角。经济地理学者围绕地理邻近性对知识产生及创新的推动作用开展了大量研究，研究发现地理邻近不仅会促进企业产生集聚效应，还会影响创新网络参与者的合作关系（Knoben, 2009)[⑥]。另外，其他邻近性因素也被学者们用来分析创新网络的形成和创新主体间的相互作用，如组织内外部网络（Zeller, 2004)[⑦]、创新主体间社会联系（Corredoira and Rosenkopf, 2010)[⑧]、相同的制度体系（Saxenian and Hsu, 2001)[⑨]、共同的认知框架（Amin and Co-

① Bathelt H., Malmberg A., Maskell P. Clusters and knowledge: local buzz, global pipelines and the process of knowledge creation [J]. Druid Working Papers, 2004, 28 (1): 31-56.

② Bathelt H., Li P. F. Global cluster networks—foreign direct investment flows from Canada to China [J]. Journal of Economic Geography, 2014, 14 (1): 45-71.

③ Zhu S., He C., Zhou Y. How to jump further and catch up? Path-breaking in an uneven industry space [J]. Journal of Economic Geography, 2017, 17: 521-545.

④ Crescenzi R., Rodríguez-Pose A. Innovation and regional growth in the European Union [M]. Springer Berlin Heidelberg, 2011.

⑤ Crescenzi R., Iammarino S. Global investments and regional development trajectories: the missing links [J]. Regional Studies, 2017, 51 (1): 97-115.

⑥ Knoben J. Localized inter-organizational linkages, agglomeration effects, and the innovative performance of firms [J]. Annals of Regional Science, 2009, 43 (3): 757-779.

⑦ Zeller C. North Atlantic innovative relations of Swiss pharmaceuticals and the proximities with regional biotech arenas [J]. Economic Geography, 2004, 80 (1): 83-111.

⑧ Corredoira R. A., Rosenkopf L. Should auld acquaintance be forgot? The reverse transfer of knowledge through mobility ties [J]. Strategic Management Journal, 2010, 31 (2): 159-181.

⑨ Saxenian A., Hsu J. The silicon valley-hsinchu connection: Technical communities and industrial upgrading [J]. Social Science Electronic Publishing, 2001, 10 (4): 893-920.

hendet，2004)[①]。综合上述因素的作用，法国邻近动力学派（French school of proximity dynamics）建立的多维邻近性框架包括地理邻近性、组织邻近性、制度邻近性、认知邻近性、社会邻近性等维度（Knoben and Oerlemans，2006)[②]；荷兰乌特勒支学派建立的多维邻近性框架对地理、认知、组织、社会、制度邻近性之间的相互作用及对企业间创新合作的影响进行了深入分析（Boschma，2005)[③]。从当前相关研究成果可发现，不论是质性理论研究还是实证研究，均强调地理邻近、认知邻近和组织邻近（包括制度、文化和社会）对知识流动和企业创新网络的重要性作用（Balland，2012；Broekel and Boschma，2012；党兴华、弓志刚，2013)[④⑤⑥]。

（1）地理邻近性与创新网络关系。

企业之间的地理邻近增强了创新网络成员之间的社会联系，能显著促进隐性知识流动和创新产出（Ter Wal and Anne，2014)[⑦]。地理邻近是网络形成的一个潜在动力，但不一定是最重要的动力，虽然大量的创新合作发生在地理邻近的机构间（Hoekman et al.，2010)[⑧]，这可能是由和地理邻近密切相关的其他邻近性所导致的（Breschi et al.，2003)[⑨]。实际上，大量研究表明其他形式的邻近性可能会替代地理邻近（Breschi and Catali-

---

① Amin A.，Cohendet P. Review of architectures of knowledge：Firms，capabilities and communities［J］. Journal of Management & Governance，2004，10：4459 -4461.

② Knoben J.，Oerlemans L. A. G. Proximity and inter-organizational collaboration：A literature review［J］. International Journal of Management Reviews，2006，8（2）：71 -89.

③ Boschma R. Proximity and innovation：a critical assessment［J］. Regional Studies，2005，39：61 -74.

④ Balland P. A. Proximity and the evolution of collaboration networks：Evidence from research and development projects within the Global Navigation Satellite System（GNSS）industry［J］. Regional Studies，2012，46（6）：741 -756.

⑤ Broekel T.，Boschma R. Knowledge networks in the Dutch aviation industry：the proximity paradox［J］. Journal of Economic Geography，2012，12（2）：409 -433.

⑥ 党兴华，弓志刚．多维邻近性对跨区域技术创新合作的影响——基于中国共同专利数据的实证分析［J］. 科学学研究，2013，31（10）：1590 -1600.

⑦ Ter Wal A.，Anne L. J. The dynamics of the inventor network in German biotechnology：geographic proximity versus triadic closure［J］. Journal of Economic Geography，2014，14（3）：589 -620.

⑧ Hoekman J.，Frenken K.，Tijssen R. J. W. Research collaboration at a distance：Changing spatial patterns of scientific collaboration within Europe［J］. Research Policy，2010，39（5）：662 -673.

⑨ Breschi S.，Lissoni F.，Malerba F. Knowledge-relatedness in firm technological diversification［J］. Research Policy，2003，32（1）：69 -87.

ni，2010)[①]。随着信息通信技术（ICT）和交通运输方式的革新，地理已死或者地理距离对区域发展无关紧要等论断受到一些学者推崇（Cairncross，1997)[②]。但是，Desrochers（2001)[③]、刘承良等（2017)[④]、史焱文等（2016)[⑤]并不同意这一论断，他们认为现代技术和交通运输的快速发展，可以促进技术和知识转移，地理邻近仍然是企业间确保创新信息有效沟通的最佳方式。

（2）认知邻近性与创新网络关系。

企业之间的认知邻近可有助于双方有效沟通、弥补知识和能力不足、更易获取新的创新信息（Ahuja and Katila，2001；叶琴等，2017)[⑥⑦]。Mueller和Stewart（2016)[⑧]认为，企业在创新结网时，需要共享一些知识，以便了解合作伙伴的技术能力。无效的认知邻近可能会导致双方无法沟通，但多个学者研究发现，拥有过多相同或类似的知识将导致企业学习动力不足，阻碍了新思想、新技术、新知识的传播，从而削弱企业的竞争力（Duysters，2005；李琳、韩宝龙，2011)[⑨⑩]。Breschi和Catalini（2010)[⑪]研究发现，企业之间技术不兼容、知识水平差异大将严重滞缓新产品开发，企业现有知识基础强弱与否直接决定了企业开发新知识、新产品的速度与程度。经

① Breschi S.，Catalini C. Tracing the links between science and technology: An exploratory analysis of scientists' and inventors' networks [J]. Research Policy，2010，39（1）：14－26.

② Cairncross F. The death of distance [M]. Harvard Business School，1997.

③ Desrochers P. Geographical proximity and the transmission of tacit knowledge [J]. Review of Austrian Economics，2001，14（1）：25－46.

④ 刘承良，桂钦昌，段德忠等．全球科研论文合作网络的结构异质性及其邻近性机理［J］．地理学报，2017，72（4）：737－752.

⑤ 史焱文，李二玲，李小建．地理邻近、关系邻近对农业产业集群创新影响——基于山东省寿光蔬菜产业集群实证研究［J］．地理科学，2016，36（5）：751－759.

⑥ Ahuja G.，Katila R. Technological Acquisitions and the Innovation Performance of Acquiring Firms: A Longitudinal Study [J]. Strategic Management Journal，2001，22（3）：197－220.

⑦ 叶琴，曾刚，陈弘挺．组织与认知邻近对东营市石油装备制造业创新网络演化影响［J］．人文地理，2017（1）：116－122.

⑧ Mueller M.，Stewart A. Does Temporary Geographical Proximity Predict Learning? Knowledge Dynamics in the Olympic Games [J]. Regional Studies，2016，50（3）：1－14.

⑨ Duysters G. Collaboration and innovation: a review of the effects of mergers, acquisitions and alliances on innovation [J]. Technovation，2005，25（12）：1377－1387.

⑩ 李琳，韩宝龙．地理与认知邻近对高技术产业集群创新影响——以我国软件产业集群为典型案例［J］．地理研究，2011，30（9）：1592－1605.

⑪ Breschi S.，Catalini C. Tracing the links between science and technology: An exploratory analysis of scientists' and inventors' networks [J]. Research Policy，2010，39（1）：14－26.

济地理学者还探讨了全球电子视频游戏产业、智利葡萄酒产业、法国基因组学和德国生物技术等企业创新网络动态演变驱动因子，发现认知邻近随着网络节点的增加，其重要性随之变大（Balland et al.，2013）[①]。因此，在企业构建的创新网络中，如果两家企业拥有适度相似的知识、技术和能力，那么创新网络的创新产出、创新效率、创新能力水平就会处于较高水平（Duysters，2005；朱贻文等，2017；曹贤忠等，2016）[②③④]。

（3）组织邻近性与创新网络关系。

组织邻近性是指企业组织安排被共享的程度，如企业层次结构、常规和规则，可由文化、结构、社会等邻近性组成（Prabhu et al.，2005）[⑤]。文化邻近包括语言、惯例和规则等元素，以及个人与群体之间的互动程度（杨雪等，2014）[⑥]；结构或制度邻近是关于企业在诸如结构、体系、层次结构等宏观层面上推动知识转移，采取管制的相似程度（周青等，2013；夏丽娟等，2017）[⑦⑧]；社会邻近是企业通过非正式交流方式联系的强度（Caragliu and Nijkamp，2016）[⑨]。Balland 等（2016）[⑩] 指出，组织邻近为企业创新网络构建提供了稳

---

① Balland P. A., Vaan M. D., Boschma R. The dynamics of interfirm networks along the industry life cycle: The case of the global video game industry, 1987 – 2007 [J]. Journal of Economic Geography, 2013, 13: 741 – 765.

② Duysters G. Collaboration and innovation: a review of the effects of mergers, acquisitions and alliances on innovation [J]. Technovation, 2005, 25 (12): 1377 – 1387.

③ 朱贻文，曾刚，曹贤忠，等．不同空间视角下创新网络与知识流动研究进展 [J]. 世界地理研究，2017，26（4）：117 – 125.

④ 曹贤忠，曾刚，司月芳．网络资本、知识流动与区域经济增长：一个文献述评 [J]. 经济问题探索，2016（6）：175 – 184.

⑤ Prabhu J. C., Chandy R. K., Ellis M. E. The impact of acquisitions on innovation: Poison pill, placebo, or tonic? [J]. Journal of Marketing, 2005, 69 (1): 114 – 130.

⑥ 杨雪，顾新，王元地．文化邻近对产学合作创新倾向影响的实证研究 [J]. 中国科技论坛，2014（10）：66 – 71.

⑦ 周青，侯琳，毛崇峰．制度邻近性对高新技术企业合作创新的作用路径研究 [J]. 科技进步与对策，2013，30（10）：81 – 83.

⑧ 夏丽娟，谢富纪，王海花．制度邻近、技术邻近与产学协同创新绩效——基于产学联合专利数据的研究 [J]. 科学学研究，2017，35（5）：782 – 791.

⑨ Caragliu A., Nijkamp P. Space and knowledge spillovers in European regions: the impact of different forms of proximity on spatial knowledge diffusion [J]. Journal of Economic Geography, 2016, 16 (3): lbv042.

⑩ Balland P. A., Belsomartínez J. A., Morrison A. The dynamics of technical and business knowledge networks in industrial clusters: Embeddedness, status, or proximity? [J]. Economic Geography, 2016, 92 (1): 35 – 60.

定的条件和一致的环境，进而提高了企业间的相互信任，有利于相互协调，并促进知识转让，但组织邻近程度较低可能会造成缺乏信任和沟通不畅、目标错位和文化冲突等问题。D'Este 等（2013）① 根据主体之前的合作经验程度，判断组织邻近的数值，深入考察了英国工程和物理科学研究委员会资助的企业与大学创新合作的影响因素，研究发现地理邻近比组织邻近更有助于促进企业与大学的合作创新。

2.3.6 高新技术产业创新网络研究

从典型产业创新网络研究案例来看，文化创意和高技术产业成为国内外经济地理学者关注的重点案例，例如，Turner（2010）探讨了英国白酒产业创新网络的空间邻近性与网络学习间的关系②；Ter Wal（2013）研究了德国生物技术发明家网络的空间演化过程③；Balland 等（2013）分析了全球视频游戏产业的网络演化动力④；国内学者则对中国 ICT 产业（赵建吉，2013）⑤、光电子产业（王灏，2013）⑥、生物医药产业（王飞，2012）⑦、

---

① D'Este P.，Guy F.，Iammarino S. Shaping the formation of university-industry research collaborations：what type of proximity does really matter？［J］. Papers in Evolutionary Economic Geography，2013，13（4）：537－558.

② Turner S. Networks of learning within the English wine industry［J］. Journal of Economic Geography，2010，10：685－715.

③ Ter Wal A. The spatial dynamics of the inventor network in German biotechnology：geographical proximity versus triadic closure. Papers presented in Evolutionary Economic Geography 11－02，Section of Economic Geography，Utrecht University，2011.

④ Balland P. A.，Vaan M. D.，Boschma，R. The dynamics of interfirm networks along the industry life cycle：The case of the global video game industry，1987－2007［J］. Journal of Economic Geography，2013，13：741－765.

⑤ 赵建吉，曾刚. 基于技术守门员的产业集群技术流动研究——以张江集成电路产业为例［J］. 经济地理，2013，33（2）：111－116.

⑥ 王灏. 光电子产业区域创新网络构建与演化机理研究［J］. 科研管理，2013，34（1）：37－45.

⑦ 王飞. 生物医药创新网络演化机理研究——以上海张江为例［J］. 科研管理，2012，33（2）：48－54.

农业（史焱文等，2015；刘刚、罗强，2015）[①②]、传统制造业（潘峰华、王缉慈，2010；马铭波、王缉慈，2012）[③④] 等产业的创新网络空间结构、演化过程和创新能力进行了深入研究。这些典型产业案例研究表明，一些技术含量高、新产品产值高、有着大量创新合作需求的高新技术产业更加有利于开展创新网络的相关研究。

通过现有研究梳理，经济地理学者主要围绕生物技术、电子信息、装备制造等高新技术产业分行业开展了创新网络结构特征及演化、创新模式、创新能力、创新主体、合作伙伴选择等方面的相关研究。例如，王秋玉等（2016）利用发明专利合作数据对我国装备制造业产学研合作创新网络结构及演变进行了实证分析[⑤]；顾娜娜（2015）分析了长江经济带装备制造业合作发表科技论文、合作发明专利和产业技术联盟等不同类型的产学研合作网络结构特征及空间结构演化特征[⑥]；吕国庆（2016）利用发明专利合作数据和企业问卷调研数据比较分析了我国装备制造业 STI 和 DUI 两种不同创新模式的创新效果[⑦]；Sharma 和 Singla（2009）探讨了印度电信产业构建产学官合作伙伴关系的重要性[⑧]；Liefner 和 Zeng（2016）论述了中国装备制造业自主创新的基础、障碍与前景[⑨]；叶琴（2015，2017）基于问卷访谈数据探讨了上海、广东、厦门不同规模装备制造企业合作创

---

① 史焱文，李二玲，李小建，等．基于 SNA 的农业产业集群创新网络与知识流动分析［J］．经济地理，2015，35（8）：114－122.

② 刘刚，罗强．上海推进农业产学研一体化的现状与建议［J］．上海农村经济，2015（3）：16－18.

③ 潘峰华，王缉慈．全球化背景下中国手机制造产业的空间格局及其影响因素［J］．经济地理，2010，30（4）：608－613.

④ 马铭波，王缉慈．知识深度视角下文化产品制造业的相似问题及根源探究——基于国内钢琴制造业的例证［J］．中国软科学，2012（3）：100－106.

⑤ 王秋玉，曾刚，吕国庆．中国装备制造业产学研合作创新网络初探［J］．地理学报，2016，71（2）：251－264.

⑥ 顾娜娜．长江经济带装备制造业产学研创新网络研究［D］．上海：华东师范大学，2015.

⑦ 吕国庆．中国装备工业创新网络研究［D］．上海：华东师范大学，2016.

⑧ Sharma S，Singla L. Telecom Equipment Industry：Challenges and Prospects［J］. Economic and Political Weekly，2009，44（1）：16－18.

⑨ Liefner I.，Zeng G. China's Mechanical Engineering Industry：Offering the Potential for Indigenous Innovation? In：Yu Zhou，William Lazonick and Yifei Sun（ed.）：China as an Innovation Nation，Oxford University Press，2016：98－132.

新伙伴筛选和创新网络的建立过程，并从多维邻近性视角探讨了东营石油装备制造业创新网络演化影响因子①②。在对高新技术产业创新网络研究过程中，学者们综合运用了社会网络分析方法、核密度等方法分析创新网络的结构特征和创新效率评估，而所采用的数据主要为发明专利数据，数据来自中国知识产权局，另外问卷调查和访谈也得到了较为广泛的应用。

由于高新技术产业包含种类繁多，有的学者将高新技术产业看作是由一些高技术、高收益、高创新的产业构成的整体，进而开展高新技术产业的技术扩散、技术开发机制、创新合作模式等方面的研究。例如，曾刚（1998）根据上海高新技术产业高投入、高风险、高产出的特点，探讨了高新技术企业内部技术开发机制、区域技术合作机制和跨区域技术扩散机制对上海高新技术企业的影响③；林兰等（2006）以浦东新区高新技术企业调查为例，探讨高新技术企业技术扩散的影响因子，发现宏观、微观等不同尺度的技术扩散过程受到不同因子的影响④；汪涛等（2008）从地理邻近视角对上海浦东高新技术企业创新活动开展了研究⑤；张秀萍等（2016）以三个国家级高新区为研究对象，对高新技术产业区域创新网络结构及特征进行分析，发现政府、大学和企业分别在各自主导的创新网络中起到资源配置和支撑作用，中介机构主要发挥结构洞作用⑥；肖泽磊等（2010）以“中国光谷”为例，研究认为集群创新网络的形成是高新技术产业集群成熟的本质特征⑦。

上述研究表明，高新技术产业由于自身较高的技术特性，加之开展技

---

① 叶琴，曾刚，陈弘挺．中国装备制造企业合作创新伙伴选择——基于2013年中国工博会249家参展企业的问卷调查分析［J］．地理科学进展，2015，34（5）：648－656.

② 叶琴，曾刚，陈弘挺．组织与认知邻近对东营市石油装备制造业创新网络演化影响［J］．人文地理，2017（1）：116－122.

③ 曾刚．上海市高新技术企业技术开发机制初探［J］．现代城市研究，1998（4）：7－10.

④ 林兰，曾刚．技术扩散空间尺度与高新技术企业布局［J］．科技管理研究，2006，26（7）：70－73.

⑤ 汪涛，曾刚．地理邻近与上海浦东高技术企业创新活动研究——兼比较德国下萨克森州［J］．世界地理研究，2008，17（1）：47－52.

⑥ 张秀萍，卢小君，黄晓颖．基于三螺旋理论的区域协同创新网络结构分析［J］．中国科技论坛，2016（11）：82－88.

⑦ 肖泽磊，项喜章，刘虹．高新技术产业创新群构成要素及优势分析——以“武汉·中国光谷”为例［J］．中国软科学，2010（7）：103－111.

术创新有着外部合作的强烈需求，因而对于创新网络研究具有较高的典型性，但由于高新技术产业包含产业门类众多，当前研究难以对其进行全面细致研究，大多要么采取不区分行业类别，将所有行业融合在一起，对整个高新技术产业创新活动开展分析；要么采取通过某一行业来表征整个高新技术产业，深入探讨某一行业的创新活动。

2.4 创新网络的全球与地方化之争

随着经济全球化时代的快速发展，创新在区域经济发展中的地位日益重要，资本、土地、劳动力等区位要素也逐渐向技术创新要素转变，在这一过程中，经济地理学者强调全球和地方两个空间尺度创新要素互动的重要性，对全球和地方空间尺度的创新网络开展了大量研究（Dicken，2004；Bunnell and Coe，2001；Boschma，2005）①②③。而经济地理学者对空间尺度的认识存在分歧，并逐渐形成了两大学派：一是以地方产业集群、区域创新系统等为代表的“新区域主义”（new regionalism），主要以北欧经济地理学者为主。这一学派认为创新具有粘性，多依赖于硅谷、新竹等特定区域（Cooke，1997；Maskell and Malmberg，1999；Maskell，2000）④⑤⑥，强调区域内生因素、内部根植性和制度厚度对创新的决定性作用。王缉慈（2011）⑦、文婷和

---

① Dicken P. Global-local tensions：Firms and states in the global space-economy [J]. Economic Geography，1994，70：101 –28.

② Bunnell T. G.，Coe N. M. Spaces and scales of innovation [J]. Progress in Human Geography，2001，25（4）：569 –589.

③ Boschma，R. Proximity and Innovation：A Critical Assessment [J]. Regional Studies，2005，39（1）：61 –74.

④ Cooke，P. Regions in a global market：The experiences of wales and baden-württemberg [J]. Review of International Political Economy，1997，4（2）：349 –381.

⑤ Maskell，P. Social capital，innovation，and competitiveness. In S. Baron，J. Field，T. Schuller（eds）Social Capital：Critical Perspectives [M]. Oxford：Oxford University Press，2000.

⑥ Maskell P.，Malmberg A. Localised learning and industrial competitiveness [J]. Cambridge Journal of Economics，1999，23（2）：167 –185.

⑦ 王缉慈．超越集群——关于中国产业集聚问题的看法 [J]．上海城市规划，2011（1）：52 –54.

曾刚（2005）[①]、苗长虹（2006）[②] 等学者指出，内生要素以及产学研一体化、根植性、信任、制度厚度是促进企业创新、地方创新合作网络形成发展的决定因素，也是支撑第三意大利等创新空间粘性的根基。曾刚（2002）基于地方企业创新网络，对张江高科技园区进行了长期大量的实地调研，论述了技术创新、技术扩散、网络权力对地方创新网络的影响[③]。王缉慈（2016）从根植性的视角出发，对中关村集群创新的过程与机理进行了较为系统的研究[④]。另一学派是以全球生产网络、全球价值（商品）链的研究内容为代表的曼彻斯特学派。这一学派认为新区域主义忽略了区域内部与外部的知识传递、合作与学习，其主张全球知识（distant knowledge）与地方知识互补，更加有利于区域创新（Bathelt and Glückler，2003；Gereffi et al.，2005；Humphrey and Schmitz，2000；Yeung，2005；Huggins et al.，2010；苗长虹等，2002）[⑤⑥⑦⑧⑨⑩]。Ernst（2002）对 ICT 产业全球转移与技术升级过程进行研究后发现，旗舰企业（flagship firm）在全球范围内搜寻知识资源，与区外的客户、供应商、大学、科研机构等建立了正式、非正式创新合作网络关系[⑪]。Wang 等（2011）和 Wu 等（2015）对珠三角

---

① 文婷，曾刚．全球价值链治理与地方产业网络升级研究——以上海浦东集成电路产业网络为例［J］．中国工业经济，2005，208（7）：20－27.

② 苗长虹．全球—地方联结与产业集群的技术学习：以河南许昌发制品产业为例［J］．地理学报，2006，61（4）：425－434.

③ 曾刚．技术扩散与区域经济发展［J］．地域研究与开发，2002，21（3）：38－41.

④ 王缉慈．创新集群三十年探索之旅［M］．北京：科学出版社，2016.

⑤ Bathelt H.，Glückler J. Toward a relational geography［J］. Economic Geography，2003，3（2）：117－144.

⑥ Gereffi G.，Humphrey J.，Sturgeon T. The governance of global value chains［J］. Review of International Political Economy，2005，12（1）：78－104.

⑦ Humphrey J.，Schmitz H. Governance in Global Value Chain. H Schmitz（ed.）. Local Enterprises in the Global Economy［M］. Issues of Governance and Upgrading. 2003.

⑧ Yeung H. Rethinking relational economic geography［J］. Transactions of the Institute of British Geographers，2005，30（1）：37－52.

⑨ Huggins R.，Izushi H.，Clifton N.，Jenkins S.，Prokop D.，Whitfield C. Sourcing Knowledge for Innovation：The International Dimension［M］. London：NESTA，2010.

⑩ 苗长虹，樊杰，张文忠．西方经济地理学区域研究的新视角——论新区域主义的兴起［J］．经济地理，2002，22（6）：644－650.

⑪ Ernst D.，Kim L. Global production networks，knowledge diffusion and local capability formation［J］. Research Policy，2002，31（8/9）：1417－1429.

地区企业创新活动进行了系统实地调研和分析后发现，企业所有制及其全球合作计划对全球创新网络具有重要影响①②。Yeung（2016）认为跨国企业在全球范围内的创新活动通过产业链可延伸至世界各地区，进而对当地创新能力与经济发展水平产生影响③。杜德斌等（2007，2010）对跨国公司主导的全球 R&D 网络进行了分析研究④⑤⑥。刘承良等（2017）对全球科研论文合作网络的结构异质性及其邻近性机理进行了深入探讨⑦。Wei 等（2011，2013）和 Sun 等（2011）从苏州外资企业区位选择、离岸外包等方面入手，论述了全球经济联系与中国产业技术创新升级之间的关系⑧⑨⑩。跨国公司不仅是全球生产网络的核心主体，也是全球创新网络的核心主体（Ernst，2009）⑪。

上述研究分别从全球和地方两个空间尺度对创新网络进行了研究，而创新网络的最佳空间尺度仍难以确定。两个流派也存在着一些尚待研

---

① Wang D.，Chai Y.，Li F. Built environment diversities and activity-travel behaviour variations in Beijing，China［J］. Journal of Transport Geography，2011，19（6）：1173－1186.

② Wu A.，Cassandra C.，Wang Li S. Geographical knowledge search，internal R&D intensity and product innovation of clustering firms in Zhejiang，China［J］. Papers in Regional Science，2015，94（3）：553－572.

③ Yeung H. W. Strategic coupling：East Asian industrial transformation in the new global economy. Cornell［M］. University Press，2016.

④ 杜德斌．跨国公司 R&D 全球化：地理学的视角［J］．世界地理研究，2007，16（4）：106－114.

⑤ 王承云，杜德斌．在华美、日跨国公司 R&D 投资区位的比较［J］．人文地理，2007，94（2）：1－5.

⑥ 杜德斌，孙一飞，盛垒．跨国公司在华 R&D 机构的空间集聚研究［J］．世界地理研究，2010，19（3）：1－13.

⑦ 刘承良，桂钦昌，段德忠，等．全球科研论文合作网络的结构异质性及其邻近性机理［J］．地理学报，2017，72（4）：737－752.

⑧ Wei Y. H.，Liefner I.，Chang-Hong M. Network configurations and R&D activities of the ICT industry in Suzhou Municipality，Chin. Geoforum，2011，42（6）：731－731.

⑨ Wei Y. H.，Yuan H.，Liao H. Spatial Mismatch and Determinants of Foreign and Domestic Information and Communication Technology Firms in Urban China. Professional Geographer，2013，65（2）：247－264.

⑩ Sun Y.，Zhou Y.，Lin G. C. S. Subcontracting and supplier innovativeness in a developing economy：Evidence from China's information and communication technology industry. Regional Studies，2011，47（10）：1－19.

⑪ Ernst D. A new geography of knowledge in the electronics industry? Asia's role in global innovation network. Honululu：East-West Center. 2009.

究的问题，如区域创新系统过于强调内部联系和本地化知识的重要性，这显然不符合全球化背景下的区域创新发展特征；全球生产网络和全球创新网络片面地将国家看成是地方的简单叠加，全球看成是国家的叠加，忽视了不同空间尺度的特征和作用机理的差异，夸大了跨国公司在区域发展过程中的作用，而对中小型创新企业的关注度不高。实际上，经济地理学者也意识到单一尺度的研究存在着很大的片面性，两大分支出现融合趋势，如全球生产网络与区域发展（Coe et al.，2004；Coe et al.，2008）①②、本地蜂鸣—全球通道（Local buzz and global pipeline）（Bathelt et al.，2004）③ 等概念逐渐成为经济地理学的新热点。而基于中国不同空间尺度的创新网络研究，学者们也进行了有益探索，例如，赵建吉、曾刚（2013）构建了“技术守门员”分析框架，以上海张江集成电路产业集群为案例，研究发现“技术守门员”是产业集群实现全球—地方联结的重要管道，“技术守门员”便于产业集群实现更为迅速的技术流动④；Liu 和 Buck（2007）研究了不同知识流动渠道对中国高科技产业创新效率的影响，研究发现本土企业的技术进口和出口活动都会增强企业的创新效率，而跨国企业的研发活动与本土企业创新效率的关系却受到企业吸收能力的影响⑤。曾刚等（2004）研究认为，与发达国家的企业相比，发展中国家的企业偏重于对外部科技知识的吸收，而不是创造新知识，本土企业无法在创造技术方面起到领先作用，但是相互学习的效应却十分明显，中外企业的技术合作仍然局限在国外技术的本土化调整，还没有进行真正意义的新技术创新研究⑥。虽然学者们对创新网络的空间尺度问题进

① Coe N.，Hess M.，Yeung H.，Dicken P.，Henderson J. Globalizing regional development：A global production networks perspective [J]. Transactions of the Institute of British Geographers，2004，29 (4)：468 –484.

② Coe N.，Dicken P.，Hess M. Global production networks：realizing the potential [J]. Journal of Economic Geography，2008 (8)：271 –295.

③ Bathelt H.，Malmberg A.，Maskell P. Clusters and knowledge：local buzz，global pipelines and the process of knowledge creation [J]. Progress in Human Geography，2004，28 (1)：31 –56.

④ 赵建吉，曾刚. 基于技术守门员的产业集群技术流动研究——以张江集成电路产业为例 [J]. 经济地理，2013，33 (2)：111 –116.

⑤ Liu X. H.，Buck T. Innovation performance and channels for international technology spillovers：evidence from Chinese high-tech industries [J]. Research Policy，2007，36 (2)：355 –366.

⑥ 曾刚，文嫮. 上海浦东信息产业集群的建设 [J]. 地理学报，2004，59 (增刊)：59 –66.

行了广泛探索，但现有研究多集中在理论概念描述，对于不同空间尺度创新网络的影响因子和创新效率差异、创新网络影响机制及创新机理尚待进一步探讨。

2.5 创新网络研究述评

创新网络成为经济地理学者近来关注的核心领域，同时创新网络也是各创新主体知识转移的重要载体。围绕创新网络科学内涵及构成、形成与演化动力、创新效率、知识流动、对区域经济发展的影响、典型产业创新网络以及空间尺度等问题，国内外经济地理学者开展了大量研究，获得了一批卓有成效的研究成果。从创新网络研究的全球—地方新趋向来看，现有创新网络研究仍存在着一些不足之处，为了更好地分析创新网络，需要对现有研究成果进行归纳总结，开展更加符合经济地理学理论和时代发展需求的相关研究，主要体现为以下四个方面。

第一，需要从全球—地方视角开展创新网络研究。关于创新网络的空间尺度问题，学界尚存在全球与地方孰好孰坏的争议，已有研究仍大多集中于全球尺度的全球创新网络和地方尺度的区域创新系统等关注单一空间尺度的创新网络研究，忽视了全球、地方两个空间尺度内在要素和组织之间的关联，过于强调发达国家在创新网络中的作用，忽视了发展中国家与后进企业在创新网络中的重要作用（邓羽、司月芳，2016）[①]。20 世纪 90 年代，Robertson（1995）首次引入了全球—地方化（glocalization）的概念，并指出全球—地方化可能会替代全球化（globalization）和地方化（localization）的概念[②]，目前在经济地理学领域，关于全球—地方创新网络的研究尚不多见，Bathelt 等（2004）[③] 在提出“本地蜂鸣—全球通道”模

① 邓羽，司月芳．西方创新地理研究评述［J］．地理研究，2016，35（11）：2041－2052.

② Robertson，R.（n. d.）The conceptual promise of glocalization：commonality and diversity，1995. http：//artefact. mi2. hr/_a04/lang_en/index_en. htm.

③ Bathelt H.，Malmberg A.，Maskell P. Clusters and knowledge：local buzz，global pipelines and the process of knowledge creation［J］. Progress in Human Geography，2004，28（1）：31－56.

型以来，又对本地创新主体与全球创新主体的知识交流进行了探讨（Bathelt and Cohendet，2014）[①]；Huggins 和 Thompson（2014）将本地网络与全球网络结合，建构了本地与全球网络共同作用下的区域发展路径理论分析框架[②]；苗长虹（2006）基于全球—地方联结视角对河南许昌发制品产业集群的技术学习过程进行了分析[③]；司月芳等（2016）首次对全球—地方创新网络的概念、类型进行了界定，并指出全球—地方创新网络的相关研究是经济地理学者未来研究的重点[④]。上述学者的研究也充分地表明全球—地方创新网络研究的重要性，但他们的研究尚没有经过案例实证，科学性及实用性仍有待于进一步验证。在未来的研究过程中，经济地理学领域研究迫切需要深入开展全球—地方创新网络相关研究，应将全球—地方看作一个整体，并与全球和地方尺度创新网络进行比较，开展以发展中国家企业创新活动为案例的全球—地方综合作用下的创新网络相关研究，这不仅更加符合时代发展的需求，而且对于经济地理学中创新系统理论的发展也具有十分重要的作用。

第二，需要从联合申请专利、产业链合作、产业联盟合作、实地调查访谈等多个方面探讨创新网络特征。企业开展创新合作的形式多样，开展专利合作、产业链合作或产业联盟等都是其开展创新合作的一个方面，上述研究表明大多学者在构建创新网络和刻画创新网络基本特征时，仍较多地采用了联合申请专利这一指标，忽视了企业其他形式的创新合作。通过已有研究发现，专利合作、产业链合作、产业联盟合作、实地调查访谈等四个方面在描述创新网络的相关研究中应用较多，其中，专利合作的优势在于数据量大，且能识别具体到企业的创新主体；劣势在于许多企业创新合作不通过专利形式表达，且有很多专利不对外公开，导致在描述网络特

① Bathelt H.，Cohendet P. The creation of knowledge：local building，global accessing and economic development—toward an agenda［J］. Journal of Economic Geography，2014，14：869 – 882.

② Huggins R.，Thompson P. A Network-based view of regional growth［J］. Journal of Economic Geography，2014，14（3）：511 – 545.

③ 苗长虹. 全球—地方联结与产业集群的技术学习：以河南许昌发制品产业为例［J］. 地理学报，2006，61（4）：425 – 434.

④ 司月芳，曾刚，曹贤忠，等. 基于全球—地方视角的创新网络研究进展［J］. 地理科学进展，2016，35（5）：600 – 609.

征时出现误差。产业链合作的优势在于能较大程度上表达出企业的上下游合作，且能将一些实际上参与了创新网络建设但并没有专利或新产品等产出企业的创新网络情况客观反映出来；劣势在于数据不好获取，一般需要有专门的企业数据库或实地调研，且难以识别具体到企业的创新主体。产业联盟合作的优势在于能刻画出企业围绕某一核心或关键技术与其他机构开展联合攻关的情况，且能识别出具体的合作企业；劣势在于产业联盟的形成多由政府出资引导建立，参与企业实际合作效果不佳，且数据量不大，也仅仅只能描述企业创新网络的一部分。实地调查访谈优势在于通过与企业经理或员工的调查访谈，能较系统地明确企业是否开展了创新合作，且能通过设置问题得到研究人员较为关心的创新网络问题；劣势在于实地调查耗时耗力，调查数据难以大量获取，且只能明确企业参与了创新网络或明确了企业合作伙伴的分布地区，对于企业的具体信息和企业的具体区位难以有效刻画。因而，有必要重新审视创新网络如何全面科学地表达，将当前学者探讨较多的产业链创新合作、产业联盟合作和实地调查访谈进行整合，通过实地调查访谈确定哪些企业参与了创新网络，进而分析网络内企业的专利合作、产业链合作和产业联盟合作的特征，从而最大限度地对创新网络的基本特征进行描述。

第三，需要分析不同空间尺度和不同行业间创新网络的影响因子，探讨创新网络影响机制。企业创新网络的形成与演化受到多方面因素的影响，国内外相关研究成果表明，创新环境、主体类型、空间距离、企业属性等均会对创新结网产生影响，但是当前研究主要对创新网络形成和演化过程中的影响因素进行分析，对于不同行业与不同空间尺度的影响程度大小、影响路径探讨尚不多见。因此，有必要开展全球创新网络、地方创新网络、全球—地方创新网络等不同空间尺度创新网络影响因子的比较分析，同时比较分析不同类型行业间创新网络影响因子，进而总结创新网络的共性影响因子。在此基础上，探讨创新网络的影响机制。

第四，需要评价不同空间尺度和不同行业间创新网络的创新效率，探讨创新网络创新机理。创新网络构建的效果如何需要进行科学评价，由于创新网络本身难以量化，经济地理学者大多从创新网络的结构特征出发，探讨其与创新效率的关系，进而反馈出创新网络的效果大小，这无疑对创新网络的实际效果有所偏差。还有些学者通过分析创新网络中的社会资本，探讨创新网络对区域经济的带动效果（杨鹏鹏等，2008）①，但是社会资本仅仅从社会能力与社会化视角解释了网络投资，通过社会资本对经济增长的影响来代表创新网络对经济增长的影响较为片面（Bathelt et al.，2004；Huber，2012）②③，在这一问题上，虽然英国卡迪夫大学 Huggins（2010）提出了网络资本的概念④，并陆续开展了系列研究，指出网络资本可测度不同主体形成的网络经济价值，且可由网络中的知识特性来衡量，即网络知识的优越性、可混合性及排他性三个特性（Huggins and Thompson，2014）⑤，从某种程度上弥补了社会资本研究的不足，但他的研究仅仅是从理论上提出的分析框架，对于网络中不同类型知识的特性如何测度仍未解决，且能否用于或如何用于现实创新网络效果的实证研究仍然值得商榷。因此，较为可行的是将多个企业构建的创新网络的效率分解为单个企业创新效率的集合，通过计算参与创新网络的企业创新投入和产出效率，进而计算出创新网络的创新效率。同时，有必要开展不同空间尺度和不同行业类型创新网络创新效率的比较分析，探讨创新网络的创新机理。

第五，需要开展高新技术产业典型产业案例研究。创新网络研究需要典型案例支撑，由于区域合作主要通过企业合作来完成，分析区域发展问题可抽象为分析区域内企业及产业集群问题（贾若祥、刘毅，2004；杨鹏鹏等，2008）⑥。国内外经济地理学者开展了包括发达国家、高新技术企业

---

① 杨鹏鹏，袁治平，王能民．社会资本影响区域经济增长的机理——基于“织网”模型的分析［J］．人文地理，2008（5）：67-72.

② Bathelt H.，Malmberg A.，Maskell，P. Clusters and knowledge：local buzz，global pipelines and the process of knowledge creation［J］. Progress in Human Geography，2004，28（1）：31-56.

③ Huber F. Do clusters really matter for innovation practices in Information Technology? Questioning the significance of technological knowledge spillovers［J］. Journal of Economic Geography，2012（12）：107-126.

④ Huggins R. Forms of network resource：knowledge access and the role of inter-firm networks［J］. International Journal of Management Reviews，2010（12）：335-352.

⑤ Huggins R.，Thompson P. A network-based view of regional growth［J］. Journal of Economic Geography，2014，14（3）：511-545.

⑥ 贾若祥，刘毅．企业合作在我国区域发展中的作用［J］．人文地理，2004，19（3）：31-35.

等典型案例研究，由于高新技术产业地位的重要性，经济地理学者一直关注这一产业，但已有研究多集中在产业链和区域内部创新方面，缺乏从网络视角对高新技术产业创新网络的影响因子、创新效率的深度研究，更加缺乏对高新技术产业不同空间尺度（全球、地方和全球—地方）创新网络和不同细分行业（生物医药、电子信息、新材料、高新技术改造传统产业等）创新网络的系统比较研究。

第3章

创新网络理论基础

3.1

创新网络相关思潮演变

美籍奥地利经济学家约瑟夫·熊彼特（Joseph Alois Schumpeter）是创新理论的缔造者，在其1912年出版的著作《经济发展理论》中指出，经济不断发展的动力来自经济体系中的持续创新。创新是一种新的生产函数和新的生产要素的组合，创新包括生产新产品、采用新工艺、开辟新市场、获取新资源以及创建新管理等内容（约瑟夫·熊彼特，1990）[①]，创新是改变经济均衡的唯一要素，企业家是创新的主体（韩振海、李国平，2004）[②]。

自熊彼特提出“创新是经济增长的源泉”以来，技术进步和创新在学术界受到了前所未有的重视，经济地理学者围绕创新、技术扩散、创新网络等进行了大量研究，随着外界宏观环境的变化和创新网络研究的不断深入，学界出现了新区域主义、全球生产网络、关系经济地理和演化经济地理等学术思潮和流派（吕拉昌等，2016）[③]。其中，新区域主义以产业集群为主要研究对象，强调地理邻近所带来的本地知识溢出和行为主体在地理空

① 约瑟夫·熊彼特．经济发展理论——对于利润、资本、信贷、利息和经济周期的考察［M］．北京：商务印书馆，1990.

② 韩振海，李国平．国家创新系统理论的演变评述［J］．科学管理研究，2004，22（2）：24－26.

③ 吕拉昌，黄茹，廖倩．创新地理学研究的几个理论问题［J］．地理科学，2016，36（5）：653－661.

间上的集聚、竞争、合作及互补，认为创新具有粘性，企业可以在地方网络的知识溢出和基于地方文化和信任的区域创新系统中受益；全球生产网络以跨国公司为研究对象，聚焦于经济全球化中跨界网络在组织、协调过程中所产生的创新联系，强调资本、技术、人才的全球扩散及地方制度响应，探讨以领先企业为核心的全球创新网络；关系经济地理学着重研究世界各经济集聚区、知识极等之间的联系，实现了经济地理学研究从传统的单中心研究向多中心研究的转化，更好地探讨了经济全球化背景下，通过追踪企业这一经济行为主体，探讨各经济中心之间的互动关系和作用机理；演化经济地理学强调发展过程的“动态性”“历史传承性”和“协同性”，研究经济活动的空间组织随时间变化的过程，并强调这一过程中“新奇”（创新、新企业、新产业）对经济景观及其空间系统的变异作用（贺灿飞等，2014）①。

本书重点关注上海高新技术产业的全球、地方和全球—地方创新网络，因而，区域创新系统理论（Innovation System）、全球生产网络理论（Global Production Network）是构建全球—地方创新网络的理论基础，下面将一一对其进行介绍。

3.2 区域创新系统理论

3.2.1 国外学者区域创新系统观

1992 年，英国卡迪夫大学菲利普·库克（Philip Nicholas Cooke）教授在深入研究国家创新系统的基础上，发表了《区域创新系统：新欧洲的竞争规则》一文，首次提出区域创新系统（regional innovation system，RIS）的概念，并在 1996 年主编的《区域创新系统：全球化背景下区域政府管理的作用》一书中指出，区域创新系统是由在地理上相互分工与关联的生产企业、研究机构和高等教育机构等构成、能够持续产生创新的区域组织

① 贺灿飞，郭琪，马妍等．西方经济地理学研究进展［J］．地理学报，2014，69（8）：1207－1223.

系统（Cooke，2010）①。

Autio（1998）指出，区域创新系统主要由根植于同一区域社会经济和文化环境中的知识应用和开发、知识生产和扩散这两个子系统构成，创新网络与机构之间以正式和非正式联系发生作用②（见图 3－1）。Cooke（2002）认为，区域创新系统内的研究机构、大学、技术转移等机构，有利于区域内企业创新效率的提高③。区域创新系统由知识应用及开发子系统、知识生产和扩散子系统、区域社会经济和文化基础、外部因素组成，深刻地揭示了创新系统的本质（见图 3－2）。

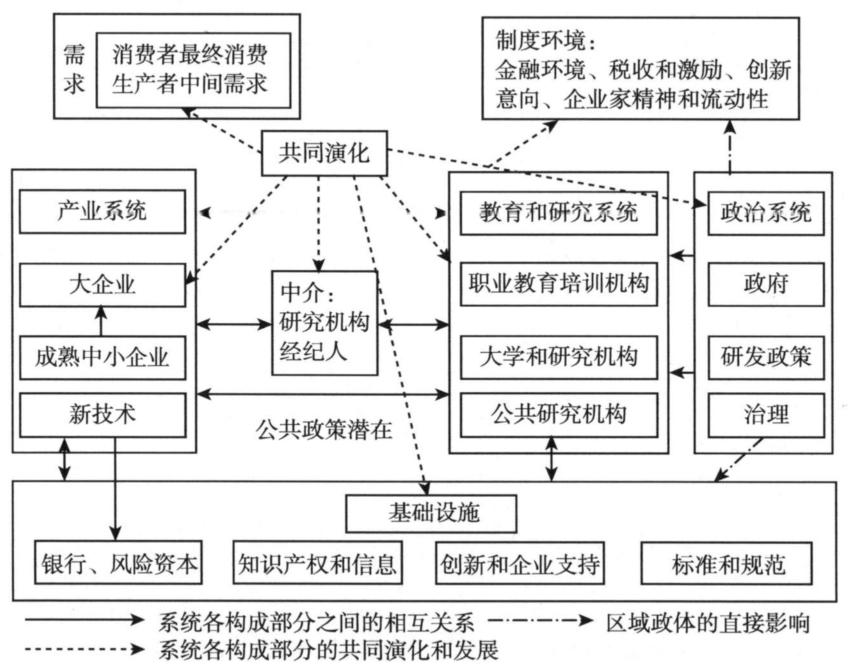

图 3－1　Autio 的区域创新系统框架

资料来源：Autio E. Evaluation of RTD in regional systems of innovation [J]. European Planning Studies，1998，6（2）：131－140.

① Cooke P. New Regional innovation system models [R]. the Second Technological Innovation Management and Policy International Symposium，Changsha，China. 2010.

② Autio E. Evaluation of RTD in regional systems of innovation [J]. European Planning Studies，1998，6（2）：131－140.

③ Cooke P. Regional innovation systems：General findings and some new evidence from biotechnology clusters [J]. Journal of Technology Transfer. 2002，27（1）：133－145.

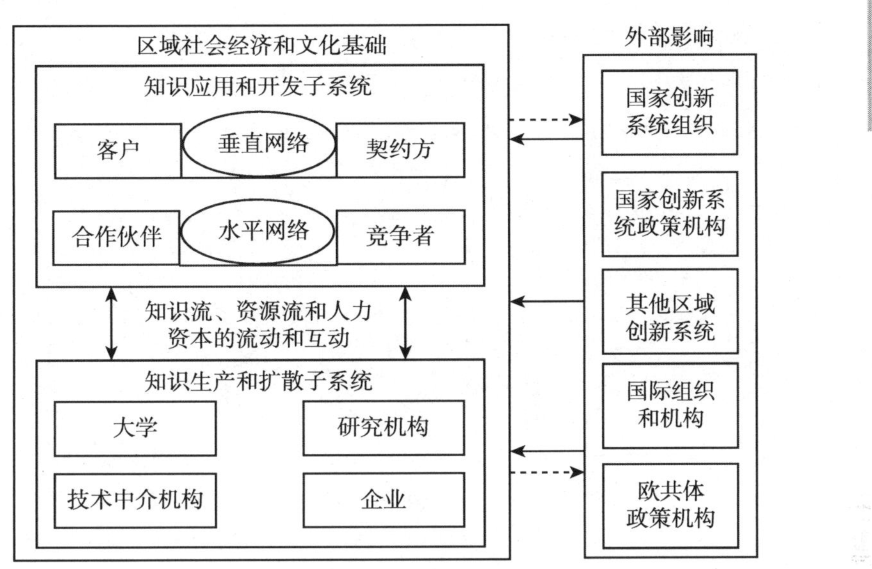

图 3－2　Cooke 的区域创新系统框架

资料来源：Cooke P. Regional innovation systems: General findings and some new evidence from biotechnology clusters [J]. Journal of Technology Transfer. 2002, 27 (1): 133－145.

区域创新系统中的创新主体主要包括企业、大学与科研机构、中介服务机构和政府部门，他们通过知识流动形成一个相互促进的网络系统。其中，企业是区域创新系统最重要的创新主体，在一定程度上决定了整个创新系统的创新能力[①]（见图 3－3）。

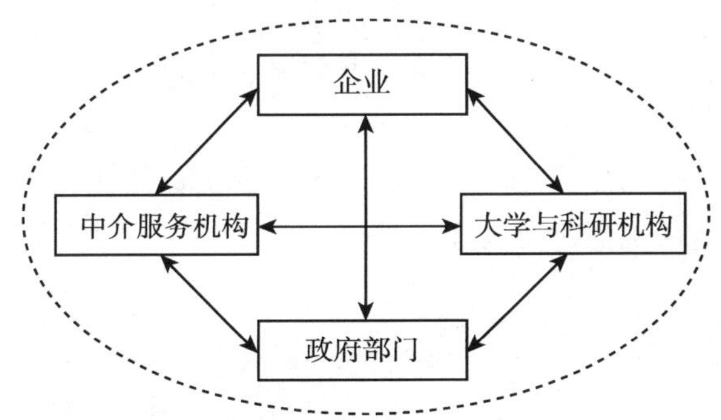

图 3－3　区域创新系统创新主体构成

资料来源：顾新．区域创新系统论 [D]．成都：四川大学，2002.

① 顾新．区域创新系统论 [D]．成都：四川大学，2002.

区域创新系统的创新机制本质上是驱动区域创新活动的内、外部制度条件总和。其中，内部制度条件包括信用契约、企业利润、创新学习，外部制度条件包括市场需求、区域竞争、政策导向（见图3－4）。

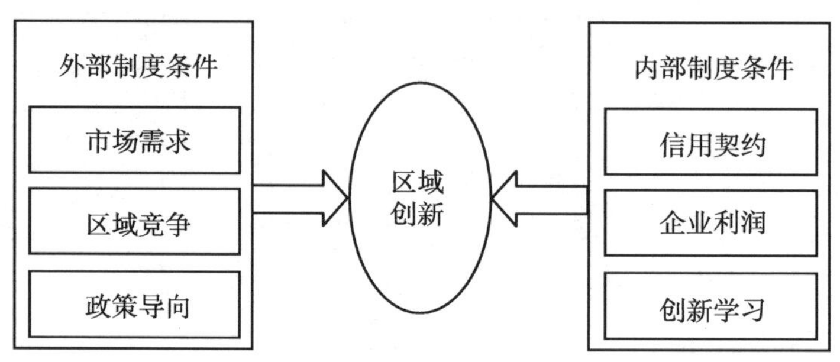

图3－4　区域创新系统创新机制图示

资料来源：朱晓霞．区域创新系统中中小企业角色定位与成长对策研究［D］．哈尔滨：哈尔滨工程大学，2008.

在内部制度条件中，忠诚和信用是区域创新系统构建的基础，由于主体间创新资源和创新能力各有所长，加之技术创新存在着较大的不确定性，从而使得结网成为一种必然的选择，契约协议成为合作的重要保障；企业利润是结网的最终目标，公平合理的利益分配机制是保证区域创新系统顺利实施的前提；创新学习有利于各主体吸取合作方之长，是提升区域创新系统创新水平的重要保障。在外部制度条件中，随着市场需求多样化和个性化的进一步发展，满足顾客特殊需求的能力成为企业新时期获取竞争优势的关键，市场需求是区域创新系统建设的源动力；为了应对来自区外企业的激烈竞争，企业竞争战略实现了从“以邻为壑”到“以邻为伴”的转变；政策导向主要包括国家政府和地方政府对各主体的创新政策引导，是区域创新系统的重要支撑（朱晓霞，2008）①。

3.2.2　国内学者区域创新系统观

从20世纪90年代末开始，北京大学王缉慈教授、华东师范大学曾刚

① 朱晓霞．区域创新系统中中小企业角色定位与成长对策研究［D］．哈尔滨：哈尔滨工程大学，2008.

教授等国内经济地理学者较早开展了产业集群、区域创新系统研究，并结合上海张江、北京中关村案例分析，取得了一系列丰硕研究成果。王缉慈（2001，2010）将发展中国家产业集群分为无核式产业集群、轮轴式产业集群、卫星平台式产业集群等三种类型[①②]（见图 3 – 5）。滕堂伟、曾刚（2009）指出，我国区域创新系统经历了零散创新合作、单中心创新合作和多中心创新合作三个发展阶段，而创新中心既可以是区域创新系统中的核心企业，也可以是公共研究机构或创新平台。随着区域创新系统功能不断完善，创新中心专业化趋势明显，各个创新中心之间的互动越来越频繁，合作内容也日趋广泛和深入[③]（见图 3 – 6）。

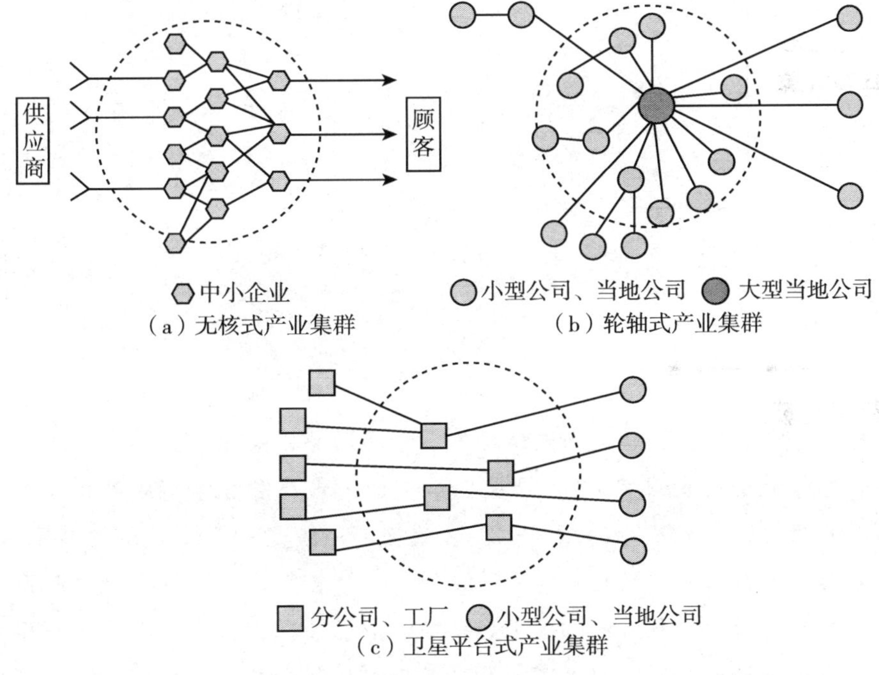

图 3 – 5　发展中国家的三类主要产业集群

资料来源：王缉慈．创新的空间——企业集群与区域发展［M］．北京：北京大学出版社，2001.

① 王缉慈．创新的空间—企业集群与区域发展［M］．北京：北京大学出版社，2001.

② 王缉慈．超越集群：中国产业集群的理论探索［M］．北京：科学出版社，2010.

③ 滕堂伟，曾刚，等．集群创新与高新区转型［M］．北京：科学出版社，2009.

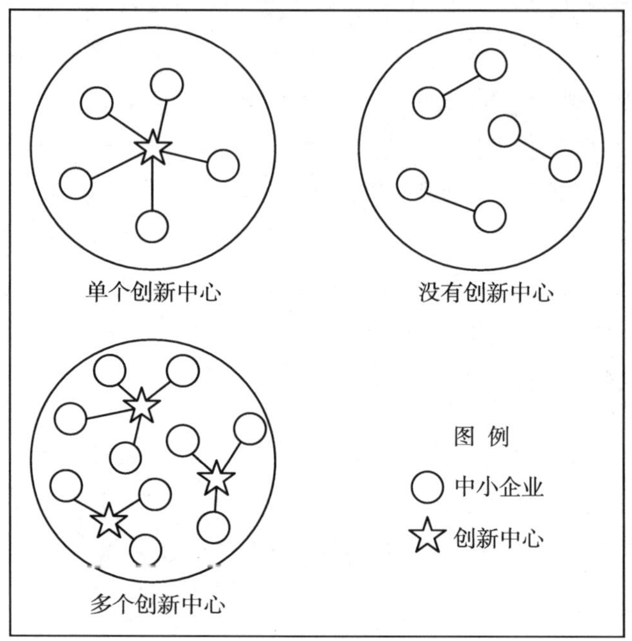

图 3－6　区域创新网络的阶段划分

资料来源：滕堂伟，曾刚等. 集群创新与高新区转型［M］. 北京：科学出版社，2009.

总体而言，区域创新系统理论主要致力于解释地区经济布局以及区域高技术产业、科技园、创新网络和创新项目政策的影响。区域创新系统理论认为区域是企业的“群”，这些区域由通过合作和竞争规则的企业网构成，并且已经形成全球的竞争力。区域创新系统是一个开放的社会系统，创新是经济参与者之间相互作用的结果。区域创新网络作为区域创新系统的主要组织形式，其关键网络结点特性、信息流动以及网络秩序是直接影响区域创新效率。通过对区域创新系统进行比较分析，可以准确辨识、诊断区域产业链和价值获取能力、组织机构特征及其“短板”，进而提出有针对性的对策建议，为提升区域创新能力、国际竞争力服务（胡志坚、苏靖，1999）①。

① 胡志坚，苏靖. 区域创新系统理论的提出与发展［J］. 中国科技论坛，1999，11：20－23.

3.3

全球生产网络理论

3.3.1　全球生产网络理论起源

英国著名经济地理学家彼得·迪肯（Peter Dicken）指出，20 世纪 50 年代以来，全球经济空间重组中最为显著的特征为跨国生产网络的加速形成和区域经济集团的激增（Dicken，2003）①。当今的跨国生产网络对传统以区位分析和区域内部分工为基础的经济地理学理论产生了巨大挑战。一方面，跨国公司全球扩张和全球生产链的演化，深刻改变着全球生产分工与市场联结的格局，跨国联系对国际分工产生更为重要的影响；另一方面，全球范围内的企业激烈竞争重构了地理空间尺度，不仅催生了一批新地方性产业集群和生产中心，而且还使不同国家间的管制力量交互作用、相互整合，形成诸多超国家集团（Dicken et al.，2001）②。为了分析这种日益强化的跨国联系和越来越复杂的“全球—地方化”过程，全球生产网络（global production network，GPN）应运而生（MacKinnon，2012）③。

全球生产网络理论是众多学者长期研究的结果，总结起来，其理论主要起源于以下几个方面，即 20 世纪 80 年代早期价值链分析框架、80 年代中期的网络和嵌入视角、80 年代中期行动者——网络分析、90 年代中期的全球商品链和价值链分析等（Hess and Yeung，2006）④（见表 3 - 1）。

---

① Dicken P. Global shift：Reshaping the global economic map in the 21st century [M]. London：Sage，2003.

② Dicken P.，Kelly P. F.，Olds K. Chains and networks，territories and scales：towards a relational framework for analysing the global economy [J]. Global Networks，2001，1（2）：89 - 112.

③ MacKinnon D. Beyond strategic coupling：reassessing the firm-region nexus in global production networks [J]. Journal of Economic Geography，2012，12（1）：227 - 245.

④ Hess M.，Yeung H. W. -C. Whither global production networks in economic geography? Past，present，and future [J]. Environment and Planning A，2006，38（7）：1193 - 1204.

表 3－1　　全球生产网络分析框架的理论起源

研究基础	主要学科	关键概念	主要研究者
20 世纪 80 年代早期价值链分析框架	战略管理	生产阶段、竞争策略、竞争优势	Michael Porter Ronald Burt
20 世纪 80 年代中期的网络和嵌入视角	经济社会学、组织研究、战略管理	关于商务形成和绩效的组织间关系；经济活动和社会结构的交互关系	Mark Granovetter Carlos Jarillo Jan Johanson Nitin Nohria Walter Powell
20 世纪 80 年代中期行动者——网络分析	科学和技术研究、社会科学后结构注意研究	异质关系；远程控制；人或非人的行动元	Michel Callon Bruno Latour John Law
20 世纪 90 年代中期的全球商品链和价值链分析	经济社会学、发展研究	作为连续链条的商品生产；链式组织中的价值创造	Dieter Ernst Gary Gereffi John Humphrey Hubert Schmitz

资料来源：Hess M.，Yeung H. W. -C. Whither global production networks in economic geography? Past，present，and future ［J］. Environment and Planning A，2006，38（7）：1193－1204.

目前关于全球生产网络的定义，以 Coe 和 Yeung 等学者的定义在学界应用最为广泛。新加坡经济地理学者 Neil Coe 在《人文地理学国际百科全书》中曾对全球生产网络的理论背景、概念内涵、应用领域及其面临的挑战进行过系统梳理。Coe 等（2009）指出，全球生产网络（GPN）是由公司和非公司机构在全球范围内组织起来的、生产和分配商品与服务的、相互关联的功能和运作的连结（nexus），即由在空间上超越国家边界的、相互联系的节点和联系组成的生产网络①。新加坡国立大学 Henrry Yeung（2009）认为，全球生产网络是由一个全球尺度上有影响力的跨国公司

① Coe N M. Global production networks ［A］. R Kitchin，N Thrift（Eds.）. International encyclopedia of human geography ［M］. Oxford：Elsevier，2009：556－562.

(globally significant TNC) 协调和控制，由跨国公司的海外分支机构、战略合作伙伴、核心消费者及非公司机构等共同构成，为全球市场跨越多个地理位置生产各种商品或服务的生产网络①。国内也有一些学者对全球生产网络进行了研究，如中国科学院地理科学与资源研究所刘卫东研究员认为，全球生产网络是通过一系列（正式的和非正式的）制度，将网络中不同等级层次的参与者进行平行整合，从而形成的跨国企业中各功能环节部门相互联系、互相协作的一种全球生产组织治理模式，并借此探讨了政府通过政策引导跨国公司“被动嵌入”地方并推动中国汽车工业发展的方式（高菠阳、刘卫东等，2011；Liu and Dicken，2006）②③。北京大学王缉慈教授分析了信息技术产业全球网络与地方产业网络的关系，着重阐述全球—本地网络中的知识流动、积累和创新，并认为已经初步形成了硅谷—新竹—东莞的 PC 产业全球生产网络新干线（童昕、王缉慈，1999）④。华东师范大学曾刚教授以嵌入生产者驱动型价值链的浦东集成电路地方产业网络为研究的对象，分析了全球领先公司的治理行为对浦东集成电路地方产业网络升级的影响（曾刚、文婷，2004）⑤。

以 Dicken、Hess、Coe、Yueng、Henderson 等为代表的经济地理学者，对全球生产网络理论的发展做出了重要贡献，创建了曼城学派，发表了全球生产网络 1.0 版和全球生产网络 2.0 版研究成果。

3.3.2　全球生产网络核心观点

全球生产网络理论发展经历了 1.0 版到 2.0 版的转变。全球生产网络

① Yeung H. W. -C. The Rise of East Asia: An Emerging Challenge to the Study of International Political Economy [A]. M Blyth (Eds.). Routledge handbook of international political economy (IPE): IPE as a global conversation [M]. London: Routledge, 2009: 201 - 215.

② 高菠阳，刘卫东，Norcliffe G. 等. 国际贸易壁垒对全球生产网络的影响——以中加自行车贸易为例 [J]. 地理学报，2011，(04)：477 - 486.

③ Liu Weidong, Peter Dicken. Transnational corporations and "obligated embeddedness": Foreign direct investment in China's automobile industry [J]. Environment and Planning A, 2006, 38: 1229 - 1247.

④ 童昕，王缉慈. 硅谷—新竹—东莞：透视 IT 产业全球生产网络 [J]. 科技导报，1999，(16)：14 - 16.

⑤ 曾刚，文婷. 上海浦东信息产业集群的建设 [J]. 地理学报，2004，S1：59 - 66.

1.0版建立在全球商品链和行动者网络理论之上，强调企业网络和相关地方制度的复杂性，关注组织结构和空间结构及其发展演变过程。全球生产网络1.0版提供了一个更普适的全球生产网络的理论架构，对经济地理学发展产生了重要影响（Neilson et al.，2014）①。

总体上，曼彻斯特学派GPNs研究以企业、制度、关系/流、空间/地方为主要考察维度，并以技术、时间为外在影响要素，主要围绕价值（value）、权力（power）与嵌入（embeddness）三个研究领域进行问题探讨，包括特定产品研发投入、设计、生产和营销的企业网络是如何形成又如何实现全球和区域组织；网络中企业权力的分配与变化情况；劳动力的意义及价值的创造、转移机制和过程；地方制度等要素如何影响网络中地方的企业策略；生产网络中的企业如何实现技术升级并促进地方经济发展等。

如前所述，全球生产网络被很多学者质疑其理论性不足。为此，新加坡国立大学杨伟聪教授2015年提出了GPN2.0版本。GPN2.0不再重点强调网络的嵌入性或产业链治理，而是阐述了三个独立的变量，通过这三个变量塑造出四种行动者策略。首先，对低成本的追求和自身能力的限制在很大程度上解释了企业如何成长为领军企业或在全球范围内选择生产区位。其次，正如Gereffi提出的买方驱动的GCC中所指出，对市场份额的追求同样推动了生产的国际化和海外供应网络的国际化，而市场主导权的变化乃至对新市场的开拓强烈推动了全球生产网络的发展和重构。再次，伴随金融化的压力和机会使得领军企业向着发展和扩张其全球生产网络的方向转变。那些成功满足金融规制条件的领军企业反过来因其在金融市场上表现良好而有能力进一步推动其生产网络的扩张。最后，在全球生产网络中，不论是领军企业还是供应商都面临着高度的不确定性和不可预测性。这一不断变化的风险环境对于全球生产网络具有重要的影响。Yeung和Coe总结了5种风险——经济风险、产品风险、管制风险、劳动风险和环境风险，每类风险都会对不同主体产生不同程度的影响。在这些竞争性变化的影响下，不同类型的跨国公司会采取多种不同的战略（Yeung and

① Neilson J.，Pritchard B.，Yeung H. W. C. Special issue：Global value chains，global production networks and the role of the state［J］. Review of International Political Economy，2014. 21：1 – 274.

Coe, 2015)[①] (见图 3 - 7)。

在 GPN 理论中，位于不同地理位置的行动者会采取不同的策略，即便有时来自同一产业或同一区域（国家），其策略也会不同。这个问题在现有的 GVC 和 GPN 理论中难以解释。GPN 的这一突破，使得我们可以针对不同产业不同地区的行动者考虑其在全球生产网络中采取不同组织行为的因果机制。GPN 理论最终可以提供一个强大的理论框架，解释全球经济中国家间与国家内发展不平衡的问题。

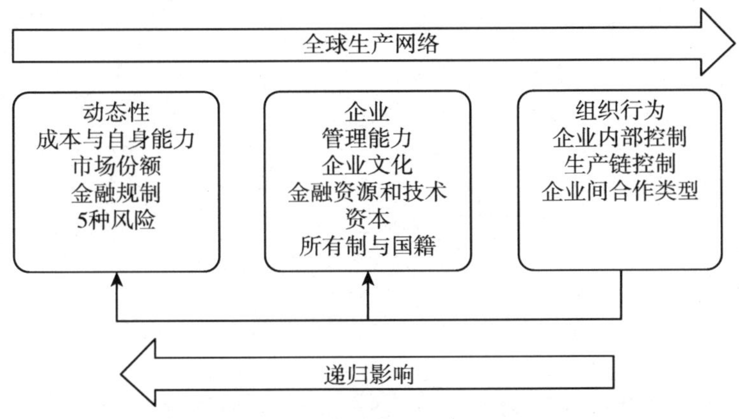

图 3 - 7 全球生产网络动态发展驱动机制示意图

资料来源：Yeung H. W. -C. , Coe N. M. Toward a dynamic theory of global production networks [J]. Economic Geography, 2015, 91: 29 - 58.

3.4

全球—地方创新网络理论分析框架

1987 年，英国著名技术创新研究专家克里斯托夫·弗里曼（Christopher Freeman）提出国家创新系统的概念。他认为，技术变化和创新的比率是由一系列私人和公共部门组织的互动而决定的——包括企业、大学、研究机构、政府、教育机构、投资者，他们集合起来去创造、开发和传播新技术和创新，国家和地方政府在其中发挥着重要作用。国家、区域的创

① Yeung H. W. -C. , Coe N. M. Toward a dynamic theory of global production networks [J]. Economic Geography, 2015, 91: 29 - 58.

新和经济效率是地域特征鲜明的市场、非市场机制共同作用的产物。即使在贸易增加、资本流动加速的全球化时代，各类知识、知识资本比其他的资源流动性小，知识转移和创新扩散过程复杂，很难跨国、跨区域简单复制和转移，具有浓厚地域色彩的区域创新系统不仅没有减退、消亡，而且还显示了越来越强的生命力。

图 3－8 显示了不同创新系统内涵、根植性，及其相互渗透的问题（Frenz and Oughton，2005；曾刚，2016）①②。从空间尺度上看，创新系统可以分为区域创新系统、国家创新系统和全球创新系统。区域创新系统是

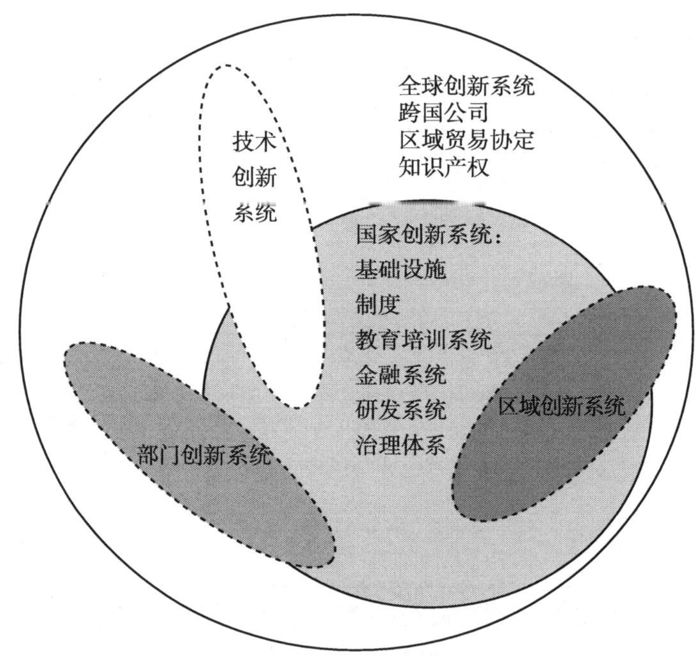

图 3－8　不同尺度与类型创新系统之间的关系

资料来源：［1］Frenz M.，Oughton C. Innovation in the UK regions and devolved administrations：A review of the literature. Report to the Department of Trade and Industry. 2005.［2］曾刚．长江经济带协同创新研究：创新·合作·空间·治理［M］. 北京：经济科学出版社，2016.

① Frenz M.，Oughton C. Innovation in the UK regions and devolved administrations：A review of the literature. Report to the Department of Trade and Industry. 2005.

② 曾刚．长江经济带协同创新研究：创新·合作·空间·治理［M］. 北京：经济科学出版社，2016.

国家创新系统的子系统，其工作重点是为技术开发、转移、应用、扩散提供必要的区域支撑。区域创新系统不是国家创新系统的缩影，而是创新的区域化（李虹，2004）①。尽管国家创新系统与区域创新系统在利益和目标定位等方面具有差异性，但并不存在完全独立于国家创新体系之外的区域创新系统，也没有忽略区域创新系统的国家创新系统。区域创新系统需要一些国家创新系统提供的重大、共性、关键科学技术及基础设施平台的支撑，国家创新系统是区域创新系统健康运转的一个关键支撑力量。总之，区域创新系统受国家创新系统约束，承担国家创新系统赋予的任务。富有特色、具有多样性和灵活性，并与国家创新系统互动互融，是区域创新系统永葆生命力的关键所在，也是国家创新系统在复杂多变的国际竞争环境中立于不败之地的源泉（杨忠泰，2006）②。

随着经济全球化时代的快速发展，创新在区域经济发展中的地位日益重要，资本、土地、劳动力等区位要素也逐渐向技术创新要素转变，在这一过程中，经济地理学者强调全球和地方两个空间尺度创新要素互动的重要性，对全球和地方空间尺度的创新网络开展了大量研究（Dicken，1994；Boschma，2005）③④。20 世纪 90 年代，Robertson 首次引入了全球—地方化（glocalization）的概念，并指出全球—地方化可能会替代全球化（globalization）和地方化（localization）的概念（Robertson，1995）⑤，目前在经济地理学领域，关于全球—地方创新网络的研究尚不多见，Bathelt 在提出“本地蜂鸣—全球通道”模型以来，又对本地创新主体与全球创新主体的知识交流进行了探讨，他认为区域发展受益于本地知识与全球知识的交互作用（Bathelt and Cohendet，2014）⑥。

① 李虹．区域创新体系的构成及其动力机制分析［J］．科学学与科学技术管理，2004（2）：34－36．

② 杨忠泰．区域创新体系与国家创新体系的关系及其建设原则［J］．中国科技论坛，2006（5）：42－46．

③ Dicken P. Global-local tensions：Firms and states in the global space-economy［J］. Economic Geography，1994，70：101－128．

④ Boschma R. Proximity and Innovation：A Critical Assessment［J］. Regional Studies，2005，39（1）：61－74．

⑤ Robertson R. （n. d.）The conceptual promise of glocalization：commonality and diversity，1995. http：//artefact. mi2. hr/_aO4/lang_en/index_en. htm．

⑥ Bathelt H.，Cohendet P. The creation of knowledge：local building，global accessing and economic development—toward an agenda［J］. Journal of Economic Geography，2014，14：869－882．

华东师范大学曾刚教授研究团队则较为系统地总结了全球—地方联结下创新网络的概念，并对其研究理论渊源、研究进展及未来的研究思路进行了深入剖析，他们指出全球—地方创新网络是指特定产业、技术领域内，分布在世界各地并具有相关关联的创新主体为追求创新而建立的地方和全球网络合作联系的总和（司月芳等，2016）①。

基于区域创新系统理论、全球生产网络理论，全球—地方创新网络成为不同空间尺度创新系统耦合的目标。全球—地方创新网络是区域创新系统与全球创新网络的综合，对当今创新网络的现实解释力更强（见图 3－9）。基于区域创新系统理论，图 3－9 中区域 B 为创新最为活跃的地方；基于全球创新网络理论，区域 B 是全球联系最为通畅的地方；而基于全球—地方创新网络理论，区域 D 拥有地方网络资本和全球网络资本的双重优势，是创新合作条件最佳的地方，比较符合当今国际创新网络发展演变的现实。

基于全球—地方创新网络理论，可将创新网络空间尺度分为地方、全球和全球—地方三类，但由于中国特殊的行政区划国情，如果将本国看作是地方，本国尺度还可以细分为本省或本市、本省或本市以外的区域。因而，可进一步将不同空间尺度创新网络细分为全球创新网络、本国创新网络、本市或本省创新网络、全球—地方创新网络四类。根据 Huggins 等（2015）② 的观点，本书认为企业 70% 以上合作伙伴位于国外，认定该企业形成了全球创新网络，如果 70% 以上合作伙伴位于国内其他城市，认定该企业形成了本国创新网络；如果 70% 以上合作伙伴位于本市内，认定该企业形成了本市创新网络；如果企业既有国外合作伙伴，又有国内其他城市或本市内合作伙伴，则认定该企业形成了全球—地方创新网络。可将这一思想抽象化为图 3－10。国家 A 和国家 B 只是一种抽象化的表达，代表本国和其他国家，企业 1、企业 2、企业 3、企业 4 分别表示一国内部开展创新合作的某一类别企业的集合。从图 3－10 可看出，在国家 A 内有四个不同的企业，其中企业 1 主要与本市或本省内的企业、大学、科研机构等

① 司月芳，曾刚，曹贤忠，等．基于全球—地方视角的创新网络研究进展［J］．地理科学进展，2016，35（5）：600－609.

② Huggins R.，izushi H.，Prokop D. Networks，space and organizational performance：A study of the determinants of industrial research income generation by universities［J］. Regional Studies，2015，21（1）：1－14.

创新主体联系，形成的网络可看作是本省或本市创新网络；企业 4 主要与本省或本市以外、本国以内的企业、大学、科研机构等创新主体联系，形成的网络可看作是本国创新网络；企业 3 主要和国家 B 内的企业、大学、科研机构等创新主体联系，和本国内的创新主体联系较少或者没有联系，形成的创新网络可看作是全球创新网络；企业 2 不仅与本国内的企业、大学、科研机构等创新主体联系，同时还与国家 B 内的创新主体有着创新联系，形成的创新网络可看作是全球—地方创新网络。

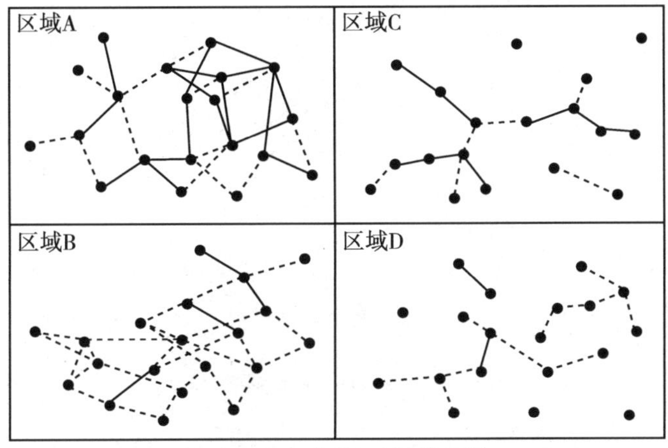

（a）基于地方的区域创新网络

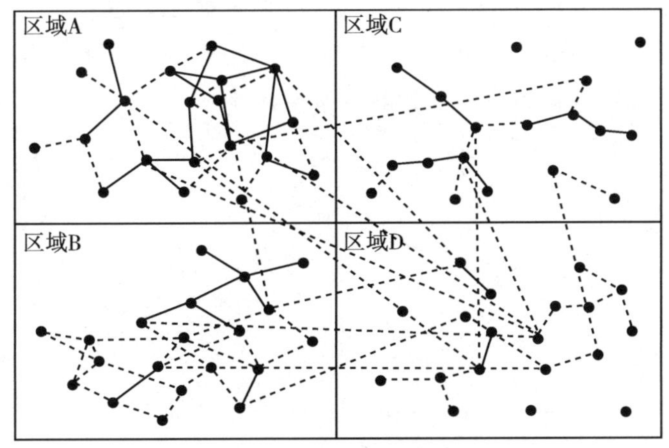

（b）基于全球和地方相联结的创新网络

图 3－9　不同类型区域创新网络比较

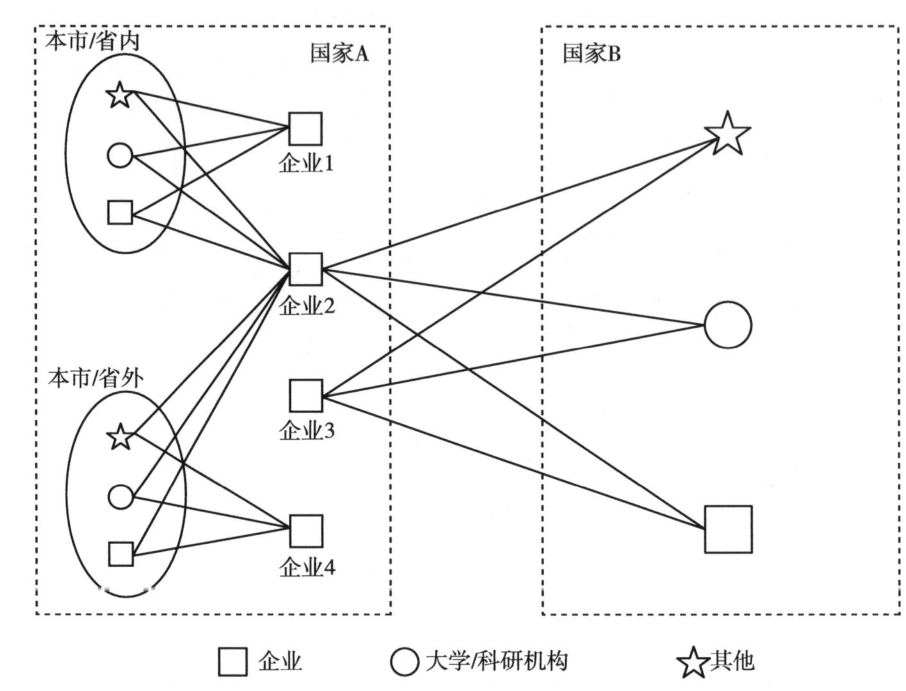

图 3－10　区域创新网络四种空间尺度类型

本书的总体思路均是按照这一划分标准展开，其中第 5 章主要围绕上海市高新技术产业创新结网的空间尺度进行了详细描述；第 6 章和第 7 章的影响因子和创新效率分析，也是在这一思路指引下，比较分析不同空间尺度下创新网络的影响因子和创新效率差异。

第 4 章

上海高新技术产业发展概况及创新环境评价

4.1

高新技术产业界定

美国 1971 年出版的《技术和国际贸易》一书中首次提到高技术（high technology），1983 年出版的《韦氏第三版新国际辞典增补 9000 词》中首次收录了该词，并将该词定义为“使用或包含尖端方法或仪器用途的技术”[①]（胡学刚，2000）。之后，高技术一词广泛应用于世界各国，各国经济学者从不同角度对高技术产业进行了界定。

美国学者纳尔逊（Nalson）（1993）认为高技术产业指投入大量研究与开发资金且以技术进步为标志的产业”[②]。法国的高技术产业指具备新产品开发、高级技术人才和广阔市场的知识密集型产业；英国高技术产业包含新信息技术、生物技术和其他科技前沿的产业群体；日本高技术产业指以当代尖端科技未来科学技术为基础建立起来的技术产业群；澳大利亚高技术产业指新产品开发过程中投入大量资金、研发人员且具有科学或技术背景企业的产业（胡学刚，2000）。在我国，高技术与高新技术常常交织在一起使用，区别在于“新”，实际上高新技术产业是中国特有的一种说

① 胡学刚．高技术企业的界定［J］．安徽农业大学学报（社会科学版），2000（4）：27－19.

② Nalson R. R. National innovation systems：a comparative analysis［M］. Oxford university press，1993.

法，国际上通常采用高技术产业的概念[①]（王宏起、胡运权，2002）。北京大学王缉慈教授（2009）指出高新技术产业以技术创新为驱动力，并占据价值链附加值比较高的技术创新这一环节的产业总称，如信息产业、新能源与新材料产业、生物工程产业等[②]。暨南大学覃成林教授（2003）认为高新技术产业是与知识、技术、资金、信息紧密联系的产业[③]。华东师范大学曾刚教授（1999）指出高新技术研究开发与应用具有投资大、风险高、市场竞争力强、附加价值高、投资回报率高的特点[④]。

从高新技术产业现实发展来看，目前国际上尚无统一的高新技术产业界定标准，在学界应用较为广泛的标准有美国商务部制定的标准和经济合作组织（OECD）制定的标准。其中美国商务部标准中包括四项主要指标：R&D 支出占销售额的比重、科学家工程师和技术工人占全部职工的比重、产品的主导技术必须属于所确定的高技术领域、产品的主导技术必须包括高技术领域中处于技术前沿的工艺或技术突破；OECD 主要将 R&D 经费占产值的比重作为界定高技术产业的标准，比重在 3% 以上的为高技术产业，在 1%~2% 之间的是中技术产业，小于 1% 的则称低技术产业。我国科技部 2008 年 4 月颁布的《高新技术企业认定管理办法》中指出，高新技术企业是利用高技术生产高技术产品、提供高技术劳务的企业，是知识密集、技术密集的经济实体。具体包括电子与信息技术、生物工程和新医药技术、新材料及应用技术、先进制造技术、航空航天技术、现代农业技术、新能源与高效节能技术、环境保护新技术、海洋工程技术、核应用技术、其他在传统产业改造中应用的新工艺、新技术等。

在国家科技部界定的高技术产业范围内，依据上海市科委认定的高技术企业办法，本书认为高新技术产业是指主要从事技术开发、技术转让、技术咨询、技术服务、技术检测，或高新技术产品（服务）的研发、生产、经营等科技与创新活动，R&D 投入强度（R&D 经费支出占主营业务

① 王宏起，胡运权．高新技术及其产业的界定和使用规范化研究［J］．科学学与科学技术管理，2002，23（4）：8－11.

② 王缉慈，王可．区域创新环境和企业根植性——兼论我国高新技术企业开发区的发展［J］．地理研究，1999，18（4）：357－362.

③ 覃成林．高新技术产业布局特征分析［J］．人文地理，2003，18（5）：38－41.

④ 曾刚，袁莉莉．长江三角洲技术扩散规律及其对策初探［J］．人文地理，1999（1）：5－9.

收入的比重）不低于 5% 的制造业。根据 OECD（2011）[①] 编著的 "*Demand-side Innovation Policies*" 一书的观点，对上海高新技术产业按照其地理区位是否邻近大学、研究机构、高科技园区等进行分类，将生物医药产业和电子信息产业归为知识驱动型或技术推动型，从地理区位看，这两类产业主要邻近大学和研究机构新材料产业和装备制造产业归为技术平台和标准拉动型产业，从地理区位看，这两类产业主要邻近高科技园区按照技术类型不同，可分为生物医药产业、电子信息产业、新材料产业和高新技术改造传统产业（主要为装备制造产业）四类（见表 4－1）。

表 4－1　　上海高新技术产业分类

类别	产业名称	具体行业领域	特征
知识驱动型或技术推动型	生物医药产业	医药生物技术、中药、天然药物、化学药、医疗仪器技术、设备与医学专用软件、新剂型及制剂技术、现代农业技术、轻工和化工生物技术	邻近大学或研究机构：相对于其他产业，更加邻近复旦大学、上海交通大学、中科院上海分院等与高新技术密切关联的大学或研究机构
	电子信息产业	软件、计算机及网络技术、通信技术、广播电视技术、微电子技术、智能交通技术、新型电子元器件、信息安全技术	
技术平台和标准拉动型	新材料产业	无机非金属材料、高分子材料、金属材料、精细化学品、生物医用材料	邻近高科技园区：相对于其他产业，更加邻近张江高科技园区、漕河泾高科技园区、临港装备工业园区等与高新技术产业密切关联的高科技园区
	高新技术改造传统产业	工业生产过程控制系统、汽车行业相关技术、先进制造技术、高性能、智能化仪器仪表、电力系统信息化与自动化技术、新型机械	

① OECD. Demand-side innovation policies [M]. Paris: Organization for Economic Co-Operation & Deve, 2011.

4.2 上海高新技术产业发展概况

为了便于上海与其他地区比较，同时考虑到统计口径的统一性，笔者根据国家统计局发布的《高技术产业（制造业）分类（2013）》与《高技术产业统计分类目录》（国统字〔2002〕33 号），统计占高新技术产业较大比例的制造业部分，具体包括：医药制造，航空、航天器及设备制造，电子及通信设备制造，计算机及办公设备制造，医疗仪器设备及仪器仪表制造，信息化学品制造等 6 大类，数据主要来自《中国高技术产业统计年鉴 2015》《上海统计年鉴 2015》、世界银行发布的“*World Development Indicators* 2015”。

4.2.1 中国高新技术产业出口总额全球第一

从高新技术产业出口总额来看，中国高新技术产业出口总额从 2002 年的 692.26 亿美元增长为 2013 年的 5600.58 亿美元，占全球出口总额的比重也从 7.61% 提升到 32.47%，出口总额年均增长 6.41%。从 2005 年开始，中国高新技术产业出口总额超过美国，在全球的地位日益重要，至今出口总额一直位列全球第一（见图 4－1）。

从全球其他国家或地区的高新技术产业出口总额及比重分布来看，2013 年中国（5600.58 亿美元）、德国（1930.88 亿美元）、美国（1478.33 亿美元）、新加坡（1356.02 亿美元）、日本（1130.00 亿美元）高新技术产业出口总额位列全球前五，分别占全球高新技术产业出口总额的比重为 32.47%、11.19%、8.57%、7.86%、6.55%，这五个国家的高新技术产业出口总额控制了全球 66.64% 的高新技术产业出口额。值得一提的是，中国相较于全球第二的德国而言，出口总额约为其 3 倍，在全球的地位可见一斑。

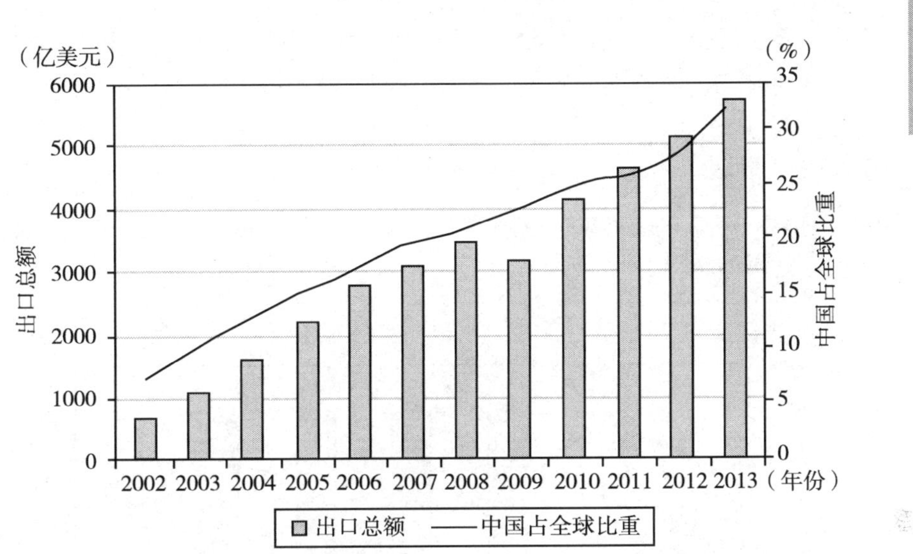

图 4－1　2002～2013 年中国高新技术产业出口总额及占全球比重

资料来源：World Bank，World Development Indicators 2015；中国高技术产业统计年鉴，2015。

4.2.2　上海高新技术产业在全国地位举足轻重

从 2000～2014 年上海高新技术产业产值发展来看，上海高新技术产业产值从 2000 年的 1057 亿元增长为 2014 年的 7059 亿元，增长了近 7 倍，上海高新技术产业取得的成绩显著。但占全国比重却从 2000 年 10.52% 下降为 2014 年的 5.54%，与江苏、广东等第一阵营相比差距逐年加大（见图 4－2）。

从国内其他省区市的高新技术产业产值及占全国比重空间分布来看，2013 年位列全国前三广东、江苏、上海高新技术产业产值分别为 27871 亿元、24854 亿元、6823 亿元，分别占全国比重为 24.02%、21.42%、5.88%，上海与江苏和广东的差距较为明显，仍有较大提升空间。

究其原因，主要在于上海高新技术 R&D 经费和 R&D 投入强度不高，且增长速度慢，上海高新技术产业 R&D 经费投入在东部 8 省市的份额从 2000 年的 15.02% 降为 2005 年的 11.54%，从 2004 年起，上海高新技术产业 R&D 经费和人员投入强度一直低于全国和东部 8 省市的平均水平，这是造成上海高新技术产业从2005开始占全国比重下降的主要原因，上海社科院的研究成果也充分证实了这一原因（蒋媛媛，2010）①；另外，产出效率和经营效率较低也严重制约了上海高新技术产业的发展（曹贤忠等，2015）②。因此，上海高新技术产业发展面临着巨大的压力，开展技术创新、创新结网等方式可破解这一发展难题，进行上海高新技术产业创新相关研究显得尤为必要。

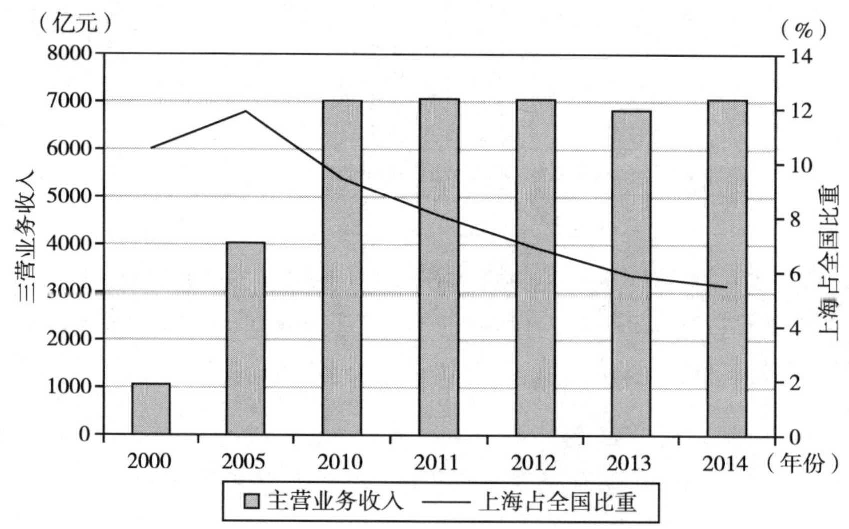

图4-2 2000~2014年上海高新技术产业主营业务收入及占中国比重

资料来源：上海统计年鉴，2015。

4.2.3 上海高新技术产业发展空间差异显著

从上海内部各区来看，2014年中心城区高新技术产业总产值为689亿元，占全上海的8.49%，郊区则贡献了91.51%的高新技术产业产值。其中，浦东新区高新技术产业产值为2600亿元，占上海比重为32.05%，在全上海排名第一；其次是闵行区为1245亿元，占上海比重为15.34%；崇明区仅为219亿元，

① 蒋媛媛．上海高新技术产业发展研究［J］．上海经济研究，2010（11）：109-120.

② 曹贤忠，曾刚，邹琳．长三角城市群R&D资源投入产出效率分析及空间分异［J］．经济地理，2015，35（1）：104-111.

占上海比重为2.71%（见图4－3）。因此，浦东新区和闵行区是上海高新技术产业的重要集聚区域，产值占据上海的半壁江山。

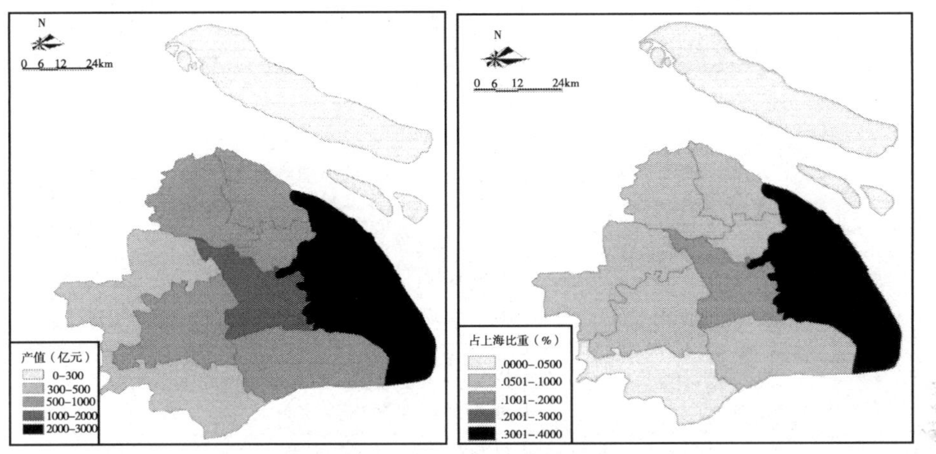

图4－3　2014年上海高新技术产业产值空间分布

资料来源：上海统计年鉴，2015。

4.3

上海高新技术产业创新环境评价

4.3.1　评价指标体系构建

欧洲创新研究小组（GREMI）1985年首次提出了区域创新环境的概念，他们指出，创新环境是行为主体在有限的区域内，通过相互之间的协同作用和集体学习过程所建立的非正式复杂社会关系，这种关系有助于提高本区域的创新能力。区域创新环境包括应用于创新及其相关活动的科研设施、创新基地、人才储备、信息网络和数据库等硬环境以及法律法规、政府激励政策、管理体制、市场与服务等创新活动所必需的软环境（王缉慈，2016）[①]。本书以区域创新系统和全球创新网络理论为基础，根据政

① 王缉慈．创新集群三十年探索之旅［M］．北京：科学出版社，2016.

府、高校、科研机构、企业、中介服务机构等创新主体在创新网络中的地位和作用不同，参考国内外学者的通行做法，从基础设施、政策支持、研发环境（人才、资金、联动、技术创新）、市场环境、国际化程度五个方面对上海高新技术产业的创新环境开展评价，指标体系构建如表 4－2 所示。

表 4－2　上海高新技术产业创新环境评价指标体系

目标层	准则层	指标层	具体指标	变量标识
高新技术产业创新环境	基础设施	交通/通讯设施	货运量	X1
			客运量	X2
			百人拥有移动电话用户数	X3
			百人拥有互联网用户数	X4
		科研与技术服务设施	高等学校数	X5
			研发机构数①	X6
			高新技术企业数	X7
	政策支持	政府教育支持	教育支出占一般公共预算支出比重	X8
			政府资助高校研发课题数	X9
		政府科技支持	科技支出占一般公共预算支出比重	X10
			国家产业化计划项目数	X11
	研发环境	科技人才	R&D 人员数占劳动力人数比重	X12
			本科以上学历人口占年末总人口比	X13
		研发资金	R&D 经费内部支出占 GDP 比重	X14
		技术创新	专利申请数	X15
			科技论文数	X16
			R&D 项目数	X17
			高新技术产品产值占 GDP 比重	X18
	市场环境	经济环境	人均 GDP	X19
			人均全社会固定资产投资	X20
		市场联动	人均技术市场交易额	X21
			技术合同成交率②	X22

续表

目标层	准则层	指标层	具体指标	变量标识
高新技术产业创新环境	国际化程度	对外开放度	人均实际利用外资额	X23
			人均国外直接投资额	X24
			进出口总额占 GDP 比重	X25
		国际技术交流	高新技术产品进出口额占 GDP 比重	X26

注：①研发机构包括中国科学院研究所、高等学校研究机构、国家级重点实验室、重点企业研发机构等。

②技术合同成交率指的是技术合同成交数与年末从业人员数之间的比。

4.3.2　数据采集及处理

4.3.2.1　数据采集

本书的创新环境评价指标采用的全国各省区市数据分别来自 2016 年《中国统计年鉴》和《中国科技统计年鉴》，上海市各区数据来自 2016 年《上海统计年鉴》，部分数据来源于 2016 年各区统计年鉴。有些指标如货运量、客运量、国家产业化项目数等均可从统计年鉴中直接获取，有些指标如教育支出占一般公共预算支出比重、人均技术市场交易额、进出口总额占 GDP 比重、高新技术产品进出口额占 GDP 比重等从统计年鉴中获取数据后，对其进行测算而得。

4.3.2.2　数据标准化

经过粗选数据后，对数据进行了标准化处理，标准化后的数据介于 0 ~ 1 之间，处理方法为极差法，具体操作如下：

正向指标：

$$W_n = \frac{X_n - X_{min}}{X_{max} - X_{min}} \tag{4-1}$$

逆向指标：

$$W_n = \frac{X_{max} - X_n}{X_{max} - X_{min}} \tag{4-2}$$

适度指标：

$$W_n = \frac{|X_n - X_{适}|}{X_{max} - X_{min}} \tag{4-3}$$

其中，W_n为标准化后的标准值，X_n为原始指标值，X_{max}、X_{min}为样本期内最大值、最小值，X为适度指标值，本书采取的是求出每项指标在样本期内的平均值来表示（曹贤忠、曾刚，2014）①。通过SPSS 19.0软件对标准化后的数据进行信度和效度检验，最常用的方法是Cronbachα值法，一般认为，信度系数须满足不小于0.70的要求，其数值越大，表明测量的可信程度越大；效度检验是通过内容效度的检验，即在运用主成分分析的过程中，分别检验所选题项是否能代表所要测量的内容。当KMO值≥0.5，Bartlett统计值≤α，各题项的载荷系数均大于0.50时，方可进行因子分析。基于上述要求，整理并录入标准化的数据后，运用SPSS 19.0软件进行初步的统计分析和检验，KMO值为0.645，Bartlett球形检验卡方统计值的显著性水平为0.000，Cronbachα值为0.954。表明数据整体趋于稳定，且具有较高的信度和效度，适合用于上海高新技术产业创新环境评价分析。

4.3.2.3 数据处理

通过对表4－2确定的26个指标进行分析，从26个指标之间的相关系数矩阵可看出，许多指标之间具有较高的相关性，即可能存在多重共线性问题或近似多重共线性问题，因此，为了消除指标的共线性影响，本书采用主成分分析法确定几个主成分指标来评价上海市高新技术产业创新环境。通过SPSS 19.0软件因子分析模块，选取了初始特征值大于1的4个主成分因子（F1、F2、F3、F4），累计贡献率为83.65%，足以衡量上海高新技术产业的创新环境水平。在F1因子中，人均实际利用外资额（0.840）、人均国外直接投资额（0.795）、进出口总额占GDP比重（0.879）、高新技术产品进出口额占GDP比重（0.757）等表征国际化程度的指标载荷系数较高，因此可将F1命名为对外开放；在F2因子中，教育支出占一般公

① 曹贤忠，曾刚．基于熵权TOPSIS法的经济技术开发区产业转型升级模式选择研究——以芜湖市为例［J］．经济地理，2014，34（4）：13－18.

共预算支出比重（0.456）、政府资助高校研发课题数（-0.053）、科技支出占一般公共预算支出比重（-0.227）、国家产业化计划项目数（0.591）等表征政策支持的指标载荷系数较高，因此可将 F2 命名为政策支持；在 F3 因子中，人均 GDP（0.392）、人均全社会固定资产投资（0.629）、人均技术市场交易额（-0.293）、技术合同成交率（0.240）等表征市场环境水平的指标载荷系数较高，因此可将 F3 命名为市场活力；在 F4 因子中，R&D 人员数占劳动力人数比重（-0.128）、本科以上学历人口占年末总人口比重（0.187）、R&D 经费内部支出占 GDP 比重（0.025）、专利申请数（-0.174）、科技论文数（0.101）、R&D 项目数（0.011）、高新技术产品产值占 GDP 比重（0.022）等表征研发环境水平的指标载荷系数较高，因此可将 F4 命名为研发环境（见表 4-3）。

表 4-3　　因子载荷系数矩阵

指　　标	成　　分			
	F1	F2	F3	F4
货运量	-0.062	0.147	0.464	0.476
客运量	0.331	-0.016	-0.503	0.455
百人拥有移动电话用户数	0.952	-0.073	0.166	0.060
百人拥有互联网用户数	0.851	-0.500	0.024	-0.021
高等学校数	0.544	-0.519	-0.428	0.133
研发机构数	0.586	-0.258	-0.567	0.128
高新技术企业数	0.635	0.588	-0.048	0.065
教育支出占一般公共预算支出比重	0.349	0.456	-0.393	-0.104
政府资助高校研发课题数	0.894	-0.053	-0.362	0.085
科技支出占一般公共预算支出比重	0.924	-0.227	0.025	0.061
国家产业化计划项目数	0.598	0.591	-0.041	0.208
R&D 人员数占劳动力人数比重	0.917	0.112	0.014	-0.128
本科以上学历人口占年末总人口比重	0.543	-0.724	-0.309	0.187
R&D 经费内部支出占 GDP 比重	0.837	0.377	0.194	0.025
专利申请数	0.722	0.499	-0.077	-0.174

续表

指标	成分			
	F1	F2	F3	F4
科技论文数	0.843	-0.030	-0.360	0.101
R&D 项目数	0.752	0.622	-0.021	0.011
高新技术产品产值占 GDP 比重	0.837	0.308	0.160	0.022
人均 GDP	0.838	-0.218	0.392	0.201
人均全社会固定资产投资	0.062	0.097	0.629	0.686
人均技术市场交易额	0.555	-0.707	-0.293	0.224
技术合同成交率	0.825	-0.101	0.240	-0.328
人均实际利用外资额	0.840	-0.215	0.390	0.201
人均国外直接投资额	0.795	-0.276	0.385	-0.256
进出口总额占 GDP 比重	0.879	-0.299	0.092	-0.263
高新技术产品进出口额占 GDP 比重	0.757	-0.027	0.251	-0.476
主成分名称	对外开放	政策支持	市场活力	研发环境
累计贡献率	52.43%	66.89%	77.09%	83.05%

4.3.3 结果分析

通过 SPSS 19.0 软件计算得出上海高新技术产业创新环境评价指标体系的得分系数，并求出各指标值之积的总和，得到对外开放、政策支持、市场活力、研发环境等各主成分因子和综合水平的得分及全国排名（见表 4-4）。

表 4-4　2015 年上海与国内其他省市创新环境评价比较

省区市	对外开放		政策支持		市场活力		研发环境		综合水平	
	得分	排名	得分	排名	得分	排名	得分	排名	得分	排名
上海	11.37	3	2.53	2	1.34	2	1.43	1	4.17	1
安徽	4.33	11	1.32	7	0.32	8	1.12	4	1.77	8
北京	11.98	1	2.19	3	1.19	3	1.13	3	4.12	2

续表

省区市	对外开放		政策支持		市场活力		研发环境		综合水平	
	得分	排名	得分	排名	得分	排名	得分	排名	得分	排名
福建	5.05	8	0.76	13	0.21	10	0.7	14	1.68	9
甘肃	1.46	27	0.43	20	-0.47	21	0.45	25	0.47	26
广东	10.23	4	1.93	5	0.36	6	0.85	10	3.34	5
广西	2.09	22	0.63	14	-0.54	25	0.42	26	0.65	22
贵州	1.59	26	0.55	17	-0.82	31	0.51	22	0.46	27
海南	1.70	24	0.08	29	0.05	14	0.37	28	0.55	25
河北	2.68	18	0.96	10	-0.38	19	0.52	21	0.95	17
河南	3.43	16	1.16	8	-0.79	29	0.51	23	1.08	16
黑龙江	2.26	20	0.32	25	-0.68	27	0.40	27	0.58	24
湖北	4.76	9	0.79	11	-0.58	26	0.90	8	1.47	11
湖南	3.70	13	1.02	9	-0.81	30	0.85	9	1.19	13
吉林	2.60	19	0.20	26	-0.01	15	0.61	17	0.85	19
江苏	11.45	2	2.62	1	1.02	5	1.20	2	4.07	3
江西	2.72	17	0.78	12	-0.50	23	0.56	19	0.89	18
辽宁	4.73	10	0.36	22	0.28	7	0.77	12	1.54	10
内蒙古	2.06	23	0.15	28	0.21	11	0.52	20	0.74	21
宁夏	1.44	28	0.19	27	-0.69	28	0.27	29	0.30	29
青海	0.71	30	-0.03	31	-0.49	22	0.67	16	0.22	30
山东	6.63	7	1.81	6	0.27	9	0.69	15	2.35	7
山西	2.18	21	0.56	16	-0.22	18	0.61	18	0.78	20
陕西	3.63	14	0.55	18	-0.46	20	1.04	6	1.19	14
四川	3.53	15	0.59	15	-0.19	16	0.47	24	1.10	15
天津	7.75	6	0.33	23	1.48	1	1.03	7	2.65	6
西藏	0.26	31	-0.02	30	0.14	13	0.13	31	0.13	31
新疆	1.68	25	0.33	24	-0.20	17	0.71	13	0.63	23
云南	1.37	29	0.38	21	-0.52	24	0.26	30	0.37	28
浙江	9.31	5	2.07	4	1.04	4	1.12	5	3.39	4
重庆	3.91	12	0.49	19	0.18	12	0.84	11	1.36	12

从总体来看，2015 年上海高新技术产业创新环境综合得分 4.17，排名全国第一，其次是北京和江苏，分别得分为 4.12 和 4.07。西藏、青海、宁夏则分别位列全国倒数三名，综合得分分别为 0.13、0.22、0.30。从各主成分因子来看，在对外开放度因子中，上海得分为 11.37 分，位列全国第三，北京和江苏分别得分 11.98、11.45，位列全国第一和第二。西藏得分最低仅为 0.26，位列全国倒数第一，青海和云南分别得分为 0.71、1.37，位列全国第 30 和第 29。在政策支持因子中，上海得分为 2.53，位列全国第二，江苏和北京分别得分 2.62、2.19，位列全国第一和第三。青海得分最低为 -0.03，位列全国倒数第一，海南和西藏分别得分 0.08、-0.02，位列全国第 29 和第 30。在市场活力因子中，上海得分为 1.34，位列全国第二，天津和北京分别得分 1.48、1.19，位列全国第一和第三。贵州得分最低为 -0.82，位列全国倒数第一，河南和湖南分别得分 -0.79、-0.81，位列全国第 29 和第 30。在研发环境因子中，上海得分为 1.43，位列全国第一，江苏和北京分别得分 1.20、1.13，位列全国第一和第三。西藏得分最低为 0.13，位列全国倒数第一，宁夏和云南分别得分 0.27、0.26，位列全国第 29 和第 30。

从综合水平的空间格局来看，东中西差异较为明显，东中部高新技术创新环境综合水平较高，尤其是北京、广东、长三角地区创新环境水平在国内遥遥领先。从各主成分因子的空间格局来看，上海在国内都位于前列。综上所述，上海拥有较好的高新技术产业创新环境，为上海高新技术产业开展技术创新提供了强有力的支撑，也为创新结网奠定了坚实的基础，因此本书重点关注上海不同空间尺度的高新技术产业创新网络，对于上海高新技术产业创新发展具有重要价值。

通过本章研究，不难发现，R&D 投入强度（R&D 经费支出占主营业务收入的比重）是衡量产业是否属于高技术产业的核心指标，笔者认为高新技术产业是指 R&D 投入强度不低于 5% 的通过先进技术从事生产制造的产业；从上海高新技术产业创新发展来看，不论是产值规模，还是创新水平，上海高新技术产业发展水平均处于全国前列，但与江苏、广东比较来看，上海高新技术产业发展仍存一定差距，主要原因在于近年来上海高新技术产业 R&D 投入强度一直低于全国和东部 8 省市的平均水平。因此，应从高新技术产业研发资金和人才投入方面，大力提升上海高新技术产业创新水平。另外，上海高新产业创新环境评价结果显示，上海高新技术产业创新环境综合排名全国第一，但从其他主成分因子可看出，上海高新技术产业对外开放度因子中排名第三，政策支持因子排名第二，市场活力排名第二，研发环境排名第一。良好的区域创新环境对企业创新具有显著的推动作用，这在学界已达成共识（王缉慈，2016）[①]，从更好地服务于上海全球科技创新中心建设目标来看，还应从对外开放、政策支持、市场活力等方面加强上海高新技术产业创新环境建设。

① 王缉慈．创新集群三十年探索之旅［M］．北京：科学出版社，2016.

第 5 章

上海高新技术产业创新网络特征

5.1

研究方法与数据采集

5.1.1 社会网络分析法

社会网络分析（social network analysis，SNA）又称社会网络理论或社会网络科学，一般包含数据整理、现状分析、可视化和动态分析几个部分（刘军，2004）[①]。社会网络分析是刻画创新合作网络结构的常用方法，Ter Wal 和 Boschma 等（2009）将社会网络分析方法引入创新网络相关研究中，并对网络结构及其演化进行了定量刻画和可视化，社会网络分析法也被称为“最有前途的实证分析工具”[②]。

网络结构分析有局部（或个体、点）结构和整体结构两个研究方向。前者是以网络中行为主体为研究对象，对其属性进行比较分析，找到网络中比较重要的核心元素，节点的中心性/中心度（degree）、中介中心性（betweenness）和接近度（closeness）是主要衡量指标；后者是描绘网络的

① 刘军．社会网络分析导论［M］．北京：社会科学文献出版社，2004.

② Ter Wal A. L. J.，Boschma R. A. Applying social network analysis in economic geography：Framing some key analytic issues［J］. Annals of Regional Science，2009，43（3）：739－756.

整体状况，网络密度（density）、网络中心度/中心势（centralization）、小世界效应（small-world effect）、无标度特性（scale-free）和派系（clique）等是较为常用的指标（Scott，2015；潘峰华等，2013）①②；而可视化表达包括网络结构和空间分析两个方面，其中，结构的可视化主要基于行为主体之间的关系矩阵，采用中心势、度数中心性、中间中心性、网络密度、网络规模、平均路径长度等指标来评估网络的结构特点以及各节点在网络中地位及其变化。空间方面则是通过提取和统计行为主体的地理位置、关联等空间信息对空间网络的表达，较为常用的指标是核密度，通过描绘城市之间关系来研究城市间的网络连接强度及相互作用的时空演化过程（汪涛等，2011）③。

本章运用中心性和网络密度两个指标来衡量上海高新技术产业创新网络的局部结构和整体结构。借助 UCINET 和 ArcGIS 软件进行局部结构、整体结构和核密度分析。

（1）网络密度。

网络密度可反映网络中节点之间的联系程度，网络密度越大，表明节点间联系越密切。计算公式为：

$$D = \sum_{i=1}^{k} \sum_{j=1}^{k} d(n_i, n_j) / k(k-1) \tag{5-1}$$

其中，D 为网络密度，k 为节点数，$d(n_i, h_j)$ 为节点 i、j 间的关系。

（2）中心性。

中心性主要衡量节点在网络中的中心性程度，该指标包括程度中心度、接近中心度及中介中心度，程度中心度是度量节点处于网络中心位置（邹琳等，2015）④，因此本书选用程度中心度作为主要计算指标。计

① Scott M. Re-theorizing social network analysis and environmental governance: Insights from human geography［J］. Progress in Human Geography，2015，39（4）：449－463.

② 潘峰华，赖志勇，葛岳静．社会网络分析方法在地缘政治领域的应用［J］．经济地理，2013，33（7）：15－21.

③ 汪涛，Henneman S.，Liefner I. 等．知识网络的空间极化与扩散研究——以我国生物技术知识为例［J］．地理研究，2011，30（10）：1861－1872.

④ 邹琳，曾刚，曹贤忠等．长江经济带的经济联系网络空间特征分析［J］．经济地理，2015，35（6）：1－7.

算公式为：

$$C_D(n_i) = \sum_{j=1}^{n} X_{ji} \tag{5-2}$$

其中，$C_D(n_i)$ 为程度中心度，X_{ji}为节点间的联系强度。

（3）网络中心势。

中心势是基于网络内某一节点的度数中心度来衡量整个网络的中心化程度，其通过描述网络的整体结构特征来反映网络的均衡与偏离程度。其计算公式为：

$$C = \frac{\sum_{i=1}^{n}(C_{max} - C_i)}{\max\left[\sum_{i=1}^{n}(C_{max} - C_i)\right]} \tag{5-3}$$

其中，C_{max}为网络内节点的最大度数中心度，C_i为节点 i 的度数中心度值。

5.1.2 数据采集及处理

本书基础数据来源于上海市科委高科技企业年报系统数据库（http：//www.shanghai.gov.cn/nw2/nw2314/nw2319/nw12344/u26aw51578.html），该数据库是以问卷调查的形式保存数据，调查对象为上海市所有科技型企业①，已获得科技创新政策支持的科技小巨人（含培育）企业、高新技术企业、技术先进型服务企业、高新技术成果转化项目认定企业、创新资金项目承担企业、科技孵化器内企业等，截至 2015 年 12 月 31 日，数据库共收集了约 14500 家高科技企业的创新活动数据。为了采集符合本书的相关数据，对

① 根据《上海市科技企业界定参考标准》（沪科〔2015〕70 号），科技企业是指在上海注册的具有独立法人资格的企业，同时符合以下五项条件中任何三项条件的，可以界定为科技企业：（1）企业主要从事技术开发、技术转让、技术咨询、技术服务、技术检测，或高新技术产品（服务）的研发、生产、经营等科技与创新活动；（2）企业直接从事研究开发的科技人员占职工总数的比例不低于 5%；（3）企业技术性收入和高新技术产品（服务）的销售收入之和占企业销售总收入的比例不低于 30%；（4）企业年度研究开发费用占销售收入总额的比例不低于 3%；（5）企业拥有专利权、著作权、集成电路布图设计权、植物新品种权等知识产权，或掌握专有技术。

数据库中的数据进行有目的的筛选，剔除无创新合作伙伴的、没有被认定为高新技术企业的、一些信息不全的数据，从中筛选出涉及高新技术改造传统产业、生物医药产业、新能源及节能技术、资源与环境技术、航空航天技术、新材料产业、高技术服务业、电子信息技术等高新技术产业领域3117 份问卷，按照本书对高新技术产业的界定，进一步筛选出生物医药产业（260 份）、新材料产业（422 份）、电子信息产业（873 份）、高新技术改造传统产业（795 份）四大类共计 2350 份样本数据，样本企业在上海的分布如表 5－1 和图 5－1 所示。

表 5－1　　2015 年上海市高新技术产业样本企业分布

行业类型	黄浦区	徐汇区	长宁区	静安区	普陀区	虹口区	杨浦区	浦东新区
生物医药产业	3	26	5	7	12	3	8	87
电子信息产业	27	136	44	69	49	37	55	223
新材料技术	1	20	8	8	22	9	7	65
高新技术改造传统产业	11	42	13	22	25	16	18	119
合计	42	224	70	106	108	65	88	494
行业类型	宝山区	闵行区	嘉定区	金山区	松江区	青浦区	奉贤区	崇明区
生物医药产业	8	38	10	15	16	8	10	4
电子信息产业	12	87	48	10	28	28	15	5
新材料技术	25	59	49	58	36	24	29	2
高新技术改造传统	33	116	142	38	66	50	76	8
合计	78	300	249	121	146	110	130	19

注：2015 年 11 月 4 日，上海市政府正式宣布静安与闸北合并为静安区；2016 年 7 月 22 日，上海市撤销崇明县，改为崇明区。

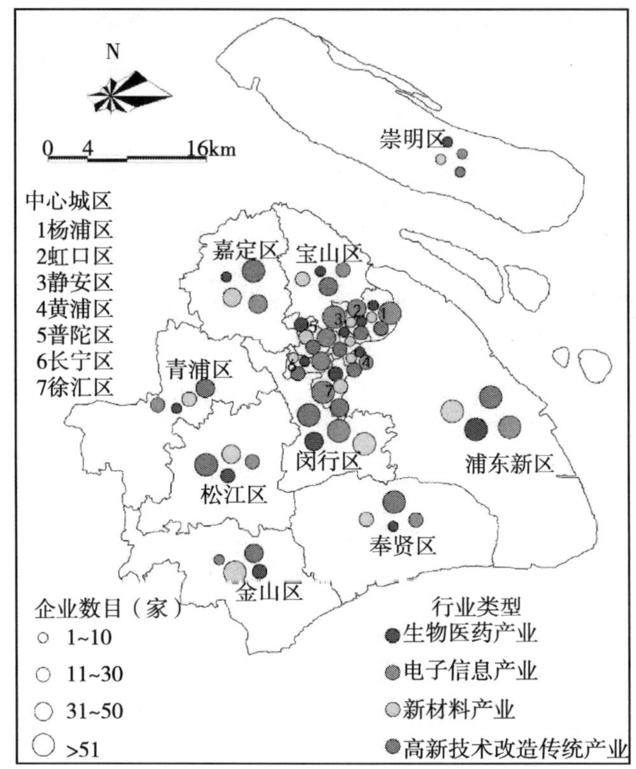

图 5－1 2015 年上海市高技术产业样本企业分布图

资料来源：根据上海市科委高科技企业 2015 年报系统数据库相关数据绘制。

5.2 创新结网方式

一般而言，企业创新结网主要采取水平和垂直结网两种方式（魏江等，2014；纪慰华，2004）①②，上海高新技术产业创新结网也不例外，水平结网主要通过建立产业技术联盟和联合发明专利两种形式，垂直结网主要通过与供应商和客户合作。

---

① 魏江，应瑛，刘洋．研发网络分散化，组织学习顺序与创新绩效：比较案例研究［J］．管理世界，2014（2）：137－151.

② 纪慰华．社会文化环境对企业网络构建的影响——以上海大众供货商网络为例［D］．上海：华东师范大学，2004.

5.2.1 水平结网

根据调查问卷统计发现，上海市高新技术企业水平结网方式主要包括共建产业技术创新战略联盟和联合发明专利两种。

5.2.1.1 产业技术创新战略联盟

产业技术创新战略联盟（以下简称“产业联盟”）是一种新型的产学研合作方式，一般由企业、大学、科研机构或其他组织机构构成，是国家创新体系建设的重要载体（顾娜娜，2015）①。构建产业联盟能有效推动区域创新网络建设（Fritsch and Franke，2004）②，有助于实现创新驱动型经济发展目标，而产业联盟也是上海高新技术产业参与创新合作的重要形式。

“产业联盟是各创新主体开展创新合作的有效形式，建立产业联盟有助于集聚创新资源，进而促进联盟成员的共同发展。”

——上海浦东软件园股份有限公司总经理张素龙

资料来源：朱冬梅．上海市信息服务产业基地联盟成立［EB/OL］．东方网，2015－05－29. http：//sh. eastday. com/m/20150529/u1ai8732746. html.

“上海 OLED 产业联盟不仅把国内有限的资源整合起来，同时企业协作形成合力对技术成熟的产业有很大帮助，联盟可以起到行业之间的一个沟通作用，提供客户技术需求、采购需求，使得双方形成一个比较好的合作关系。”

——上海微电子装备有限公司战略规划总监贺跃进

资料来源：华东师范大学曾刚教授课题组．上海微电子装备有限公司调研报告［R］．华东师范大学，2016－02－22.

“知识产权的竞争已经从单个企业之间的对抗发展到个体对个体、联盟对联盟。产业联盟是企业创新发展最重要的形式之一。”

——中关村管委会委员刘航

资料来源：杜鑫．汽车产业成立知识产权联盟促创新发展［N］．工人日报，2015－11－02. http：//news. sina. com. cn/o/2015－11－02/doc－ifxkhchn5867038. shtml.

---

① 顾娜娜．长江经济带装备制造业产学研创新网络研究［D］．上海：华东师范大学，2015.

② Fritsch M.，Franke G. Innovation，regional knowledge spillovers and R&D cooperation［J］. Research Policy，2004（2）：245－255.

“百视通发起成立 OTT 智能电视产业联盟，并成为核心主导企业，百视通的布局带有垂直特征，但不会孤立发展，百视通一直致力于建立联盟并为整个 OTT 智能电视行业打造出一个开放创新、联合共赢的枢纽平台。”

——上海百视通新媒体股份有限公司副总裁黄思钧

资料来源：李浩翔. 百视通发起成立 OTT 联盟平台效应显现［EB/OL］. 中华网，2013-04-27. http：//finance. eastday. com/stock/m3/20130428/u1a7356260. html.

产业联盟可分为国家级、省级和地市级三个层次，本书重点关注上海市级层面的产业联盟。2009 年，上海市被国家科技部批准作为第一批城市试点建设产业联盟，上海市科委于 2010 年开展上海产业联盟的试点建设，遵循“市场驱动、企业主导、政府推进、试点先行”的原则，2010 年确定 22 家联盟、2011 年确定 30 家、2012 年确定 15 家、2013 年确定 11 家、2014 年确定 8 家、2015 年确定 5 家，截至 2015 年 12 月 31 日，上海市共有 91 家产业联盟（见图 5-2）。根据本书对上海高新技术产业的认定标准，筛选出 64 家高技术产业技术创新战略联盟（见表 5-2），其中生物医药产业 17 家、电子信息产业 30 家、新材料产业 8 家、高新技术改造传统产业 9 家。64 家产业联盟成员中的所有企业均在本研究选取样本企业之列。

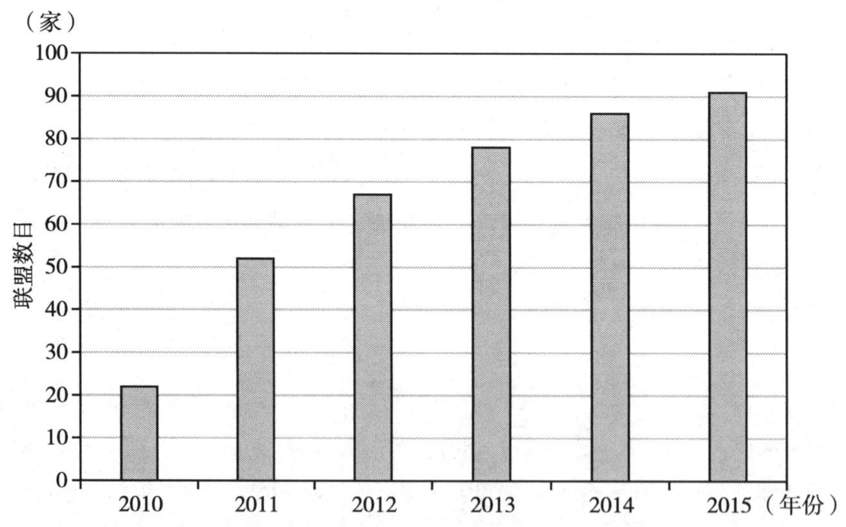

图 5-2　2010~2015 年上海市产业技术创新战略联盟设立情况

资料来源：上海市科学技术委员会. 上海市产业技术创新战略联盟建设情况. http：//www. stcsm. gov. cn/. 2016-5-15.

表 5-2　　2010~2015 年上海高新技术产业技术创新战略联盟一览

序号	联盟名称	设立时间	企业	大学	科研机构	其他	合计	行业领域
1	上海抗体药物产业技术创新战略联盟	2010	3	1	1	0	5	生物医药产业
2	上海电生理及康复技术创新战略联盟	2010	1	2	2	0	5	
3	上海复星医药抗体药物技术创新战略联盟	2010	4	1	0	0	5	
4	微创介入与植入医疗器械产业技术创新战略联盟	2010	3	1	3	0	7	
5	上海化工产业技术创新战略联盟	2011	9	2	2	0	13	
6	上海化学试剂产业技术创新战略联盟	2011	3	2	3	1	9	
7	上海市医用可吸收生物材料产业创新联盟	2011	4	1	8	0	13	
8	上海蛋白酶抑制剂产业技术创新战略联盟	2011	5	0	0	0	5	
9	上海分子诊断试剂产业技术创新战略联盟	2011	2	1	3	0	6	
10	上海微创手术器械产业技术创新战略联盟	2011	2	1	4	0	7	
11	上海医学即时检验产业技术创新战略联盟	2011	3	1	1	0	5	
12	上海新型抗体药物产业技术创新战略联盟	2011	3	1	1	0	5	
13	上海数字化手术室技术创新战略联盟	2011	5	1	1	0	7	
14	上海医用高分子耗材产业技术创新战略联盟	2012	2	1	3	0	6	
15	上海食用菌高效生产和加工产业技术联盟	2012	9	0	7	0	16	
16	上海优质原料奶产业技术创新战略联盟	2013	1	1	2	3	7	
17	上海康复辅具与老年福祉产业技术创新联盟	2013	6	1	12	0	19	
18	上海智能电网终端用户设备产业技术联盟	2010	4	0	1	0	5	电子信息产业
19	上海下一代广播电视网产业技术创新联盟	2010	15	3	0	0	18	
20	新型计算结构与应用产业技术创新战略联盟	2010	6	5	3	0	14	
21	上海激光显示产业技术创新战略联盟	2010	2	1	3	0	6	
22	新一代数字电视技术及产业创新战略联盟	2010	3	1	0	0	4	
23	上海 RFID 产业技术创新战略联盟	2010	19	2	7	0	28	
24	上海城市交通信息服务产业技术创新联盟	2011	10	1	0	0	11	
25	上海车联网与车载信息服务产业创新联盟	2011	39	0	2	2	43	

续表

序号	联盟名称	设立时间	企业	大学	科研机构	其他	合计	行业领域
26	上海智能电网磁电传感器产业技术创新联盟	2011	3	1	2	0	6	电子信息产业
27	上海智能交通信息技术产业技术创新联盟	2011	4	1	0	0	5	
28	上海市传感网产业技术创新战略联盟	2011	6	3	4	1	14	
29	上海汽车电子基础软件产业技术创新联盟	2011	4	2	1	0	7	
30	上海 TD-LTE 产业技术创新战略联盟	2011	24	0	2	1	27	
31	上海 MEMS 及智能传感芯片产业创新联盟	2011	5	0	1	0	6	
32	上海视觉互动科技产业技术创新战略联盟	2011	4	1	0	1	6	
33	上海位置服务产业技术创新战略联盟	2011	9	0	0	1	10	
34	上海轨道交通车地通信产业技术创新联盟	2012	9	3	2	1	15	
35	上海新一代视频监控产业技术创新战略联盟	2012	4	1	0	0	5	
36	上海 OTT 智能电视产业技术创新战略联盟	2012	8	1	0	2	11	
37	上海国产高性能处理器平台产业创新联盟	2012	4	1	2	1	8	
38	上海移动支付产业技术创新战略联盟	2012	5	1	0	1	7	
39	上海建筑产业信息化产业技术创新战略联盟	2012	10	2	0	0	12	
40	上海软件定义网络（SDN）产业创新联盟	2013	5	4	3	0	12	
41	上海 wifi 无线网络增值应用产业创新联盟	2013	33	1	1	0	35	
42	上海大数据产业技术创新战略联盟	2013	8	1	7	2	18	
43	上海市智慧家庭产业技术创新战略联盟	2014	5	0	3	1	9	
44	上海 OLED 产业技术创新战略联盟	2014	1	1	1	1	4	
45	上海农业物联网产业技术创新联盟	2014	5	1	3	0	9	
46	上海市可穿戴产业技术创新战略联盟	2014	3	1	3	0	7	
47	上海光纤传感产业技术创新战略联盟	2014	1	1	1	1	4	
48	上海半导体照明产业技术创新战略联盟	2010	12	4	4	0	20	新材料技术
49	上海高温超导电缆产业化及工程应用联盟	2010	3	2	0	0	5	
50	上海改性塑料产业技术创新战略联盟	2010	9	2	3	0	14	
51	上海电站装备材料产业技术创新战略联盟	2010	3	3	1	0	7	

续表

序号	联盟名称	设立时间	企业	大学	科研机构	其他	合计	行业领域
52	上海车用动力锂离子电池及材料产业联盟	2011	2	2	1	0	5	新材料技术
53	上海装配式钢结构民用建筑产业创新联盟	2012	9	1	0	0	10	
54	上海复合材料产业技术创新战略联盟	2012	10	5	1	0	16	
55	上海燃料电池汽车产业技术创新战略联盟	2013	14	5	1	0	20	
56	通用的商用车与工程机械模块化混合动力总成产业技术创新战略联盟	2010	5	0	0	0	5	高新技术改造传统产业
57	上海智能电气装备产业技术创新战略联盟	2011	4	7	0	0	11	
58	上海电动汽车电驱动系统产业技术创新联盟	2011	4	2	1	0	7	
59	上海分析仪器产业技术创新战略联盟	2011	5	2	4	0	11	
60	上海超级电容器动力及储能系统产业联盟	2012	7	1	1	0	9	
61	上海智能机器人产业技术创新战略联盟	2012	10	2	4	0	16	
62	上海重大工程建设安全监控技术与设备创新战略联盟	2012	3	1	1	0	5	
63	上海汽车轻量化产业技术创新联盟	2013	2	3	0	0	5	
64	上海城市轨道交通 BIM 技术创新联盟	2014	14	3	1	0	18	

注：科研机构是指国家设立的科研院所、企业所设立研发分支机构等。

资料来源：上海市科学技术委员会．上海市产业技术创新战略联盟建设情况．http：//www. stcsm. gov. cn/. 2016 – 5 – 15.

从表 5 – 2 可看出，上海高新技术产业联盟一般由企业联合大学、科研机构组建而成，也有一些行业协会、知识产权交易中心、学会、专业委员会等非研究机构参与联盟建设。如上海车联网与车载信息服务产业技术创新战略联盟成员中，有 39 家企业、2 家科研机构以及上海市交通电子行业协会和上海硅知识产权交易中心。64 家产业联盟规模平均有 11 家机构，其中企业、大学、科研机构平均分别为 7 家、2 家、2 家，行业协会等其他机构只在少数几个产业联盟中发挥作用。

从细分行业来看：①生物医药产业产业。生物医药产业产业联盟的规模平均为 8 家机构，其中企业、大学、科研机构分别为 4 家、1 家、3 家，仅有1家协会等其他机构参与联盟，如上海化学试剂产业技术创新战略联盟成员包括3家企业、2家大学和3家科研机构和1家行业协会（上海市分析测试协会）。②电子信息产业产业。电子信息产业产业联盟的规模平均为12家机构，其中企业、大学、科研机构分别为9家、1家、2家，共有16家行业协会、知识产权交易中心等其他机构参与产业联盟，行业协会参与的程度相较于其他行业较高，如上海大数据产业技术创新战略联盟成员包括8家企业、1家大学和7家科研机构和2家其他机构（上海市软件行业协会、上海市计算机学会）。③新材料产业。新材料产业联盟的规模平均为12家机构，其中企业、大学、科研机构分别为8家、3家、1家，没有行业协会等其他机构参与产业联盟。在新材料产业中，大学参与产业联盟的程度普遍较高，如上海复合材料产业技术创新战略联盟成员包括10家企业、5家大学（东华大学、同济大学、复旦大学、华东理工大学、上海交通大学）和1家科研机构。④高新技术改造传统产业。高新技术改造传统产业联盟的规模平均为9家机构，其中企业、大学、科研机构分别为6家、2家、1家，没有行业协会等其他机构参与产业联盟，与新材料产业联盟类似，大学参与的程度也较高，如上海城市轨道交通BIM技术创新联盟成员包括14家企业、3家大学（上海大学、同济大学、上海交通大学）和1家科研机构。

5.2.1.2 联合发明专利

专利是衡量企业创新效果的重要指标，近年来经济地理学者常运用企业与其他机构联合申请专利数据开展创新网络相关研究，研究表明联合发明专利能较好地刻画企业的创新网络（王秋玉等，2016；李丹丹等，2015）①②。专利对于企业而言具有举足轻重的战略作用，企业往往借助于专利提升市场竞争力或控制某一市场。

"目前展讯拥有发明专利1400多件，爱立信、苹果、三星等公司将专利用作压制竞争对手的武器，我们展讯主要通过专利进行市场防守，通常

① 王秋玉，曾刚，吕国庆．中国装备制造业产学研合作创新网络初探［J］．地理学报，2016，71（2）：251－264.

② 李丹丹，汪涛，魏也华等．中国城市尺度科学知识网络与技术知识网络结构的时空复杂性［J］．地理研究，2015（3）：525－540.

我们也会与一些客户、大学等研究部门开展专利合作。”

——展讯通信（上海）有限公司市场部高级海外市场拓展经理 × ×

资料来源：华东师范大学曾刚教授课题组．展讯通信（上海）有限公司调研报告［R］. 华东师范大学，2015－12－22.

“我们一般与大学合作发明专利，但我们负责核心设计，只会外包给大学一小块内容，从设计到加工，合作伙伴会参与中间某个技术过程。目前合作专利成效初显，但经济效益仍有待提高。”

——上海齐耀动力技术有限公司技术经济部科研主管、高级工程师 × × ×

资料来源：华东师范大学曾刚教授课题组．上海齐耀动力技术有限公司调研报告［R］. 华东师范大学，2015－09－09.

根据问卷中设置题项“贵公司发明专利数目”统计结果发现，2015 年，有 1310 家企业拥有共计 16723 项发明专利。其中高新技术改造传统产业 2483 项、生物医药产业 1309 项、新材料产业 1856 项、电子信息技术 11075 项。在国家知识产权局专利数据库（SIPO）系统中，将拥有专利的 1310 家企业分别输入申请人一栏，进行专利检索，发现自 1985 年 1 月 1 日至 2015 年 12 月 31 日，有 445 家企业与其他行为主体联合开展发明专利申请，共计拥有 10175 项联合发明专利（见表 5－3）。

表 5－3　　1985～2015 年上海高新技术产业联合发明专利一览

行业类型	联合发明专利数目	行为主体数目	企业	大学	科研机构	其他
生物医药产业	1423	315	242	32	32	9
电子信息产业	3620	263	227	18	14	4
新材料产业	2743	349	281	41	27	0
高新技术改造传统产业	2389	583	514	39	29	1
合计	10175	1510	1264	130	102	14

注：其他包括行业协会、政府部门和中介服务机构等其他行为主体。

资料来源：中华人民共和国国家知识产权局．专利检索与分析［OL］. http://www.pss-system.gov.cn/sipopublicsearch/portal/index.shtml. 2016 年 8 月 10 日．

总体来看，上海 55.7% 的高新技术企业会通过申请专利的方式开展创新活动，其中 34% 的企业与其他机构联合开展专利申请，在专利合作网络中，共涉及行为主体 1510 个，其中企业、大学和科研机构分别为 1264、130、102 个，同时还包括行业协会、政府部门、中介服务机构、部队和医院等行为主体 14 个。

从细分行业来看：①生物医药产业产业。32.7% 的生物医药产业企业共拥有 1423 项联合发明专利，涉及 315 个行为主体。其中包括国药集团国瑞药业有限公司、正大天晴药业集团股份有限公司、上海现代制药股份有限公司等 157 家企业，上海中医药大学、复旦大学、北京科技大学等 32 家大学，上海医药工业研究院、中国科学院上海有机化学研究所、中国医药工业研究总院等 32 家科研机构以及复旦大学附属中山医院、上海长海医院、上海交通大学医学院附属第九人民医院等 9 家医院。②电子信息产业产业。10.1% 的电子信息产业企业共拥有 3620 项联合发明专利，涉及 263 个行为主体。其中包括环鸿科技股份有限公司、鸿海精密工业股份有限公司、阿尔卡特朗讯等 139 家企业，上海交通大学、复旦大学、华东理工大学等 18 家大学，中国科学院声学研究所、公安部第三研究所、中国船舶重工集团公司第七〇四研究所等 14 家科研机构，中国人民解放军 92232 部队、上海市国家保密局、肇庆市公安局、无锡市公安局交通巡逻警察支队交通指挥中心等 4 家机构。③新材料产业。24.2% 的新材料产业企业共拥有 2743 项联合发明专利，涉及 349 个行为主体。其中包括浙江普利特新材料有限公司、上海乘鹰新材料有限公司、上海维凯光电新材料有限公司等 179 家企业，上海交通大学、东华大学、华东理工大学等 41 家大学，中国科学院上海硅酸盐研究所、公安部第一研究所、中国纺织科学研究院等 27 家科研机构。④高新技术改造传统产业。21.4% 的高新技术改造传统产业企业共拥有 2389 项联合发明专利，涉及 583 个行为主体。其中包括上海西派埃自动化技术工程有限公司、上海辛格林纳新时达电机有限公司、上海马陆日用友捷汽车电气有限公司等 344 家企业，北京航空航天大学、西安电子科技大学、同济大学等 39 家大学，中国船舶重工集团公司第七一一研究所、中国科学院上海技术物理研究所、上海电缆研究所等 29 家科研机构，上海市分析测试协会等 1 家协会。

5.2.2 垂直结网

垂直结网主要表现为与产业链的上下游企业结网，供应商与客户是最为重要的两个方面。通过在问卷中设置题项“贵公司主要原材料、半成品（服务）供应商来自区域（按联系紧密程度列出三个）”“贵公司主要产品（服务）投向区域（按联系紧密程度列出三个）”，从企业联系最为紧密（排在第一位）的供应商与客户来看，上海高新技术产业创新垂直结网有以下几种类型（见图 5－3）。

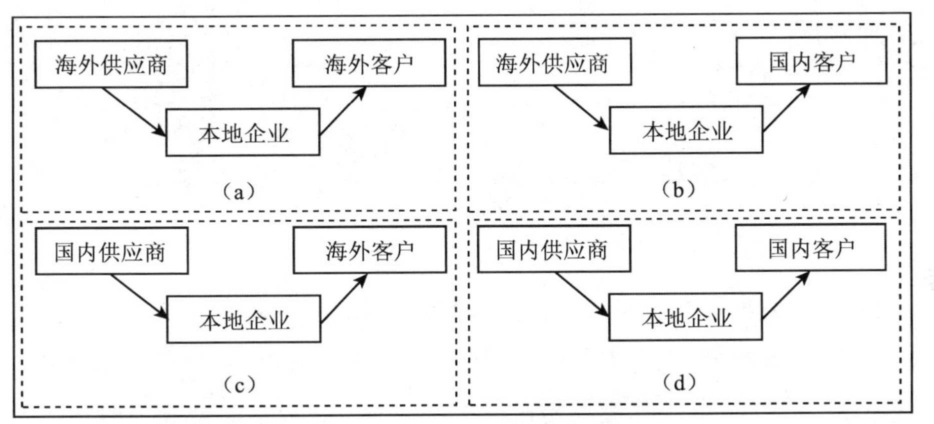

图 5－3　上海高新技术产业创新垂直结网类型（一）

注：笔者将上海市内与国内其他城市的供应商和客户统称为国内供应商和国内客户，不作区分。下同。

资料来源：根据上海市科委高科技企业 2015 年年报系统数据库相关数据绘制。

从问卷统计结果总体来看，上海高新技术企业创新垂直结网以类型（c）和（d）为主（见图 5－4）。231 家高新技术企业与海外供应商结网，占上海高新技术产业 2350 个样本总量的 9.9%。其中有 90 家企业与海外客户建立了合作关系，结网方式为类型（a）；141 家企业与国内客户（上海市内 22 家、国内其他城市 119 家）合作，结网方式为类型（b）。2119 家高新技术企业与国内供应商（上海市内 744 家、国内其他城市 1375 家）结网，占样本总量的 90.1%。其中 190 家企业与海外客户建立了合作关系，结网方式为类型（c）；1929 家企业与国内客户（上海市内 564 家、国内其他城市 1365 家）合作，结网方式为类型（d）。

从细分行业来看：①生物医药产业。26 家生物医药产业企业与海外供应商结网，占生物医药产业 260 家样本量的 10%。其中有 12 家企业与海外客户建立了合作关系，14 家企业与国内客户（上海市内 4 家、国内其他

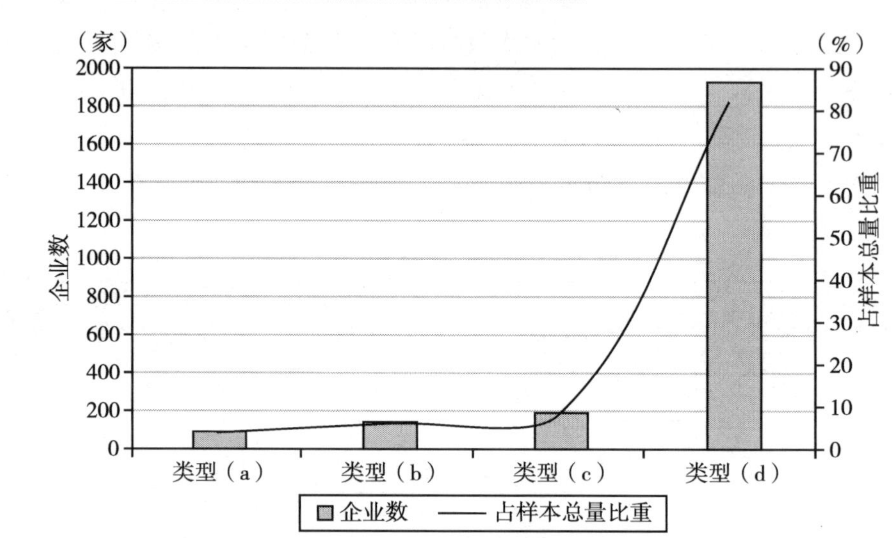

图 5-4　上海高新技术产业垂直结网不同类型比较（一）

资料来源：根据上海市科委高科技企业 2015 年年报系统数据库相关数据绘制。

城市 10 家）合作；165 家生物医药产业企业与国内供应商（上海市内 40 家、国内其他城市 125 家）结网，占样本总量的 90%。其中有 14 家企业与海外客户建立了合作关系，151 家企业与国内客户（上海市内 34 家、国内其他城市 117 家）合作。②电子信息产业。76 家电子信息产业企业与海外供应商结网，占电子信息产业 873 家样本量的 8.7%。其中 39 家企业与海外客户建立了合作关系，37 家企业与国内客户（上海市内 5 家、国内其他城市 32 家）合作；797 家电子信息产业企业与国内供应商（上海市内 377 家、国内其他城市 420 家）结网，占样本总量的 91.3%。其中有 49 家企业与海外客户建立了合作关系，748 家企业与国内客户（上海市内 291 家、国内其他城市 457 家）合作。③新材料产业。54 家新材料产业企业与海外供应商结网，占新材料产业 422 家样本量的 12.8%。其中 13 家企业与海外客户建立了合作关系，41 家企业与国内客户（上海市内 7 家、国内其他城市 34 家）合作；368 家新材料产业企业与国内供应商（上海市内 65 家、国内其他城市 303 家）结网，占样本总量的 87.2%。其中有 47 家企业与海外客户建立了合作关系，321 家企业与国内客户（上海市内 56 家、国内其他城市 265 家）合作。④高新技术改造传统产业。68 家高新技术改造传统产业企业与海外供应商结网，占高新技术改造传统产业 795 家样本量的 8.6%。其中 23 家企业与海外客户建立了合作关系，45 家企业与国内客户（上海市内 7 家、国内其他城市 38 家）合作；727 家高新技术改造传统产业企业与国内供应商（上海市内 242 家、国内其他城市 485 家）结网，占样本总量的 91.4%。其中有 74 家企业与海外客户建立了合作关系，653 家企业与国内客户（上海市内 172 家、国内其他城市 481 家）合作。

将企业联系紧密程度位于第二和第三的供应商、客户考虑进来，上海高新技术产业创新垂直结网有以下 9 种类型（见图 5－5）。从问卷统计结果总体来看，上海市高新技术企业主要从国内采购原材料，并以国内客户为主，海外扩张能力较为有限。在 2350 家样本企业中，有 21 家企业合作类型为（e），3 家企业合作类型为（f），57 家企业合作类型为（g），6 家企业合作类型为（h），60 家企业合作类型为（i），87 家企业合作类型为（j），85 家企业合作类型为（k），105 家企业合作类型为（l），1926 家企业合作类型为（m）。（i）、（j）、（k）、（l）、（m）五种类型是上海高新技术企业创新垂直结网的主要类型（见图 5－6）。

“我们公司自 2002 年成立以来，主要致力于激光发生器的研发、生产与销售，供应商与客户主要以国内为主。”

——上海福建中科光汇激光科技有限公司销售经理×××

资料来源：华东师范大学曾刚教授课题组．2015 第 17 届中国国际工业博览会调研报告［R］．华东师范大学，2015－11－10.

“我们与中国台湾的客户联系比较多，供应链上的联系主要在大陆。供应商一般需要跟我们一起探讨，共同研发，共同设计产品。”

——上海微电子装备有限公司市场开发部经理×××

资料来源：华东师范大学曾刚教授课题组．上海微电子装备有限公司调研报告［R］．华东师范大学，2016－02－22.

“我们现在做的产品都是立足国内。我们所成立的海外部主要到国外承接 EPC、工程总承包。我们的研发人员不到 200 人，产品也比较单一，军品、民品也都在国内，国外都没有。”

——上海齐耀动力技术有限公司技术经济部高级工程师×××

资料来源：华东师范大学曾刚教授课题组．上海齐耀动力技术有限公司调研报告［R］．华东师范大学，2015－09－09.

“展讯客户遍布全球各地，拥有近 300 家客户，主要的供应商和客户我们都有合作，像 TSMC、SMIC、联电、Intel，三星、微软、HTC、中华酷联等。”

——展讯通信（上海）有限公司市场部高级海外市场拓展经理柯川

资料来源：华东师范大学曾刚教授课题组．展讯通信（上海）有限公司调研报告[R]．华东师范大学，2015－12－22.

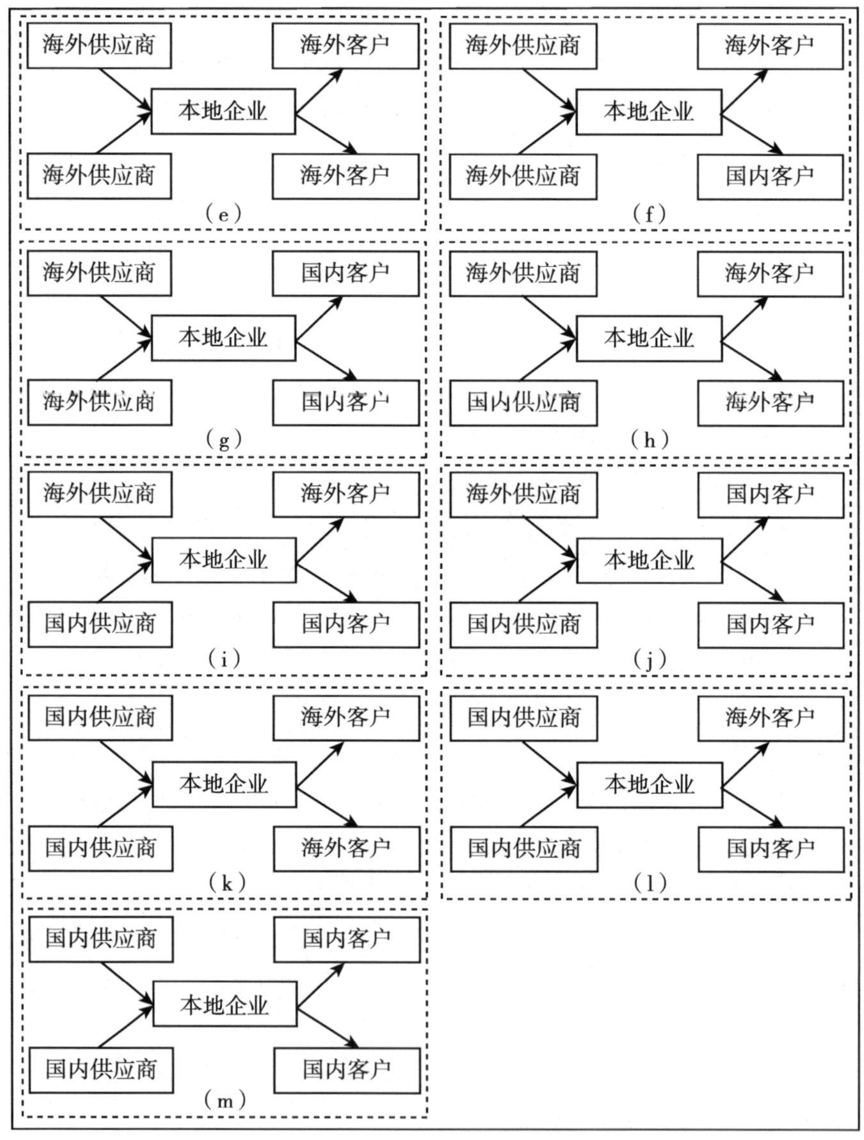

图 5－5　上海高新技术产业创新垂直结网类型（二）

资料来源：根据上海市科委高科技企业 2015 年年报系统数据库相关数据绘制。

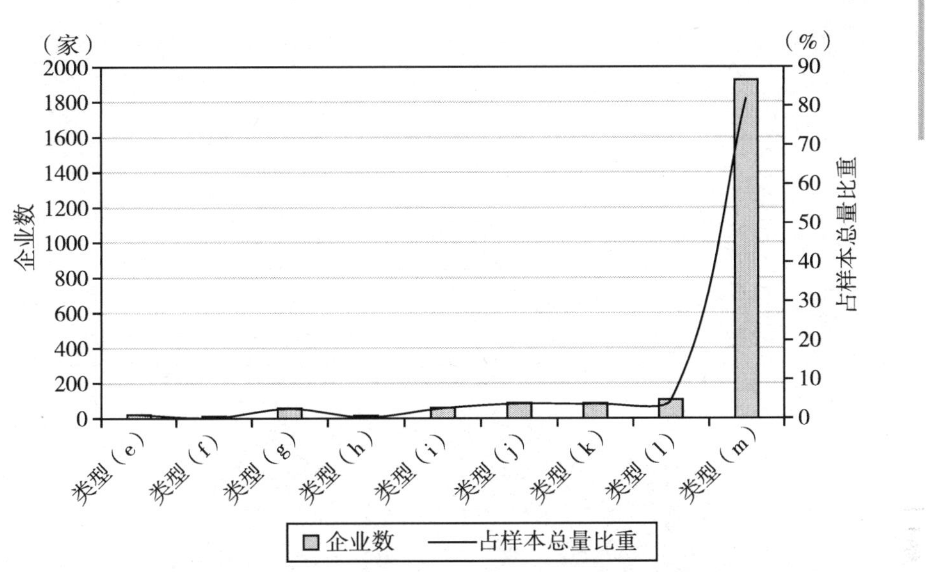

图 5-6　上海高新技术产业垂直结网不同类型比较（二）

资料来源：根据上海市科委高科技企业 2015 年年报系统数据库相关数据绘制。

5.3 创新网络结构

基于问卷调查的 2350 家企业样本，选取其中有联合申请专利（445 家企业共计 10175 项联合专利）和参与产业联盟建设（60 家产业联盟）的样本企业，进行深入分析上海高新技术产业创新网络的主体结构与空间结构特征。

5.3.1　发明专利网络结构

5.3.1.1　主体结构特征

笔者选取了网络规模、网络密度和网络中心势对上海高新技术产业发明专利创新网络结构进行表征（见表 5-4 和图 5-7 和图 5-8）。

表 5 – 4　　1985 ~ 2015 年上海高新技术产业发明专利创新网络结构表征

行业类型	网络规模	网络密度	网络中心势（%）
生物医药产业	315	0.572	1.74
电子信息产业	263	0.210	7.96
新材料产业	349	0.462	3.21
高新技术改造传统产业	583	0.626	0.96
合计	1510	0.468	3.47

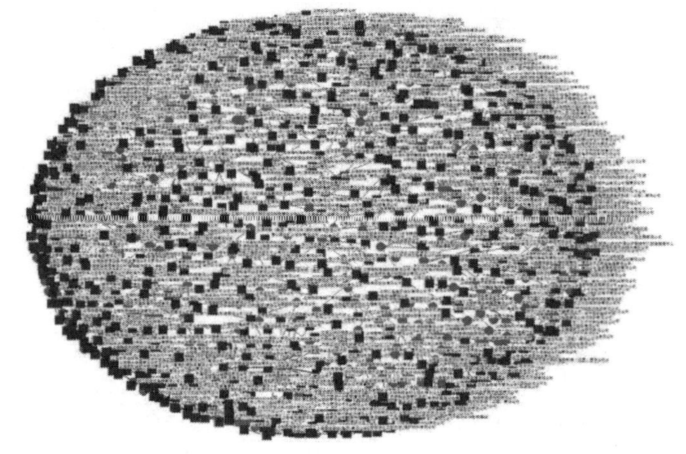

图 5 – 7　1985 ~ 2015 年上海高新技术产业发明专利创新网络拓扑图

资料来源：根据国家知识产权局相关数据绘制。

从网络规模来看，网络规模指的是网络内部的行为主体数目。上海高新技术产业发明专利网络规模为 1510 个，其中高新技术改造传统产业涉及创新主体数量最多，为 583 个，电子信息产业较少，为 263 个。大学、科研机构（包括中国科学院研究所、高等学校研究机构、国家级重点实验室、重点企业研发机构等）、企业是上海高新技术产业创新网络的主要主体，其中企业占比 83.71%、大学和科研机构分别占比 8.61% 和 6.75%、行业协会等其他主体仅占 0.93%。从各个细分行业的创新主体比较可以看出，新材料产业创新网络中大学的参与程度最高、高新技术改造传统产业创新网络中大学参与程度最低，分别占比为 11.75%、6.69%；生物医药产业创新网络中科研机构的参与程度最高、高新技术产业改造传统产业创新网络中科研机构参与程度最低，分别占比为 10.16%、5.32%；高新技术改造传统产业创新网络中企业占比最高、生物医药产业最低，分别为 88.16%、76.83%；新材料产业创新网络中没有其他主体参与，生物医药产业与电子信息产业创新网络中的其他主体参与程度相对较高，分别占比 2.85%、1.82%，生物医药产业中一些医院也参与了网络建设，而电子信息产业多为行业协会等其他行为主体。

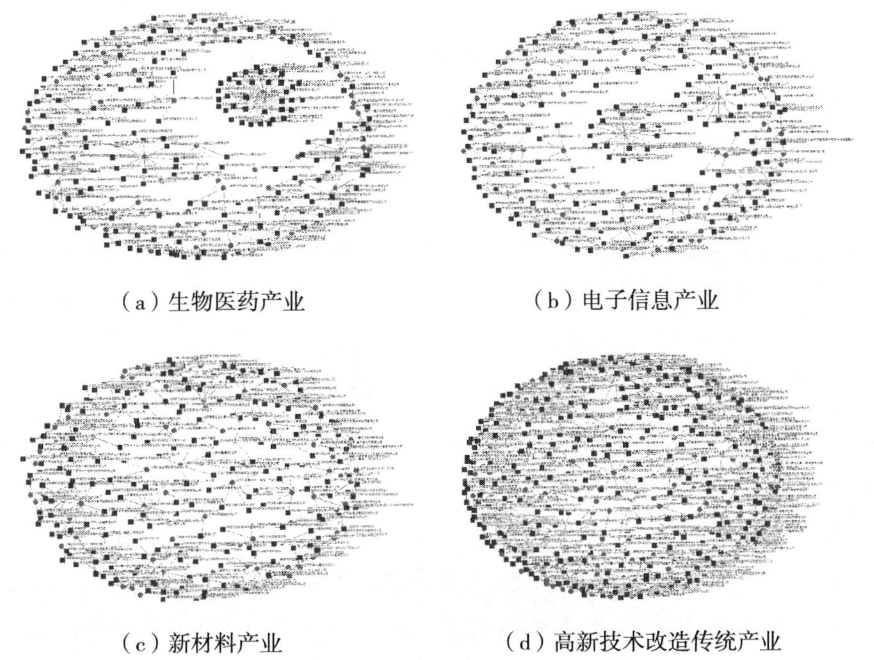

（a）生物医药产业　（b）电子信息产业

（c）新材料产业　（d）高新技术改造传统产业

图 5－8　1985～2015 年上海不同类型高技术产业发明专利创新网络拓扑图

资料来源：根据国家知识产权局相关数据绘制。

从网络密度来看，网络密度可反映网络中节点之间的联系程度，网络密度越大，表明节点间联系越密切。上海高新技术产业创新网络的网络密度为 0.468，低于 0.5，表明上海高新技术产业创新网络间节点联系紧密度总体还不高，创新合作水平仍有待进一步加强。从各细分行业的网络密度可以看出，高新技术改造传统产业和生物医药产业创新网络的网络密度较高，分别为 0.626、0.572，表明该产业创新网络内部各节点之间的联系较为密切；电子信息产业和新材料产业创新网络的网络密度较低，分别为0.210、0.462，表明该产业创新网络内部各节点之间的联系相对较为松散。

从网络中心势来看，网络中心势越大，网络整体向某些重要节点偏离程度越高。上海高新技术产业创新网络的网络中心势为3.47%，表明上海高新技术产业创新网络一些核心节点发挥了重要作用。从各细分行业的网络中心势可以看出，电子信息产业和新材料产业创新网络的网络中心势较高，分别为7.96%、3.21%，表明该产业创新网络内部一些重要的核心节点已经形成，如电子信息产业中的英业达股份有限公司、国基电子（上海）有限公司、上海贝尔股份有限公司、中芯国际集成电路制造（上海）有限公司、阿尔卡特朗讯等企业，上海市计量测试技术研究院、电子科技大学、电信科学技术第一研究所、中国科学院声学研究所、中国南车集团株洲电力机车研究所等大学或科研机构占据了网络中心位置；新材料产业中的上海富臣化工有限公司、上海长园电子材料有限公司、展辰涂料集团股份有限公司、上海启鹏工程材料科技有限公司、上海海隆赛能新材料有限公司等企业，中国科学院上海硅酸盐研究所、中国科学院上海微系统与信息技术研究所、上海海隆石油化工研究所、蚌埠玻璃工业设计研究院、上海化工研究院、华东理工大学、上海市纺织科学研究院等大学或科研机构占据网络中心位置（见表5－5）。而高新技术改造传统产业和生物医药产业创新网络的网络中心势较低，分别为0.96%、1.74%，虽然如高新技术改造传统产业中的中国运载火箭技术研究院、中煤科工集团上海研究院、哈尔滨工程大学、上海电缆研究所、复旦大学等大学或科研机构，沪东重机有限公司、上海浦沃动力机械制造有限公司、科博达技术有限公司等企业与其他节点联系较为密切；生物医药产业中的上海合全药业有限公司、上海南方模式生物科技发展有限公司、上海吉尔多肽有限公司、上海药明康德新药开发有限公司、上海家化联合股份有限公司等企业，上海南方模式生物研究中心、上海转基因研究中心、中国人民解放军军事医学科学院生物工程研究所、上海国健生物技术研究院、上海第二医科大学等大学或科研机构与其他节点联系较为紧密，但是这些联系紧密的节点并未在其创新网络中占据中心位置，表明上海高新技术改造传统产业与生物医药产业创新网络内部核心节点的带动作用尚不明显。

表 5－5　　1985～2015 年上海高新技术产业发明专利创新网络核心节点

行业类型	核心高校/科研机构	中心度	核心企业	中心度
生物医药产业	上海南方模式生物研究中心	0.016	上海合全药业有限公司	0.102
	上海转基因研究中心	0.011	上海南方模式生物科技发展有限公司	0.029
	中国人民解放军军事医学科学院生物工程研究所	0.006	上海吉尔多肽有限公司	0.027
	上海国健生物技术研究院	0.004	上海药明康德新药开发有限公司	0.023
	上海第二医科大学	0.004	上海家化联合股份有限公司	0.020
	复旦大学	0.003	上海创诺医药集团有限公司	0.019
	中国科学院有机合成工程研究中心	0.002	上海中西制药有限公司	0.016
	上海市农业科学院	0.002	上海皓元生物医药科技有限公司	0.016
	华东理工大学	0.002	上海中科股份有限公司	0.015
	中国人民解放军第二军医大学	0.002	爱普香料集团股份有限公司	0.011
电子与信息技术	上海市计量测试技术研究院	0.005	英业达股份有限公司	0.179
	电子科技大学	0.004	国基电子（上海）有限公司	0.067
	电信科学技术第一研究所	0.002	上海贝尔股份有限公司	0.040
	中国科学院声学研究所	0.001	中芯国际集成电路制造（上海）有限公司	0.036
	中国南车集团株洲电力机车研究所	0.001	阿尔卡特朗讯	0.035

续表

行业类型	核心高校/科研机构	中心度	核心企业	中心度
电子与信息技术	上海半导体照明工程技术研究中心	0.001	环旭电子股份有限公司	0.031
	西安电子科技大学	0.001	天马微电子股份有限公司	0.027
	中国船舶重工集团公司第七〇四研究所	0.001	上海博泰悦臻电子设备制造有限公司	0.019
	上海交通大学	0.000	上海新干通通信设备有限公司	0.015
	华东理工大学	0.000	芯原微电子（上海）有限公司	0.011
新材料技术	中国科学院上海硅酸盐研究所	0.012	上海富臣化工有限公司	0.147
	中国科学院上海微系统与信息技术研究所	0.011	上海长园电子材料有限公司	0.054
	上海海隆石油化工研究所	0.007	展辰涂料集团股份有限公司	0.037
	蚌埠玻璃工业设计研究院	0.007	上海启鹏工程材料科技有限公司	0.023
	上海化工研究院	0.007	上海海隆赛能新材料有限公司	0.019
	华东理工大学	0.004	上海普利特复合材料股份有限公司	0.017
	上海市纺织科学研究院	0.003	上海天洋热熔胶有限公司	0.013
	上海大学	0.003	长园集团股份有限公司	0.012
	上海市合成树脂研究所	0.002	上海科华染料工业有限公司	0.011
	上海材料研究所	0.002	中国建材国际工程集团有限公司	0.011
高新技术改造传统产业	中国运载火箭技术研究院	0.006	沪东重机有限公司	0.030
	中煤科工集团上海研究院	0.004	上海浦沃动力机械制造有限公司	0.030
	哈尔滨工程大学	0.003	科博达技术有限公司	0.029

续表

行业类型	核心高校/科研机构	中心度	核心企业	中心度
高新技术改造传统产业	上海电缆研究所	0.003	上海造币有限公司	0.028
	复旦大学	0.002	上海拓璞数控科技有限公司	0.019
	东北大学	0.002	上海伊莱克斯实业有限公司	0.018
	中国船舶重工集团公司第七一一研究所	0.002	龙工（上海）机械制造有限公司	0.016
	上海市激光技术研究所	0.001	上海沪临重工有限公司	0.015
	浙江大学	0.001	上海北玻镀膜技术工业有限公司	0.014
	中国科学院上海技术物理研究所	0.001	上海电驱动股份有限公司	0.011

5.3.1.2　空间结构特征

根据上海高新技术产业发明专利合作伙伴所在城市总体来看，上海高新技术产业合作伙伴位于上海市内的最多，共有 1106 家，占总量的 73.2%；368 家分布在国内其他城市，占总量的 24.4%；26 家分布在海外，占总量的 2.4%。从分行业来看，生物医药产业合作伙伴有 222 家分布在上海市内、86 家分布在国内其他城市、7 家分布在海外，分别占生物医药产业合作伙伴总量的 70.5%、27.3%、2.2%；电子信息产业合作伙伴有 196 家分布在上海市内、59 家分布在国内其他城市、8 家分布在海外，分别占电子信息产业合作伙伴总量的 74.5%、22.4%、3.1%；新材料产业合作伙伴有 256 家分布在上海市内、87 家分布在国内其他城市、6 家分布在海外，分别占新材料产业合作伙伴总量的 73.4%、24.9%、1.7%；高新技术改造传统产业合作伙伴有 442 家分布在上海市内、136 家分布在国内其他城市、5 家分布在海外，分别占高新技术改造传统产业合作伙伴总量的 75.8%、23.3%、0.9%（见表 5-6）。

表 5－6　1985～2015 年上海高新技术产业发明专利创新网络空间结构表征

行业类型	上海市内	国内其他城市	海外	合计
生物医药产业	222	86	7	315
电子信息产业	196	59	8	263
新材料产业	256	87	6	349
高新技术改造传统产业	442	136	5	583
合计	1106	368	26	1510

运用 ArcGIS10.0 软件将上海高新技术产业发明专利合作伙伴所在城市及联系频度进行空间可视化分析。从总体来看，上海高新技术产业发明专利网络呈现出以“上海—北京—广州—重庆”为核心的“菱形”结构，在上海市内以浦东新区、闵行区等为主，在国内其他城市以北京、南通、广州、重庆、深圳、武汉、杭州、苏州、嘉兴、西安等为主，在海外以日本、美国、加拿大等国家以及中国台湾地区为主。

从分行业来看，生物医药产业发明专利网络空间结构呈现出“上海—北京—武汉—广州”构成的“三角形”形态，合作较多的国内区域主要位于北京、武汉、广州、南京、南通、金华、苏州、台州、深圳等核心城市，海外主要以美国、日本、加拿大等国家以及中国香港为主；电子信息产业发明专利网络空间结构呈现出“上海—北京—成都—广州”为核心的不规则“四边形”形态，合作较多的国内区域主要位于北京、杭州、无锡、深圳、成都等核心城市，海外主要以法国、美国等国家以及中国台湾地区为主；新材料产业发明专利网络空间结构呈现出“上海—北京—武汉—广州”为核心的“三角形”形态，合作较多的国内区域主要位于北京、嘉兴、武汉、张家港、天津、青岛、深圳、杭州、广州等核心城市，海外主要以韩国、日本、美国、英国、新加坡等国家为主；高新技术改造传统产业发明专利网络空间结构呈现出“上海—北京—西安—广州”为核心的不规则“四边形”形态，合作较多的国内区域主要位于北京、湖州、南京、西安、苏州、盐城、郑州、杭州、石家庄、广州等核心城市，海外主要以加拿大、日本、美国、奥地利等国家为主。

5.3.2　产业联盟网络结构

5.3.2.1　主体结构特征

与发明专利网络一样，笔者选取了网络规模、网络密度和网络中心势对上海高新技术产业联盟网络结构进行表征（见表 5－7、图 5－9 和图 5－10）。

表 5－7　　2010～2015 年上海高新技术产业联盟网络结构表征

行业类型	网络规模	网络密度	网络中心势（%）
生物医药产业	94	0.123	0.42
电子信息产业	335	0.097	0.29
新材料产业	86	0.094	0.29
高新技术改造传统产业	76	0.100	0.32
合计	591	0.104	0.33

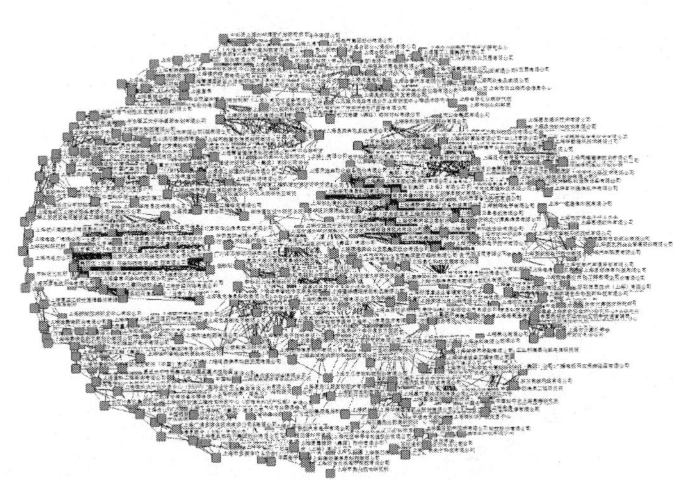

图 5－9　2010～2015 年上海高新技术产业联盟创新网络拓扑图

资料来源：根据国家知识产权局相关数据，运用 Ucinet 软件绘制。

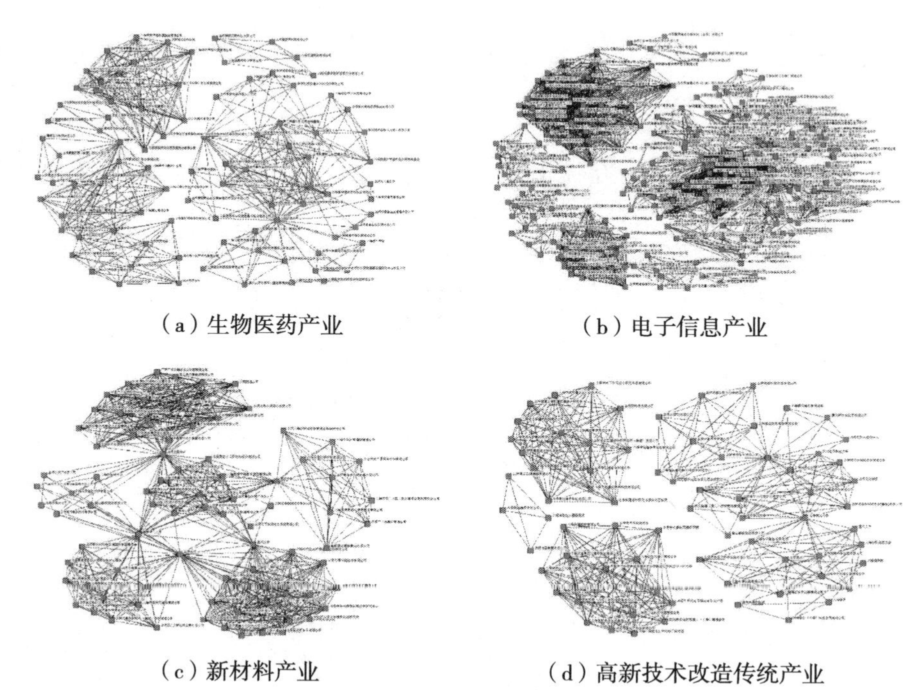

（a）生物医药产业　　（b）电子信息产业

（c）新材料产业　　（d）高新技术改造传统产业

图 5-10　2010~2015 年上海不同类型高技术产业联盟创新网络拓扑图

资料来源：根据国家知识产权局相关数据绘制。

从网络规模来看，上海高新技术产业联盟网络规模为 591 个，其中电子信息产业涉及创新主体数量最多，为 335 个，高新技术改造传统产业较少，为 76 个。大学、科研机构（包括中国科学院研究所、高等学校研究机构、国家级重点实验室、重点企业研发机构等）、企业是上海高新技术产业联盟网络的主要主体，其中企业占比 63.62%、大学和科研机构分别占比 14.93% 和 18.55%、行业协会等其他主体占 2.9%，相较于发明专利创新网络，联盟网络中科研机构的重要性显著上升。从各个细分行业的创新主体比较可以看出，生物医药产业联盟网络中科研机构参与程度最高、新材料产业最低，分别占比为 37.86%、10.78%；高新技术改造传统产业联盟网络中大学参与程度最高、电子信息产业最低，分别占比为 25.61%、10.92%；电子信息产业联盟网络中企业占比最高、生物医药产业最低，分别为 70.49%、46.42%；新材料产业与高新技术改造传统产业联盟网络中没有行业协会等其他主体参与，电子信息产业与生物医药产业联盟网络中的行业协会等其他主体参与程度相对较高，分别占比4.37%、2.86%。

从网络密度来看，上海高新技术产业联盟网络的网络密度为0.104，远远低于0.5，联盟网络间节点联系紧密度总体较低，联盟各成员间合作水平提升空间巨大。从各细分行业的网络密度可以看出，各行业联盟网络密度均较低，表明联盟网络内部成员联系较为松散。

从网络中心势来看，上海高新技术产业联盟网络的网络中心势为0.33%，表明上海高新技术产业联盟网络重心不稳，一些核心节点尚未形成。各细分行业的网络中心势水平均处于较低水平，表明上海高新技术产业联盟网络缺乏一些核心节点，整体较为分散。

5.3.2.2　空间结构特征

上海高新技术产业联盟网络中各主体所在城市总体来看，上海高新技术产业联盟网络合作伙伴基本上都位于上海市内各区，位于上海市内的最多，共有547家，占总量的92.6%，44家分布在国内其他城市，占总量的7.4%，没有海外合作伙伴（见表5－8）。

表5－8　2010～2015年上海高新技术产业联盟网络空间结构表征

行业类型	上海市内	国内其他城市	海外	合计
生物医药产业	92	2	0	94
电子信息产业	310	25	0	335
新材料产业	74	12	0	86
高新技术改造传统产业	71	5	0	76
合计	547	44	0	591

从分行业来看，生物医药产业合作伙伴有92家分布在上海市内、2家分布在国内其他城市，分别占生物医药产业合作伙伴总量的97.9%、2.1%，其中上海市外的两家合作伙伴分别是深圳科瑞康实业有限公司、江苏东越生物科技发展股份有限公司；电子信息产业合作伙伴有310家分布在上海市内、25家分布在国内其他城市，分别占电子信息产业合作伙伴

总量的92.5%、7.5%，其中上海市外的合作伙伴主要分布在厦门、南京、成都、深圳、杭州、合肥、广州、北京等地，涵盖了厦门美亚柏科信息股份有限公司、无锡市同威科技有限公司、四川长虹电器股份有限公司等企业，也涵盖了浙江大学等大学；新材料产业合作伙伴有74家分布在上海市内、12家分布在国内其他城市，分别占新材料产业合作伙伴总量的86.0%、14.0%，其中上海市外的合作伙伴主要分布在苏州、北京、武汉、大连、重庆、广州、芜湖等地，涵盖了东风电动车辆股份有限公司、重庆长安新能源汽车有限公司、奇瑞新能源汽车技术有限公司、广东广顺新能源动力科技有限公司等企业，也涵盖了中国科学院大连化学物理研究所、清华大学等大学和科研机构；高新技术改造传统产业合作伙伴有71家分布在上海市内、5家分布在国内其他城市，分别占高新技术改造传统产业合作伙伴总量的93.4%、6.6%，其中5家上海市外合作伙伴分别为陕汽兰德新能源、杭州电子科技大学、嘉兴斯达微电子有限公司、江苏超力电器有限公司上海研发中心以及航天海鹰（镇江）特种材料有限公司。

5.4 创新结网尺度

基于问卷调研过程中设置的题项“主要技术创新合作伙伴所在区域（列出前三）”，统计结果显示上海高新技术企业主要技术创新合作伙伴分布在海外、本国内、本市内，笔者进一步将其划分为三个尺度，即全球（海外，338家）、地方（本市与本国内其他城市，1318家、1413家）、全球—地方（海外、本国内及本市内，210家）三个（见表5-9）。从企业所在的区域来看，分布于上海16个区的高新技术企业与国内其他省区市开展技术创新合作最多（53.96%），其次是上海各区（32.77%），与海外其他国家城市合作较少（7.13%）以及与全球—地方同时合作（6.14%）（见图5-11）。从不同行业来看，电子信息产业与其他区域创新主体开展技术创新合作最多（38.83%），高新技术改造传统产业（33.39%）次之，新材料（16.57%）与生物医药产业（11.21%）相对较少（见图5-12）。

表 5－9　2015 年上海高新技术产业创新结网尺度描述性统计

行业类型	全球	地方		全球—地方
		本国	本市	
生物医药产业	40	158	153	29
电子信息产业	122	530	494	78
新材料产业	49	228	247	26
高新技术改造传统产业	127	497	424	77
合计	338	1413	1318	210

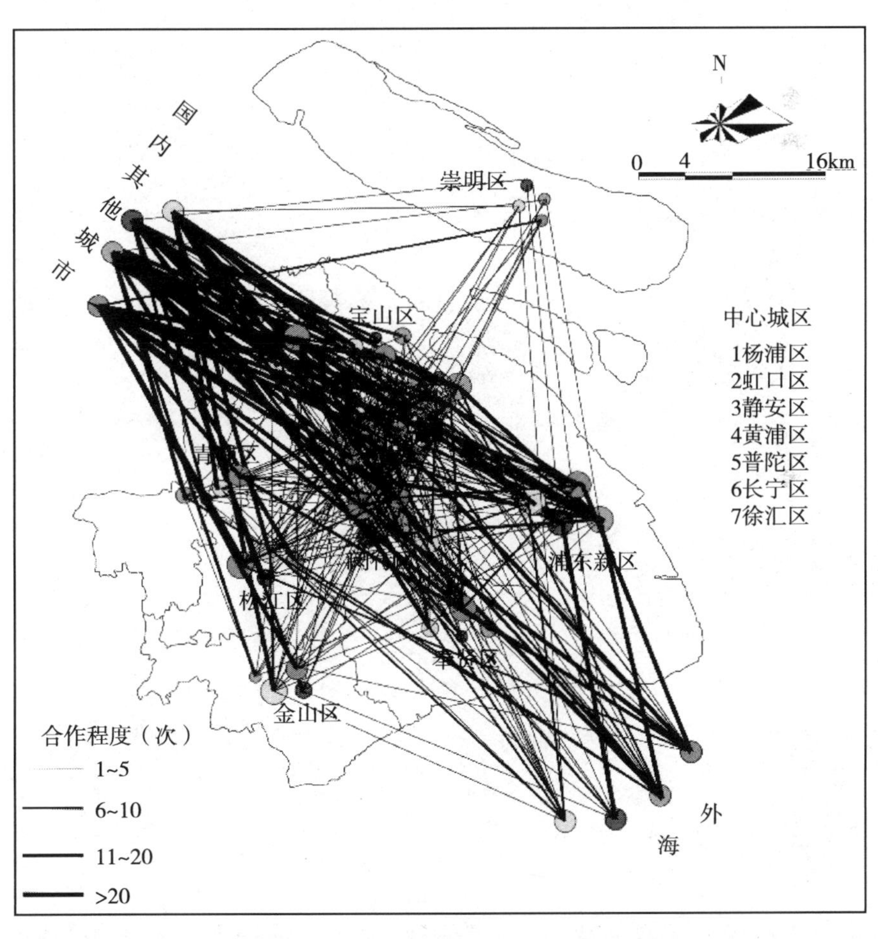

图 5－11　2015 年上海高新技术产业技术创新伙伴所在区域

资料来源：根据上海市高科技企业 2015 年年报系统数据库相关数据绘制。

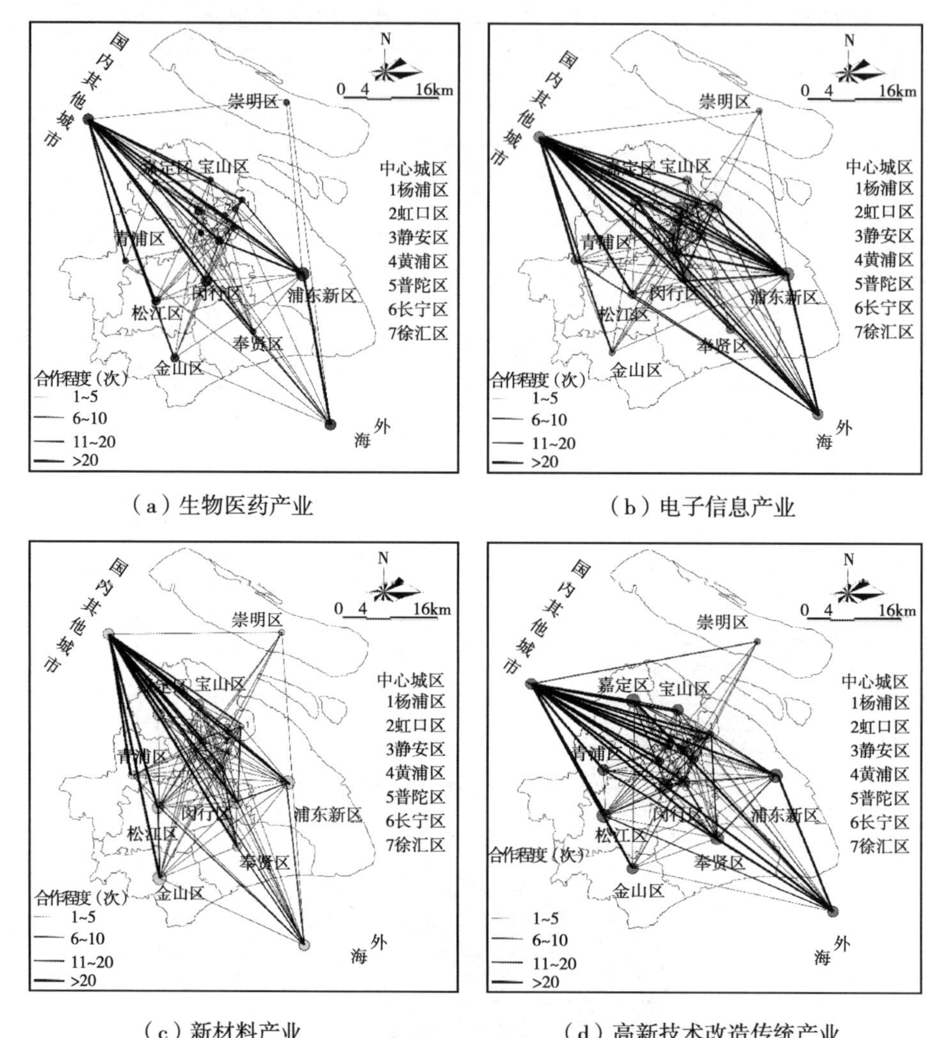

（a）生物医药产业　（b）电子信息产业

（c）新材料产业　（d）高新技术改造传统产业

图 5－12　2015 年上海不同类型高技术产业创新网络比较

资料来源：根据上海市高科技企业 2015 年年报系统数据库相关数据绘制。

5.4.1　全球尺度

对 2350 家上海高新技术企业进行统计分析，如果企业技术创新合作伙伴所在区域前三为“海外、海外、海外”“海外、海外、无”或“海外、无、无”，本书认定该企业的创新网络为全球尺度，共有 338 家企业，占总样本量的 14.38%。从企业所在的不同区域来看，浦东新区与闵行区的高新技术企业与全球合作较多，分别占所有全球合作次数的 30.69% 和 16.67%；崇明区、虹口区与黄浦区较少，分别占所有全球合作次数的 0.79%、0.79% 和 0.53%。

从不同行业来看，电子信息产业与全球伙伴开展技术创新合作次数最多，占其所有合作次数的 7.68%，生物医药产业、高新技术改造传统产业、新材料产业分别为 7.41%、7.18%、5.58%。生物医药产业产业有 40 家企业在全球尺度结网，占生物医药产业产业总样本量（260 家）的 15.38%，占上海高新技术产业全球结网总量的 11.83%。其中浦东新区企业与全球合作最多（61.36%），黄浦区、宝山区、静安区、普陀区、松江区、徐汇区以及杨浦区的企业与全球没有合作；电子信息产业产业有 122 家企业在全球尺度结网，占电子信息产业产业总样本量（873 家）的 13.97%，占上海高新技术产业全球结网总量的 36.09%。其中浦东新区（33.54%）、闵行区（19.62%）和徐汇区（10.13%）的企业与全球合作较多，崇明区、虹口区、金山区的企业与全球没有合作；新材料产业有 49 家企业在全球尺度结网，占新材料产业总样本量（422 家）的 11.61%，占上海高新技术产业全球结网总量的 14.50%。除黄浦区、静安区以及杨浦区的企业与全球没有合作外，其他各区企业与全球合作大体相当；高新技术改造传统产业有 127 家企业在全球尺度结网，占高新技术改造传统产业总样本量（795 家）的 15.97%，占上海高新技术产业全球结网总量的 37.57%。其中浦东新区（22.83%）、嘉定区（21.26%）和闵行区（16.54%）的企业与全球合作较多，崇明区、黄浦区和长宁区的企业与全球没有合作。总体而言，上海高新技术产业平均 14.23% 的企业与全球技术创新伙伴开展合作创新，且浦东新区和闵行区等近郊区企业与全球合作较多，崇明区等远郊区和中心城区企业合作较少甚至没有合作。

5.4.2　地方尺度

对受访的 2350 家上海高新技术企业进行统计分析，如果企业技术创新合作伙伴所在区域前三为只有国内其他城市和上海市内的区，本书认定该企业的创新网络为地方尺度，共有 1802 家企业，占总样本量的 76.68%。地方尺度可分为两个层次：一是上海市本市范围内；二是上海市以外的国内其他城市。

5.4.2.1 本国尺度

1802 家企业中只要企业的技术创新合作伙伴前三区域有一家位于国内其他城市，就认定为本国尺度，共有 1413 家，占总样本量的 60.13%。从企业所在的不同区域来看，浦东新区、闵行区和嘉定区的高新技术企业与国内其他城市合作较多，分别占所有本国合作次数的 21.51%、11.93% 和 10.67%；黄浦区与崇明区较少，分别占比为 0.73%、0.94%。

从不同行业来看，高新技术改造传统产业与本国伙伴开展技术创新合作次数最多，占其所有合作次数的 58.17%，生物医药产业、电子信息产业、新材料产业分别为 52.69%、51.19%、52.85%。生物医药产业产业有 158 家企业在本国尺度结网，占生物医药产业产业总样本量（260 家）的 60.77%，占上海高新技术产业本国结网总量的 11.18%。其中浦东新区（32.27%）、闵行区（12.14%）和徐汇区（9.09%）的企业与国内其他城市合作较多，崇明区（1.60%）、黄浦区（0.32%）和虹口区（0.64%）的企业与国内其他城市合作较少；电子信息产业产业有 530 家企业在本国尺度结网，占电子信息产业产业总样本量（873 家）的 60.71%，占上海高新技术产业本国结网总量的 37.51%。其中浦东新区（26.97%）、徐汇区（15.95%）和闵行区（9.97%）的企业与国内其他城市合作较多，崇明区（0.38%）和奉贤区（1.04%）的企业与国内其他城市合作较少；新材料产业有 228 家企业在本国尺度结网，占新材料产业总样本量（422 家）的 54.03%，占上海高新技术产业本国结网总量的 16.14%。其中浦东新区（15.52%）、嘉定区（15.09%）、闵行区（13.15%）、金山区（11.85%）和松江区（10.56%）的企业与国内其他城市合作较多，崇明区（0.43%）、静安区（1.29%）、虹口区（1.51%）和长宁区（1.29%）的企业与国内其他城市合作较少，黄浦区企业与国内其他城市没有合作；高新技术改造传统产业有 497 家企业在本国尺度结网，占高新技术改造传统产业总样本量（795 家）的 62.52%，占上海高新技术产业本国结网总量的 35.17%。其中嘉定区（17.01%）、浦东新区（15.35%）、闵行区（13.31%）和奉贤区（9.82%）的企业与国内其他城市合作较多，崇明区（0.97%）和黄浦区（0.87%）的企业与国内其他城市合作较少。总体而言，上海高新技术产业平均 59.51% 的企业与本国技术创新伙伴开展合作创新，其中浦东新区、闵行区和徐汇区企业合作较多，崇明区、黄浦区等区域内企业合作较少。

5.4.2.2　本市尺度

1802 家企业中只要企业的技术创新合作伙伴前三区域有一家位于上海市内，就认定为本市尺度，共有 1318 家，占总样本量的 56.09%。从企业所在的不同区域来看，浦东新区和闵行区的高新技术企业与上海市其他区合作较多，分别占所有本市合作次数的 29.78% 和 19.41%；崇明区最少，仅占 1.32%。

从不同行业来看，新材料产业与本市伙伴开展技术创新合作次数最多，占其所有合作次数的 37.02%，生物医药产业、电子信息产业、高新技术改造传统产业分别为 32.83%、34.71%、28.38%。生物医药产业产业有 153 家企业在本市尺度结网，占生物医药产业产业总样本量（260 家）的 58.85%，占上海高新技术产业本市结网总量的 11.61%。其中浦东新区（69.18%）和闵行区（24.26%）的企业与本市其他区合作较多，崇明区（1.47%）和黄浦区（3.68%）的企业与本市其他区合作较少；电子信息产业有 494 家企业在本市尺度结网，占电子信息产业总样本量（873 家）的 56.59%，占上海高新技术产业本市结网总量的 37.48%。其中浦东新区（38.66%）和徐汇区（23.74%）的企业与本市其他区合作较多，崇明区（0.56%）和金山区（0.56%）的企业与本市其他区合作较少；新材料产业有 247 家企业在本市尺度结网，占新材料产业总样本量（422 家）的 58.53%，占上海高新技术产业本市结网总量的 18.74%。其中浦东新区（19.69%）和闵行区（23.38%）的企业与本市其他区合作较多，崇明区（1.23%）的企业与本市其他区合作较少；高新技术改造传统产业有 424 家企业在本市尺度结网，占高新技术改造传统产业总样本量（795 家）的

53.33%，占上海高新技术产业本市结网总量的32.17%。其中嘉定区（18.53%）和闵行区（25.30%）的企业与本市其他区合作较多，虹口区（1.79%）和崇明区（2.19%）的企业与本市其他区合作较少。总体而言，上海高新技术产业平均56.83%的企业与本市技术创新伙伴开展合作创新，其中浦东新区和闵行区的企业与本市其他区的创新主体合作较多，崇明区与其他区合作较少。

5.4.3 全球—地方尺度

对2350家上海高新技术企业进行统计分析，如果企业技术创新合作伙伴所在区域前三既有海外，且有国内其他城市或上海市内的区，本书认定该企业的创新网络为全球—地方尺度，共有210家企业，占总样本量的8.94%。从企业所在的不同区域来看，浦东新区、闵行区和嘉定区的高新技术企业在全球—地方合作较多，分别占所有全球—地方合作次数的30.15%、12.92%和12%；崇明区和虹口区较少，均占比为0.62%，黄浦区没有企业在全球—地方尺度合作。

从不同行业来看，生物医药产业在全球—地方尺度开展技术创新合作次数最多，占其所有合作次数的7.07%，电子信息产业、高新技术改造传统产业、新材料产业分别为6.42%、6.27%、4.56%。生物医药产业产业有29家企业在全球—地方尺度结网，占生物医药产业产业总样本量（260家）的11.15%，占上海高新技术产业全球—地方结网总量的13.81%。其中浦东新区（71.43%）的企业与全球—地方尺度的伙伴合作最多，宝山区、崇明区、黄浦区、金山区、静安区、松江区、徐汇区和杨浦区没有企业在全球—地方尺度合作；电子信息产业有78家企业在全球—地方尺度结网，占电子信息产业总样本量（873家）的8.93%，占上海高新技术产业全球—地方结网总量的37.14%。其中浦东新区（25%）和闵行区（15.15%）的企业与全球—地方尺度的伙伴合作较多，崇明区、虹口区、黄浦区、金山区没有企业在全球—地方尺度合作；新材料产业有26家企业在全球—地方尺度结网，占新材料产业总样本量（422家）的6.16%，占上海高新技术产业全球—地方结网总量的12.38%。其中浦东新区

（22.50%）和嘉定区（15%）的企业与全球—地方尺度的伙伴合作较多，虹口区、黄浦区、静安区、青浦区、杨浦区和长宁区没有企业在全球—地方尺度合作；高新技术改造传统产业有 77 家企业在全球—地方尺度结网，占高新技术改造传统产业总样本量（795 家）的 9.69%，占上海高新技术产业全球—地方结网总量的 36.67%。其中浦东新区（23.42%）、嘉定区（18.02%）和闵行区（13.51%）的企业与全球—地方尺度的伙伴合作较多，崇明区、虹口区、黄浦区和长宁区没有企业在全球—地方尺度合作。总体而言，上海高新技术产业平均有 8.98% 的企业同时与全球和本国或本市内技术创新伙伴开展合作创新，其中浦东新区、闵行区和嘉定区的企业合作次数较多，崇明区以及中心城区的企业合作较少甚至没有合作。

第6章

上海高新技术产业创新网络影响因子

6.1 理论假设与概念模型

创新网络的影响因素众多，以地理学、经济学、管理学为核心的学者们对此进行了较为深入地探讨，例如，Giuliani（2005，2007）以智利制酒产业集群为例探讨认为，区域内部企业发展阶段不同于知识基础差异对区域创新网络的形成具有重要的影响①②；以 Boschma（2009）为核心的研究团队从邻近性（proximity）视角对企业创新网络演化过程的影响进行了系统研究，认为空间距离仍然是企业创新结网的影响因素之一，但是在不同空间尺度上的影响程度存在差异③；王秋玉等（2016）以中国装备制造业联合发明专利为例，认为企业所有制类型、企业所在城市创新层级、区域创新环境、企业创新能级等对区域创新网络合作有着显著影响④；刘炜等

① Giuliani E.，Bell M. The micro-determinants of meso-level learning and innovation：evidence from a Chilean wine cluster ［J］. Research Policy，2005，34（1）：47－68.

② Giuliani E. The selective nature of knowledge networks in clusters：evidence from the wine industry ［J］. Journal of Economic Geography，2007，7（2）：139－168.

③ Boschma R.，Frenken K. The spatial evolution of innovation networks：A proximity perspective ［J］. Papers in Evolutionary Economic Geography，2009（0905）.

④ 王秋玉，曾刚，吕国庆．中国装备制造业产学研合作创新网络初探［J］．地理学报，2016，71（2）：251－264.

(2010) 对珠三角企业实证分析指出，企业发展战略、企业间互动交流、区域制度安排和区域环境是企业创新网络形成和演变的主要因素①；王文亮等 (2014) 通过河南省 76 家创新型企业调查样本实证分析，发现网络组织的结构性因素（作为中间人为其他主体参与创新网络构建的能力）对创新网络有着一定的影响②。当前的研究主要对创新网络形成和演化过程中的影响因素进行分析，但对于不同行业与不同空间尺度的影响程度大小、影响路径探讨尚不多见。

另外，笔者于 2015 ~2017 年 11 月 3 日至 11 月 7 日对在上海国家会展中心举办的中国国际工业博览会参展企业进行调研，通过在问卷中设置“您认为以下哪些因素会影响贵企业与其他合作伙伴进行合作创新？（请选出前三个）”这一问题，并根据学者们的研究成果，尽可能多地将一些影响因素罗列在答案中，从调研的 220 家创新型企业选出的影响因素统计发现，65% 以上的企业选择了政府政策、地理区位、企业规模、企业发展阶段、企业知名度、中介服务能力、企业所有制类型等影响因素。

“我们公司是一家国有企业，主营产品包括高精度定位仪、北斗平板、车载终端等，通常会与供应商、大学或科研机构以及客户开展联合技术研发，在合作过程中会受到政府政策引导、企业所在的地方发展水平、企业服务能力和市场潜力大小预期的影响。”

——上海航瞰信息技术有限公司市场部经理 × × ×

资料来源：华东师范大学曾刚教授课题组．中国工业企业创新活动调查报告［R］．华东师范大学，2015 - 11.

“我们公司是一家专门经营工业净化器的民营企业，企业规模大小、所在城市的经济发展水平、企业在行业内是否有较大影响力、企业自身发展是否成熟等都是我们在选择合作创新伙伴的时候会考虑的因素。”

——采莱环保科技（上海）有限公司销售工程师 × × ×

资料来源：华东师范大学曾刚教授课题组．中国工业企业创新活动调查报告［R］．华东师范大学，2015 - 11.

---

① 刘炜，刘逸，李郇等．全球化下珠三角本土企业创新网络的演变及影响因素研究——基于顺德东菱凯琴集团和珠海德豪润达集团的对比实证［J］．经济地理，2010，30（8）：1316 - 1321.

② 王文亮，刘岩．校企合作创新网络运行机制调查分析——以河南省为例［J］．技术经济，2011，30（8）：32 - 38.

“张江 RFID 基地是中国唯一一个 RFID 基地，我们目前主要做专业技术服务平台，并以联盟的名义对接政府和市场的项目，把这些项目接下来以后给联盟中的企业。我们同时还会协助企业寻找合适的合作伙伴，政府政策、企业技术创新水平、企业的所有制类型、企业服务能力等都会影响到企业能否成功开展创新合作。”

——上海集成电路技术与产业促进中心主任×××

资料来源：华东师范大学曾刚教授课题组．上海集成电路技术与产业促进中心调研报告［R］．华东师范大学，2015－07－22.

综合学者们的研究成果及企业创新网络调查数据来看，企业在创新结网过程中，虽然受到多种因素的影响，综合来看，企业创新网络形成过程中主要受到来自政府、中介机构、企业自身属性（包括空间区位、所有制、规模大小、行业影响、发展阶段等）等方面的影响，具体包括企业所在区域制度安排、空间区位条件、企业所有制类型、企业规模、企业的行业影响力、企业发展阶段、企业对其他创新主体的桥接能力等七大影响因子。本章主要针对这七大影响因子对创新网络构建的影响路径进行探讨，并对不同空间尺度和不同行业间的差异进行比较分析。提出如下 7 个基本假设，并构建如图 6－1 所示的上海高新技术产业创新网络影响因子初始概念模型框架。

从政府干预因子来看，刘炜等（2010）① 指出企业发展战略、区域制度安排和区域环境是企业创新网络形成和演变的主要因素；千庆兰、陈颖彪等（2008）② 研究指出广东省中小企业技术创新更依赖于政府营造的创新环境；徐维祥等（2015）③ 研究发现政府引导等因子在浙江省产业集群创新过程中发挥了显著的推动作用。提出理论假设 H1。

H1：政府对高新技术企业的支持力度越大，企业创新结网水平越高。

---

① 刘炜，刘逸，李郇等．全球化下珠三角本土企业创新网络的演变及影响因素研究——基于顺德东菱凯琴集团和珠海德豪润达集团的对比实证［J］．经济地理，2010，30（8）：1316－1321.

② 千庆兰，陈颖彪，董晓敏．中小企业技术创新行为与创新环境的实证研究——基于广东省 785 家中小企业的问卷调查［J］．地理科学，2008，28（4）：488－495.

③ 徐维祥，刘程军．产业集群创新与县域城镇化耦合协调的空间格局及驱动力——以浙江为实证［J］．地理科学，2015，35（11）：1347－1356.

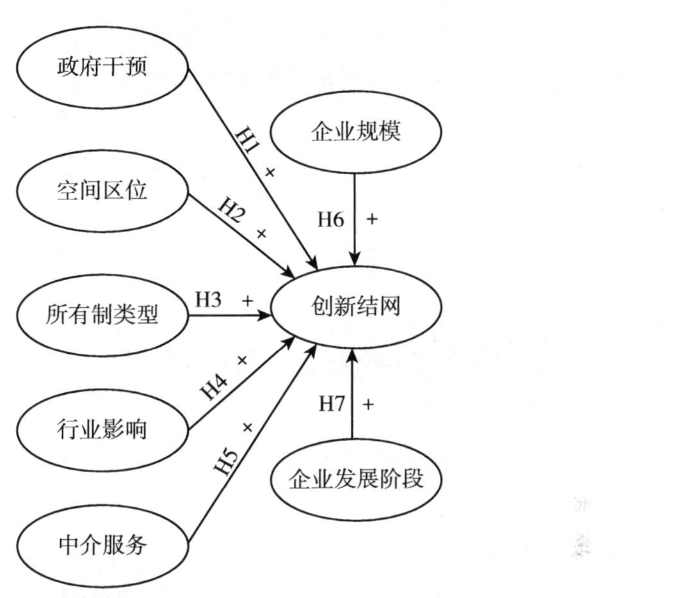

图 6 – 1　上海高新技术产业创新网络影响因子初始概念模型框架

从空间区位因子来看，Boschma 和 Frenken（2009）[①] 研究认为空间距离仍是企业创新结网的关键因子；Johnston 和 Huggins（2015）[②] 发现地理区位、地理距离等因素显著提升了英国郊区知识密集型企业与大学的网络联系的次数；周柯、唐娟莉（2016）[③] 发现地理区位因素对我国创新驱动发展能力具有重要影响。提出理论假设 H2。

H2：高新技术企业的地理区位越好，企业创新结网水平越高。

从所有制和行业影响因子来看，王秋玉等（2016）[④] 研究认为企业所有制类型、企业所在城市创新层级、企业创新能级等对区域创新合作有着显著影响；王俊松（2013）[⑤] 指出企业所有制及企业在行业地位对在华外

---

① Boschma R., Frenken K. The spatial evolution of innovation networks: A proximity perspective [J]. Papers in Evolutionary Economic Geography, 2009 (0905).

② Johnston A., Huggins R. Drivers of university-industry links: The case of knowledge-intensive business service firms in rural locations [J]. Regional Studies, 2015: 1 – 16.

③ 周柯，唐娟莉. 我国省际创新驱动发展能力测度及影响因素分析 [J]. 经济管理，2016 (7): 24 – 34.

④ 王秋玉，曾刚，吕国庆. 中国装备制造业产学研合作创新网络初探 [J]. 地理学报，2016, 71 (2): 251 – 264.

⑤ 王俊松. 企业所有制与在华外资企业的溢出效应 [J]. 世界地理研究，2013 (3): 101 – 109.

资企业创新效率具有重要作用。提出假设 H3 和 H4。

H3：高新技术企业创新结网受到所有制类型的影响较大，且全资企业的创新结网水平较高。

H4：高新技术企业在其行业领域内的影响力越大，企业创新结网水平越高。

从企业中介服务因子来看，王文亮等（2011）[①] 研究发现作为中间人的网络组织能力对河南省创新型企业创新网络具有正向促进作用；Huggins 等（2015）[②] 研究认为具有较多中介传输的企业网络的创新效果更好。提出理论假设 H5。

H5：高新技术企业的中介服务能力越强，企业创新结网水平越高。

从企业规模和企业发展阶段因子来看，Giuliani（2007）[③] 研究指出不同阶段的企业构建创新网络具有显著差异；Huggins 等（2015）[④] 研究发现企业发展阶段和企业规模对英国企业创新网络具有显著影响。提出理论假设 H6 和 H7。

H6：高新技术企业的规模越大，企业创新结网水平越高。

H7：高新技术企业发展的越成熟，企业创新结网水平越高。

6.2 研究方法与数据处理

6.2.1 结构方程模型

由于本章考察了七个影响因素对创新网络的影响，且七个影响因素中

① 王文亮，刘岩．校企合作创新网络运行机制调查分析——以河南省为例［J］．技术经济，2011，30（8）：32－38.

② Huggins R.，Izushi H.，Prokop D.，et al. Network evolution and the spatiotemporal dynamics of knowledge sourcing［J］. Entrepreneurship & Regional Development，2015，27（7－8）：474－499.

③ Giuliani E. The selective nature of knowledge networks in clusters：evidence from the wine industry［J］. Journal of Economic Geography，2007，7（2）：139－168.

④ Huggins R.，Izushi H.，Prokop D.，et al. Network evolution and the spatiotemporal dynamics of knowledge sourcing［J］. Entrepreneurship & Regional Development，2015，27（7－8）：474－499.

有大部分可由多个指标或很难用某一个指标进行测度，学者们经常采用的多元回归分析方法难以有效解决这一问题，结构方程模型（structural equation modeling，SEM）则能同时处理多个因变量，且允许潜变量由多个观察指标构成，并可评价不同的理论模型，因此 SEM 可有效解决上海高新技术产业不同空间尺度、不同行业创新网络的影响因素比较问题。

SEM 是一种多元统计技术，整合了因子分析、路径分析等统计方法，并被定义为"一种验证一个或多个自变量与一个或多个因变量之间相互关系的多元分析方程式，且允许连续或离散的自变量和因变量进入模型分析"（Ullman，1996）①。自 Jöreskog（1973）和 Wiley（1973）首次提出结构方程模型的概念以来，在心理学、社会学和管理学领域得到了极为广泛的运用（程开明，2006）②。在地理学领域，以陆林（2005）③、顾朝林（2005）④、张捷（2007）⑤、柴彦威（2008）⑥ 等学者为核心的研究团队较早地将 SEM 引入了旅游地理、城市地理学的相关研究，甄峰（2016）⑦、孙斌栋（2016）⑧、周尚意（2016）⑨ 等研究团队运用 SEM 开展了信息通讯技术对老年人的社区满意度、社区建成环境对健康的影响、居民地方感知等相关研究，在影响因素方面突破了以往的仅仅依赖定性描述和一些变量无法直接测度的难题。在创新经济地理学领域，运用 SEM 解决影响因子问

① Ullman S. High-level vision：Object recognition and visual cognition［M］. Cambridge，MA：MIT Press，1996.

② 程开明．结构方程模型的特点及应用［J］．统计与决策，2006（10）：22－25.

③ 杨兴柱，陆林，王群．农户参与旅游决策行为结构模型及应用［J］．地理学报，2005（6）：50－62.

④ 汪侠，顾朝林，梅虎．旅游景区顾客的满意度指数模型［J］．地理学报，2005（5）：807－816.

⑤ 史春云，张捷，尤海梅．游客感知视角下的旅游地竞争力结构方程模型［J］．地理研究，2008（3）：703－714.

⑥ 张文佳，柴彦威．基于家庭的城市居民出行需求理论与验证模型［J］．地理学报，2008（12）：1246－1256.

⑦ 陈卉，甄峰．信息通讯技术对老年人的社区满意度影响路径——以南京市锁金社区为例［J］．地理科学进展，2016（9）：1167－1176.

⑧ 孙斌栋，阎宏，张婷麟．社区建成环境对健康的影响——基于居民个体超重的实证研究［J］．地理学报，2016（10）：1721－1730.

⑨ 华红莲，周尚意，角媛梅，王梅，胡志昕．哈尼梯田遗产地居民地方感与梯田保护态度的关系［J］．热带地理，2016（4）：532－538.

题的研究尚不多见。

本章主要运用 SEM 对上海高新技术产业创新网络影响因子进行系统建模，验证提出的理论假设与概念模型，产生一个既符合理论推导又符合实际情况的最佳结构模型。主要采取基于最大似然估计（ML）的协方差结构分析方法，运用 AMOS 17.0 软件进行参数估计。SEM 基本公式如下：

$$Y = \Lambda_y \eta + \varepsilon \tag{6-1}$$

$$X = \Lambda_x \xi + \delta \tag{6-2}$$

$$\eta = B\eta + \Gamma\xi + \zeta \tag{6-3}$$

其中，Y 为内生观测变量组成的向量；X 为外生观测变量组成的向量；η 为内生潜变量；ξ 为外生潜变量，且经过标准化处理；Λy 为内生观测变量在内生潜变量上的因子负荷矩阵，表示内生潜变量与内生观测变量之间的关系；Λx 为外生观测变量在外生潜变量上的因子负荷矩阵，表示外生潜变量与外生观测变量之间的关系；ε、δ 为测量模型的残差矩阵；B 为内生潜变量之间的相互影响效应系数；Γ 为外生潜变量对内生潜变量的影响效应系数，也称为外生潜变量对内生潜变量影响的路径系数；ζ 为 η 的残差向量。

6.2.2 数据处理及变量设定

6.2.2.1 数据处理

根据上海高新技术产业创新合作伙伴分布区域不同，可分为全球、地方（本国和本市）、全球—地方三个空间尺度，本章分别对上海高新技术产业全球创新网络中的 338 家企业、本国创新网络中的 1413 家企业、本市创新网络中的 1318 家企业、全球—地方创新网络中的 210 家企业分别进行比较分析，并考察生物医药产业、电子信息产业、新材料产业、高新技术改造传统产业各个高新技术行业创新网络的影响因素。基础数据来自上海市科委 2015 企业年报系统数据库，为了对结果有更加客观的反映，采用李克特 5 分制量表对数据进行编码处理。理论假设、结果分析、影响机制部分数据资料来自 2015 年 11 月 3 日至 7 日的中国国际工业博览会调研数据。

6.2.2.2　变量设定

本量表采用李克特（Likert-type）5 级度量方法，针对不同题项根据企业的实际情况进行打分编码（张方华，2010）①。上海高新技术产业创新网络影响因子共有创新结网、政府干预、空间区位、所有制类型、行业影响、中介服务、企业规模、企业发展阶段 8 个潜变量，其中创新结网为因变量，其余七个为自变量。下面逐一对 8 个潜变量及可测变量进行阐述，总结归纳如表 6－1 所示。

表 6－1　上海高新技术产业创新网络影响因子测度指标一览

潜变量	可测变量	变量内涵	变量标识
创新结网	专利结网水平	联合申请专利数	X1
	联盟结网水平	参加联盟建设程度	X2
	产业链结网水平	与产业链上下游联系程度	X3
政府干预	创新活动资金投入	政府对企业创新活动资金支持程度	X4
	创新活动服务投入	政府服务企业创新活动程度	X5
	企业纳税总额	政府收取企业税收程度	X6
空间区位	经济区位	企业所在区域工业总产值水平	X7
	创新区位	企业所在区域开展创新活动企业占比	X8
	地理区位	中心城区、近郊区、远郊区	X9
所有制类型	私营企业	私营独资、私营合资、私营全资	X10
	国有企业	国有独资、国有合资、国有全资	X11
	港澳台企业	港澳台独资、港澳台合资、港澳台全资	X12
	外资企业	外资独资、外资合资、外资全资	X13

① 张方华．网络嵌入影响企业创新绩效的概念模型与实证分析［J］．中国工业经济，2010（4）：110－119.

续表

潜变量	可测变量	变量内涵	变量标识
行业影响	利润总额	企业全年创造利润	X14
	出口创汇总额	企业出口创汇总额	X15
	收入占行业比重	企业销售收入占行业总收入比重	X16
中介服务	服务政府部门	为政府部门提供科技咨询和中介服务程度	X17
	服务企业	为企业提供科技咨询和中介服务程度	X18
	服务其他机构	为其他机构提供科技咨询和中介服务程度	X19
企业规模	注册资金	企业注册资金	X20
	主营业务收入	企业主营业务收入	X21
	年末从业人员	企业年末从业人员	X22
	本科及以上人员	企业本科及以上人员	X23
企业发展阶段	企业年龄	企业成立时间	X24
	人均工业总产值	年末从业人员人均产出	X25
	收入占总产值比重	高新技术产品（服务）收入占主营业务收入比	X26

创新结网通过专利结网、产业联盟结网、产业链结网等可测变量进行测度。其中，专利结网可通过企业是否参与专利联合申请、参与联合专利申请的项数等进行1～5编码；产业联盟结网通过判断企业是否参与产业联盟建设、参与产业联盟的个数进行1～5编码；产业链结网根据上下游企业仅仅在上海市内为1，国内其他省区市和上海市内均有为2，国内其他省区市为3，海外为4，海外与国内其他省区市、上海市内均有为5。

政府干预包括政府对企业开展创新活动资金投入、为企业提供创新服务的投入、企业向政府交纳的税收情况。根据数额大小，采用极差法标准化数据后，按照1～5进行编码。

创新区位是企业所在的区域创新空间差异，包括经济区位、创新区位和地理区位，其中经济区位和创新区位分别通过企业所在区域工业总产值水平、企业所在区域开展创新活动企业占全部企业比重来衡量，并分别根据数额大小，采用极差法标准化数据后，按照 1 ~5 进行编码；地理区位根据企业所在的区不同，分为中心城区（杨浦区、虹口区、静安区、黄浦区、普陀区、长宁区、徐汇区）、近郊区（嘉定区、宝山区、浦东新区、闵行区）、远郊区（崇明区、青浦区、松江区、奉贤区、金山区）三类，分别赋予 5、3、1 的分值进行编码。

所有制类型可分为私营企业、国有企业、港澳台企业、外资企业四类，每类又可分为独资、合资、全资三种，按照 1、3、5 进行编码。

行业影响力是指企业在行业内的影响和知名度大小，可通过利润总额、出口创汇总额、企业销售收入占行业总收入比重进行测度，并分别根据数额大小，采用极差法标准化数据后，按照 1 ~5 进行编码。

中介服务能力是指企业在网络中为政府、企业、大学/科研机构等其他机构服务的能力，通过服务企业所得总额、服务政府部门所得总额、服务大学/科研机构等其他机构所得总额进行测度，并分别根据数额大小，采用极差法标准化数据后，按照 1 ~5 进行编码。

企业规模主要是指经济规模和人员规模，可通过企业注册资金、主营业务收入、年末从业人员、本科及以上人员等指标进行测度，并分别根据数额大小，采用极差法标准化数据后，按照 1 ~5 进行编码。

企业发展阶段主要是指企业在行业发展中所处的位置，可用企业年龄、人均工业总产值、收入占总产值比重进行测度，并分别根据数额大小，采用极差法标准化数据后，按照 1 ~5 进行编码。

6. 3

全球创新网络影响因子实证分析

6. 3. 1　全球创新网络数据可靠性检验

6. 3. 1. 1　信度检验

采用克朗巴哈（Cronbach's）α 值信度检验方法对所有变量进行检验，

通常需满足 α≥0.5，且数值越大可信度越高；如果组合信度 CR 值大于 0.7、平均变异抽取量 AVE 值大于 0.6，认为数据收敛程度较高，观测变量能较好地解释相应的潜变量。运用 SPSS 19.0 软件对上海高新技术产业全球创新网络样本数据进行信度检验，结果表明，上海高新技术产业全球创新网络样本数据的 Cronbach's α 值为 0.752，且创新结网、政府干预、空间区位、所有制类型、行业影响、中介服务、企业规模、企业发展阶段等模型中设定的 8 个潜变量的 α 值均大于 0.5，表明问卷量表具有较好的内部一致性，各潜变量选取的测量题项可信，数据可信。另外，上海高新技术产业全球创新网络样本数据的 CR 值和 AVE 值也分别大于 0.7 和 0.6。这表明观测变量内部具有异质性，数据收敛性较高，观测变量能较好地解释相应的潜变量，数据可信（见表 6－2）。

表 6－2　　上海高新技术产业全球创新网络假设模型信度检验结果

测度指标	创新结网	政府干预	空间区位	所有制类型	行业影响	中介服务	企业规模	企业发展阶段
α	0.742	0.736	0.694	0.872	0.854	0.815	0.857	0.710
CR	0.846	0.842	0.725	0.883	0.793	0.843	0.710	0.706
AVE	0.736	0.772	0.626	0.703	0.684	0.840	0.643	0.614

注：α 为克朗巴哈（Cronbach's）α 值；CR 为组合信度；AVE 为平均变异抽取量。下同。

6.3.1.2　效度检验

进行结构方程模型分析之前，需要对数据进行效度检验，常用的方法为 KMO 值和巴特利（Bartlett）球形检验，如果 KMO 值大于 0.5、Bartlett 球形检验卡方统计值小于 0.05，则说明数据可信度较高。检验结果表明，上海高新技术产业全球创新网络样本数据的 KMO 值为 0.745，Bartlett 球形检验卡方统计值的显著性水平为 0.000，所有观测变量的因子负荷大于 0.5（见图 6－2）。因此，338 份上海高新技术产业全球创新网络样本数据通过内部一致性检验，并具有较高的效度，可以进行结构方程模型分析。

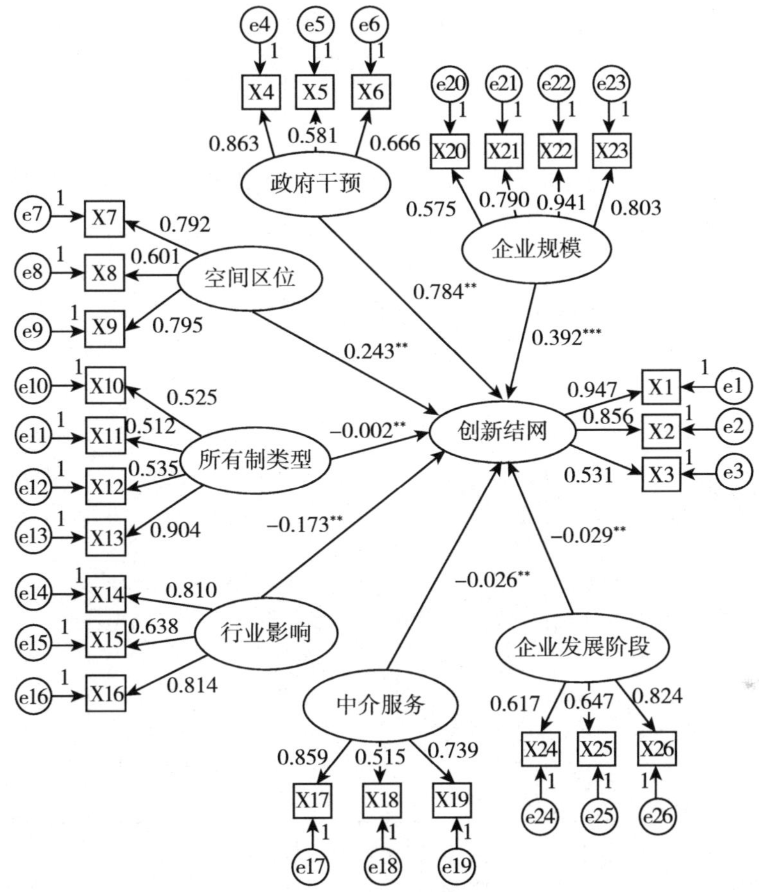

图 6－2　上海高新技术产业全球创新网络初始结构方程模型参数估计

注：***、** 分别表示 $P<0.001$、$P<0.05$ 显著。

6.3.2　全球创新网络模型检验及修正

运用极大似然估计方法（maximum likelihood，ML）对结构方程模型的拟合指数进行测算。检验结果显示，上海高新技术产业全球创新网络初始结构方程模型绝对拟合度为2.557，但RMR指标不符合拟合标准，因此需要对模型进行修正（见表6－3）。模型修正主要通过模型输出的修正指数（modification indices，MI）对变量间的关系进行增加或删除，有学者研究认为MI大于5时具有统计学意义，可纳入模型进行计算，但是要考虑理论上是否可行（邱皓政，2009）①。根据MI大于5和理论假设，经过修正后全球创新网络样本的绝对拟合度均变小，且各项指标均符合各自拟合标准，表明修正后的模型可信度提高。图6－3显示了修正后模型的最终拟合路径及系数。

表6－3　上海高新技术产业全球创新网络模型拟合度检验

拟合指数	参考标准	初始模型	修正模型
拟合优度卡方检验（χ^2）	/	23794.164	22047.385
自由度（df）	/	9307	8950
χ^2/df	<5，越小越好	2.557	2.463
拟合优度指数（GFI）	>0.7，越接近1越好	0.716	0.808
残差均方根（RMR）	<0.05，越接近0越好	0.278	0.014
AIC	越小越好	5972.166	5272.100
BCC	越小越好	5983.293	5283.554

6.3.3 全球创新网络结果分析

从全球尺度看，各个潜变量对上海高新技术产业全球结网具有不同程度的影响，对结构方程模型测算所得变量间的直接、间接和总效应进行归纳，如表6－4所示。从表6－4和图6－3明显可看出，上海高新技术产业全球创新网络的形成受到企业发展阶段、企业规模和行

① 邱皓政．结构方程模型的原理与应用［M］．北京：中国轻工业出版社，2009.

业影响等因素的影响较大，所有制类型的影响较小且为负向。政府干预、行业影响、企业发展阶段除了对创新结网有着直接影响之外，还会通过其他中介变量对创新结网产生间接影响。创新结网由专利结网、联盟结网、产业链结网三个可测变量进行测度，对创新结网潜变量的因子载荷分别为 0.919、0.704、0.601，表明专利结网是上海高新技术产业创新结网的非常重要形式。

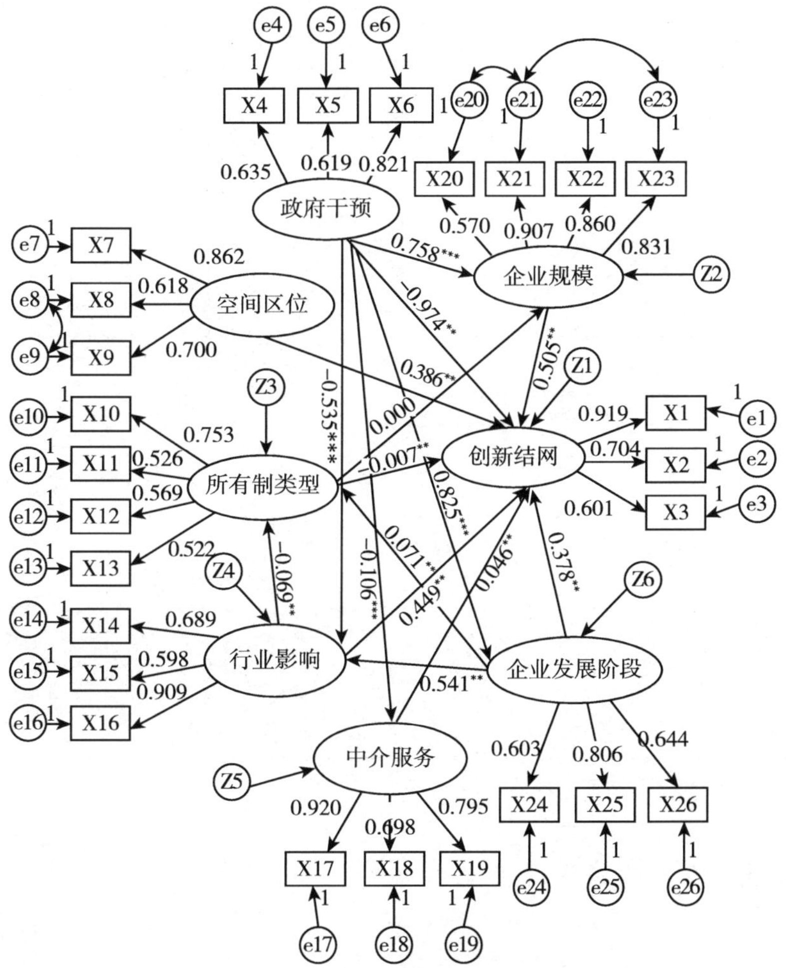

图 6－3　上海高新技术产业全球创新网络结构方程模型修正后路径图

注：*** 、** 分别表示 P＜0.001、P＜0.05 显著。

表 6-4　　上海高新技术产业全球创新网络结构方程模型直接、间接和总效应

作用路径	直接效应	间接效应	总效应
政府干预→创新结网	-0.974	0.930	-0.044
空间区位→创新结网	0.386	0.000	0.386
所有制类型→创新结网	-0.007	0.000	-0.007
行业影响→创新结网	0.449	0.001	0.450
中介服务→创新结网	0.046	0.000	0.046
企业规模→创新结网	0.505	0.000	0.505
企业发展阶段→创新结网	0.378	0.243	0.621
政府干预→企业规模	0.758	0.000	0.758
政府干预→行业影响	-0.535	0.446	-0.089
政府干预→中介服务	-0.106	0.000	-0.106
政府干预→所有制类型	0.000	0.096	0.096
政府干预→企业发展阶段	0.825	0.000	0.825
行业影响→所有制类型	-0.069	0.000	-0.069
企业发展阶段→所有制类型	0.071	-0.037	0.034
企业发展阶段→行业影响	0.541	0.000	0.541

注：表中数据为标准化后的数据，下同。

6.3.3.1　政府干预与创新结网

初始假设 H1 认为政府对高新技术企业的支持力度越大，企业创新结网水平越高。政府干预对创新结网的直接效应为 -0.974，间接效应为 0.930，总效应为 -0.044，表明在全球创新网络样本中初始假设 H1 不成立，政府干预程度越高，上海高新技术企业在全球尺度结网的水平越低。

政府干预通过投入创新活动资金、提供创新活动服务、收取企业税收三种形式干预企业的创新活动，对政府干预潜变量的因子载荷分别为 0.635、0.619、0.821，政府主要通过收取税收和投入资金的形式干预企业的全球创新活动。从直接效应来看，政府干预与全球创新结网有着较为明显的负向关系，表明政府应鼓励企业参与全球创新网络构建，并放松对企业的管制，可完全交由市场规律来决定企业全球创新合作的水平；从间接效应来看，政府干预与全球创新网络有着较为明显的正向关系，但必须要通过行业影响、中介服务、企业规模和企业发展阶段等中间变量才能实现。

6.3.3.2　空间区位与创新结网

初始假设 H2 认为高新技术企业的地理区位越好，企业创新结网水平越高。空间区位对创新结网的直接效应为 0.386，间接效应为 0.000，总效应为 0.386，表明在全球创新网络样本中初始假设 H2 成立，上海高新技术企业在全球尺度结网的水平受到空间区位的正向影响。空间区位包括经济区位、创新区位和地理区位三个可测变量，各个可测变量的因子载荷分别为 0.862、0.618、0.700，这充分表明企业所在区域发展水平及所在区域的交通等综合区位对上海高新技术产业全球尺度创新结网的水平具有正向促进作用。

6.3.3.3　所有制类型与创新结网

初始假设 H3 认为高新技术企业创新结网受到所有制类型的影响较大，且全资企业创新结网水平较高。所有制类型对创新结网的直接效应为 -0.007，间接效应为 0.000，总效应为 -0.007，表明在全球创新网络样本中初始假设 H3 不成立，表明独资企业更容易构建全球创新网络。所有制类型包括私营、国有、港澳台、外资四个可测变量，各个可测变量的因子载荷分别为 0.753、0.526、0.569、0.522，这表明参与全球创新网络的企业主体以私营企业为主，且独资企业更容易成为全球创新网络的成员。

6.3.3.4 行业影响与创新结网

初始假设 H4 认为高新技术企业在其行业领域内的影响力越大，企业创新结网水平越高。行业影响对创新结网的直接效应为 0.449，间接效应为 0.001，总效应为 0.450，表明在全球创新网络样本中初始假设 H4 成立，行业影响对上海高新技术企业在全球尺度结网的水平有着正向促进作用，企业行业影响力越大，创新结网水平越高。行业影响包括利润总额、出口创汇总额、企业销售收入占行业总收入比重三个可测变量，各个可测变量的因子载荷分别为 0.689、0.598、0.909，这表明在上海高新技术产业全球创新网络样本中，参与全球创新网络的企业销售收入占行业总收入比重越大，创新结网水平越高。另外，行业影响还可通过所有制类型和企业规模两个变量对创新结网产生间接正向影响。

6.3.3.5 中介服务与创新结网

初始假设 H5 认为高新技术企业的中介服务能力越强，企业创新结网水平越高。中介服务对创新结网的直接效应为 0.046，间接效应为 0.000，总效应为 0.046，表明在全球创新网络样本中初始假设 H5 成立，即企业服务于政府、企业、高校或其他科研机构的能力越强，上海高新技术产业全球创新网络的水平越高。中介服务包括服务于企业、政府部门、高校或科研机构的收入等三个可测变量，各个可测变量的因子载荷分别为 0.920、0.698、0.795，这表明在上海高新技术产业全球创新网络样本中，参与全球创新网络的企业对其他企业提供创新服务的能力越强，参与全球创新网络建设的程度就会越高。

6.3.3.6 企业规模与创新结网

初始假设 H6 认为高新技术企业的规模越大，企业创新结网水平越高。企业规模对创新结网的直接效应为 0.505，间接效应为 0.000，总效应为 0.505，表明在全球创新网络样本中初始假设 H6 成立，即企业的规模越大，上海高新技术产业全球创新网络的水平越高。企业规模包括注册资金、主营业务收入、年末从业人员、本科及以上人员数量四个可测变量，各个可测变量的因子载荷分别为 0.570、0.907、0.860、0.831，这表明在上海高新技术产业全球创新网络样本中，主营业务收入和年末从业人员是决定企业规模大小的核心变量，企业的主营业务收入越高、年末从业人员越多，企业的全球创新网络水平越高。

6.3.3.7　企业发展阶段与创新结网

初始假设 H7 认为高新技术企业发展的越成熟，企业创新结网水平越高。企业发展阶段对创新结网的直接效应为 0.378，间接效应为 0.243，总效应为 0.621，表明在全球创新网络样本中初始假设 H7 成立，即企业发展阶段越成熟，上海高新技术产业全球创新网络的水平越高。企业发展阶段包括企业年龄、人均工业总产值、收入占总产值比重三个可测变量，各个可测变量的因子载荷分别为 0.603、0.806、0.644，这表明在上海高新技术产业全球创新网络样本中，人均工业总产值比企业年龄、收入占总产值比重更加重要，人均工业总产值水平越高、企业发展的越成熟，该企业的全球创新网络水平越高。另外，企业发展阶段还可通过行业影响、所有制类型、企业规模等中介变量对创新结网产生间接的正向影响。

6.4 地方创新网络影响因子实证分析

6.4.1　地方创新网络数据可靠性检验

6.4.1.1　信度检验

从本国尺度来看，上海高新技术产业本国创新网络样本数据的 Cronbach's α 值为 0.770，且模型中设定的 8 个潜变量的 α 值均大于 0.5，表明问卷量表具有较好的内部一致性，各潜变量选取的测量题项可信，数据可信。另外，上海高新技术产业本国创新网络总样本数据的 CR 值和 AVE 值分别大于 0.7 和 0.6，表明观测变量内部具有异质性，数据收敛性较高，且观测变量能较好地解释相应的潜变量（见表 6－5）。

表 6－5　上海高新技术产业本国创新网络假设模型信度检验结果

测度指标	创新结网	政府干预	空间区位	所有制类型	行业影响	中介服务	企业规模	企业发展阶段
α	0.645	0.708	0.820	0.934	0.682	0.669	0.851	0.788
CR	3.581	3.041	0.812	0.861	2.154	0.901	6.984	2.274
AVE	0.693	0.693	0.603	0.620	0.748	0.889	0.673	0.622

从本市尺度看，上海高新技术产业本市创新网络样本数据的 Cronbach's α 值为 0.769，且模型中设定的 8 个潜变量的 α 值均大于 0.5，表明问卷量表具有较好的内部一致性，各潜变量选取的测量题项可信，数据可信。另外，上海高新技术产业本市创新网络样本数据的 CR 值和 AVE 值也分别大于 0.7 和 0.6，表明观测变量内部具有异质性，数据收敛性较高，观测变量能较好地解释相应的潜变量，数据可信（见表 6－6）。

表 6－6　上海高新技术产业本市创新网络假设模型信度检验结果

测度指标	创新结网	政府干预	空间区位	所有制类型	行业影响	中介服务	企业规模	企业发展阶段
α	0.785	0.768	0.765	0.866	0.711	0.774	0.846	0.742
CR	0.781	0.743	0.923	0.997	0.807	0.763	0.970	0.750
AVE	0.690	0.870	0.623	0.719	0.734	0.732	0.687	0.628

6.4.1.2　效度检验

从本国尺度看，上海高新技术产业本国创新网络样本数据的 KMO 值为 0.783，Bartlett 球形检验卡方统计值的显著性水平为 0.000，所有观测变量的因子负荷大于 0.5（见图 6－4）。因此，1413 份上海高新技术产业本国创新网络样本数据的信度通过内部一致性检验，并具有较高的效度，可以进行结构方程模型分析。

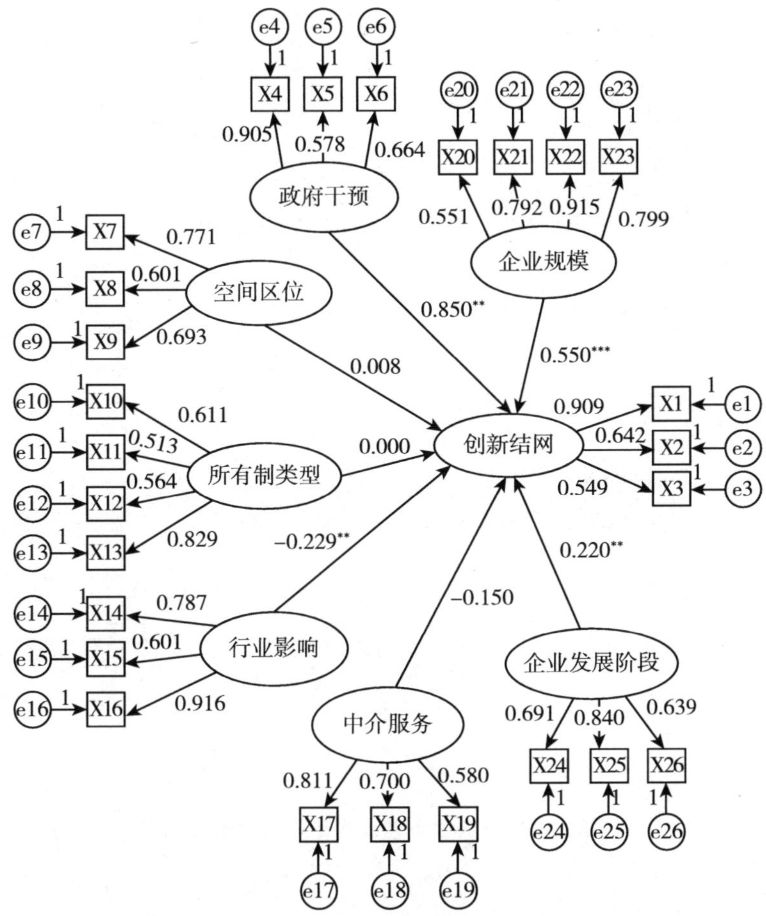

图 6-4　上海高新技术产业本国创新网络初始结构方程模型参数估计

注：*** 、** 分别表示 $P<0.001$、$P<0.05$ 显著，残差变量与观测变量之间的“1”代表回归权重。下同。

从本市尺度看，上海高新技术产业本市创新网络样本数据的 KMO 值为 0.792，Bartlett 球形检验卡方统计值的显著性水平为 0.000，所有观测变量的因子负荷大于 0.5（见图 6-5）。因此，1318 份上海高新技术产业本市创新网络样本数据的信度均通过内部一致性检验，并具有较高的效度，可以进行结构方程模型分析。

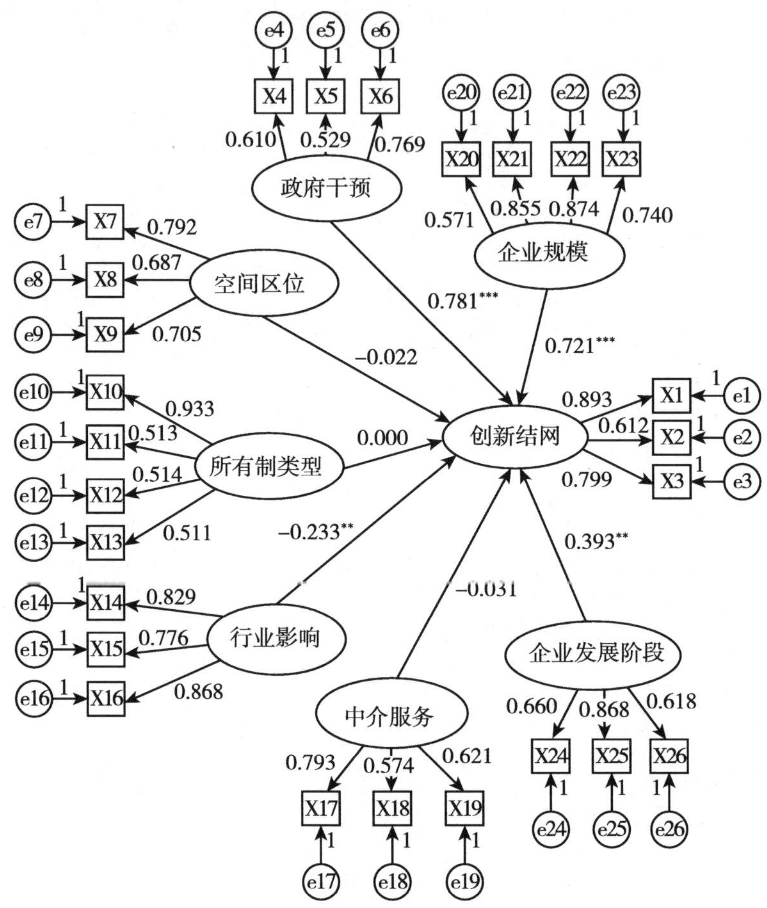

图 6-5　上海高新技术产业本市创新网络初始结构方程模型参数估计

注：***、** 分别表示 $P<0.001$、$P<0.05$ 显著。

6.4.2　地方创新网络模型检验及修正

从本国尺度来看，检验结果显示上海高新技术产业本国创新网络初始结构方程模型绝对拟合度为 2.189，但 RMR 指标不符合拟合标准，因此需要对模型进行修正。根据 MI 大于 5 和理论假设，经过修正后本国创新网络样本的绝对拟合度均变小，且各项指标均符合各自拟合标准，表明修正后的模型可信度提高（见表 6-7）。图 6-6 显示了修正后模型的最终拟合路径及系数。

表 6－7　　　　上海高新技术产业本国创新网络模型拟合度检验

拟合指数	参考标准	初始模型	修正模型
拟合优度卡方检验（χ^2）	/	80579. 626	74281. 308
自由度（df）	/	36815	35400
χ^2/ df	<5，越小越好	2. 189	2. 098
拟合优度指数（GFI）	>0. 7，越接近 1 越好	0. 816	0. 840
残差均方根（RMR）	<0. 05，越接近 0 越好	0. 087	0. 025
AIC	越小越好	17917. 188	17397. 934
BCC	越小越好	17919. 755	17400. 891

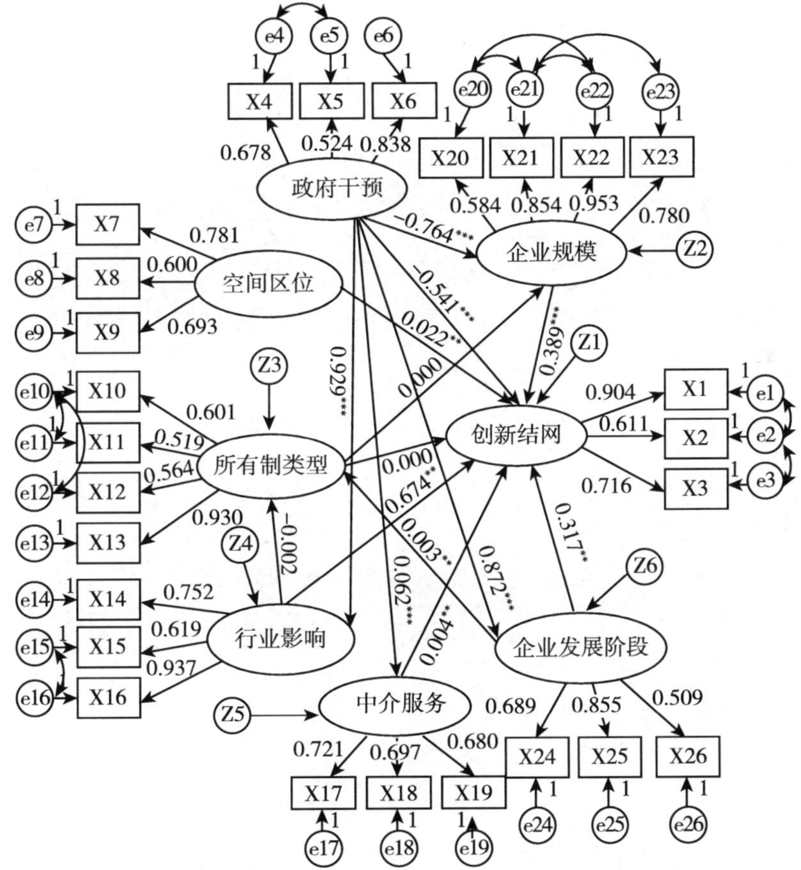

图 6－6　上海高新技术产业本国创新网络结构方程模型修正后路径图

注：*** 、** 分别表示 P<0. 001、P<0. 05 显著。

从本市尺度来看，检验结果显示上海高新技术产业本市创新网络初始结构方程模型绝对拟合度为2.223，但RMR指标不符合拟合标准，因此需要对模型进行修正。根据MI大于5和理论假设，经过修正后本市创新网络样本及四个分行业的绝对拟合度均变小，且各项指标均符合各自拟合标准，表明修正后的模型可信度提高（见表6－8）。图6－7显示了修正后模型的最终拟合路径及系数。

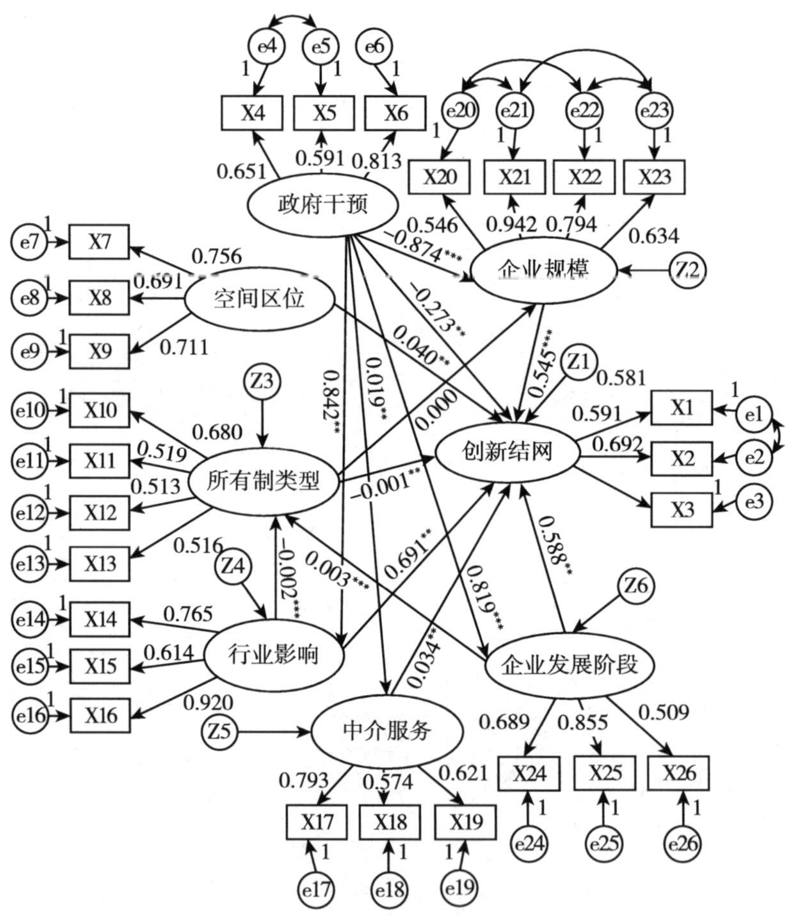

图6－7　上海高新技术产业本市创新网络结构方程模型修正后路径图

注：***、**分别表示 $P<0.001$、$P<0.05$ 显著。

表 6－8　　上海高新技术产业本市创新网络模型拟合度检验

拟合指数	参考标准	初始模型	修正模型
拟合优度卡方检验（χ^2）	/	76228.951	70240.615
自由度（df）	/	34293	32975
χ^2/df	<5，越小越好	2.223	2.130
拟合优度指数（GFI）	>0.7，越接近 1 越好	0.757	0.842
残差均方根（RMR）	<0.05，越接近 0 越好	0.234	0.049
AIC	越小越好	20026.546	17262.596
BCC	越小越好	20029.013	17265.649

6.4.3　地方创新网络结果分析

6.4.3.1　本国创新网络影响因子路径分析

从本国尺度看，各个潜变量对上海高新技术产业本国结网具有不同程度的影响，对结构方程模型测算所得变量间的直接、间接和总效应进行归纳，如表 6－9 所示。从表 6－9 和图 6－6 明显可看出，上海高新技术产业本国创新网络的形成受到行业影响力、企业规模和企业发展阶段的影响较大，所有制类型和中介服务的影响较小，所有制类型几乎不起作用。政府干预除了对创新结网有着直接影响之外，还会通过其他中介变量对创新结网产生影响。专利结网、联盟结网、产业链结网等三个创新结网的可测变量因子载荷分别为 0.904、0.611、0.716，专利结网是上海高新技术产业本国尺度创新结网相对比较重要的形式。

表 6－9　　上海高新技术产业本国创新网络结构方程模型直接、间接和总效应

作用路径	直接效应	间接效应	总效应
政府干预→创新结网	－0.541	0.605	0.064
空间区位→创新结网	0.022	0.000	0.022

续表

作用路径	直接效应	间接效应	总效应
所有制类型→创新结网	0.000	0.000	0.000
行业影响→创新结网	0.674	0.000	0.674
中介服务→创新结网	0.004	0.000	0.004
企业规模→创新结网	0.389	0.000	0.389
企业发展阶段→创新结网	0.317	0.000	0.317
政府干预→企业规模	0.764	0.000	0.764
政府干预→行业影响	0.929	0.000	0.929
政府干预→中介服务	0.062	0.000	0.062
政府干预→所有制类型	0.000	0.005	0.005
政府干预→企业发展阶段	0.872	0.000	0.872
行业影响→所有制类型	-0.002	0.000	-0.002
企业发展阶段→所有制类型	0.003	0.000	0.003

（1）政府干预与创新结网。

初始假设H1认为政府对高新技术企业的支持力度越大，企业创新结网水平越高。政府干预对创新结网的直接效应为-0.541，间接效应为0.605，总效应为0.064，表明在本国创新网络样本中初始假设H1成立，政府干预程度越高，上海高新技术企业在本国尺度结网的水平越高。创新活动资金投入、创新活动服务投入、收取企业税收三个政府干预的可测变量因子载荷分别为0.678、0.524、0.838，收取企业税收是政府干预企业本国创新活动相对比较重要的方式。另外，政府干预还可通过行业影响、中介服务、所有制类型、企业规模和企业发展阶段等中间变量对创新结网产生间接正向促进作用。

（2）空间区位与创新结网。

初始假设H2认为高新技术企业的地理区位越好，企业创新结网水平越高。空间区位对创新结网的直接效应为0.022，间接效应为0.000，总效应为0.022，表明在本国创新网络样本中初始假设H2成立，上海高新技术企业在本国尺度结网的水平受到空间区位的正向影响。经济区位、创新区位和地理区位三个空间区位的可测变量因子载荷分别为0.781、0.600、

0.693，这充分表明企业所在区域发展水平及所在区域的交通等综合区位对上海高新技术产业本国尺度创新结网的水平影响较大，且存在着正向影响。

(3) 所有制类型与创新结网。

初始假设 H3 认为高新技术企业创新结网受到所有制类型的影响较大，且全资企业创新结网水平较高。所有制类型对创新结网的直接效应为 0.000，间接效应为 0.000，总效应为 0.000，表明在本国创新网络样本中初始假设 H3 成立，但企业的所有制类型对上海高新技术产业本国创新网络水平影响极小，几乎不起作用。私营、国有、港澳台、外资四个所有制类型的可测变量因子载荷分别为 0.601、0.519、0.564、0.930。

(4) 行业影响与创新结网。

初始假设 H4 认为高新技术企业在其行业领域内的影响力越大，企业创新结网水平越高。行业影响对创新结网的直接效应为 0.674，间接效应为 0.000，总效应为 0.674，表明在本国创新网络样本中初始假设 H4 成立，行业影响对上海高新技术企业在本国尺度结网的水平有着正向促进作用，行业影响力较大的企业，在本国尺度内更容易与其他伙伴结网。利润总额、出口创汇总额、企业销售收入占行业总收入比重三个行业影响的可测变量因子载荷分别为 0.752、0.619、0.937，这表明在上海高新技术产业本国创新网络样本中，参与本国创新网络的企业销售收入占行业总收入比重越大，创新结网水平越高。

(5) 中介服务与创新结网。

初始假设 H5 认为高新技术企业的中介服务能力越强，企业创新结网水平越高。中介服务对创新结网的直接效应为 0.004，间接效应为 0.000，总效应为 0.004，表明在本国创新网络样本中初始假设 H5 成立，即企业服务于政府、企业、高校或其他科研机构的能力越强，上海高新技术产业本国创新网络的水平越高。中介服务包括服务于企业、政府部门、高校或科研机构的收入等三个可测变量，各个可测变量的因子载荷分别为 0.721、0.697、0.680，这表明在上海高新技术产业本国创新网络样本中，参与本国创新网络的企业对其他企业提供创新服务的能力越强，参与本国创新网络建设的程度就会越高。

（6）企业规模与创新结网。

初始假设 H6 认为高新技术企业的规模越大，企业创新结网水平越高。企业规模对创新结网的直接效应为 0.389，间接效应为 0.000，总效应为 0.389，表明在本国创新网络样本中初始假设 H6 成立，即企业的规模越大，上海高新技术产业本国创新网络的水平越高。企业规模包括注册资金、主营业务收入、年末从业人员、本科及以上人员数量四个可测变量，各个可测变量的因子载荷分别为 0.584、0.854、0.953、0.780，这表明在上海高新技术产业本国创新网络样本中，主营业务收入和年末从业人员是决定企业规模大小的核心变量，企业的主营业务收入越高、年末从业人员越多，企业的本国创新网络水平越高。

（7）企业发展阶段与创新结网。

初始假设 H7 认为高新技术企业发展的越成熟，企业创新结网水平越高。企业发展阶段对创新结网的直接效应为 0.317，间接效应为 0.000，总效应为 0.317，表明在本国创新网络样本中初始假设 H7 成立，即企业发展阶段越成熟，上海高新技术产业本国创新网络的水平越高。企业发展阶段包括企业年龄、人均工业总产值、收入占总产值比重三个可测变量，各个可测变量的因子载荷分别为 0.689、0.855、0.509，这表明在上海高新技术产业本国创新网络样本中，人均工业总产值水平越高、企业发展的越成熟，该企业的本国创新网络水平越高。

6.4.3.2 本市创新网络影响因子路径分析

从本市尺度看，各个潜变量对上海高新技术产业本市结网具有不同程度的影响，对结构方程模型测算所得变量间的直接、间接和总效应进行归纳，如表 6－10 所示。从表 6－10 和图 6－7 明显可看出，上海高新技术产业本市创新网络的形成受到企业发展阶段、行业影响、企业规模的影响较大，所有制类型的影响较小，且为负向，政府干预除了对创新结网有着直接影响之外，还会通过其他中介变量对创新结网产生间接影响。创新结网由专利结网、联盟结网、产业链结网三个可测变量进行测度，对创新结网潜变量的因子载荷分别为 0.591、0.692、0.581，联盟结网是上海高新技术产业本市创新结网较为重要的形式。

表 6－10　上海高新技术产业本市创新网络结构方程模型直接、间接和总效应

作用路径	直接效应	间接效应	总效应
政府干预→创新结网	－0.273	0.588	0.315
空间区位→创新结网	0.040	0.000	0.040
所有制类型→创新结网	－0.001	0.000	－0.001
行业影响→创新结网	0.691	0.000	0.691
中介服务→创新结网	0.034	0.000	0.034
企业规模→创新结网	0.545	0.000	0.545
企业发展阶段→创新结网	0.588	0.000	0.588
政府干预→企业规模	0.874	0.000	0.874
政府干预→行业影响	0.842	0.000	0.842
政府干预→中介服务	0.019	0.000	0.019
政府干预→所有制类型	0.000	0.001	0.001
政府干预→企业发展阶段	0.819	0.000	0.819
行业影响→所有制类型	－0.002	0.000	－0.002
企业发展阶段→所有制类型	0.003	0.000	0.003

（1）政府干预与创新结网。

初始假设 H1 认为政府对高新技术企业的支持力度越大，企业创新结网水平越高。政府干预对创新结网的直接效应为－0.273，间接效应为 0.588，总效应为 0.315，表明在本市创新网络样本中初始假设 H1 成立，政府干预程度越高，上海高新技术企业在本市尺度结网的水平越高。政府干预通过投入创新活动资金、提供创新活动服务、收取企业税收三种形式干预企业的创新活动，对政府干预潜变量的因子载荷分别为 0.651、0.591、0.813，政府主要通过收取企业税收的形式干预企业的本市创新活动。另外，政府干预还可通过行业影响、中介服务、所有制类型、企业规模和企业发展阶段等中间变量对创新结网产生间接正向影响。

（2）空间区位与创新结网。

初始假设 H2 认为高新技术企业的地理区位越好，企业创新结网水平越高。空间区位对创新结网的直接效应为 0.040，间接效应为 0.000，总效应为 0.040，表明在本市创新网络样本中初始假设 H2 成立，上海高新技术产业在本市尺度结网的水平受到空间区位正向影响。空间区位包括经济区位、创新区位和地理区位三个可测变量，各个可测变量的因子载荷分别为 0.756、0.691、0.711，这充分表明企业所在区域发展水平及所在区域的交通等综合区位对上海高新技术产业本市尺度创新结网的水平具有正向促进作用。

（3）所有制类型与创新结网。

初始假设 H3 认为高新技术企业创新结网受到所有制类型的影响较大，且全资企业创新结网水平较高。所有制类型对创新结网的直接效应为 -0.001，间接效应为 0.000，总效应为 -0.001，表明在本市创新网络样本中初始假设 H3 不成立，上海高新技术产业在本市尺度结网的水平受到所有制类型的影响不大，且独资企业更容易构建本市创新网络。所有制类型包括私营、国有、港澳台、外资四个可测变量，各个可测变量的因子载荷分别为 0.680、0.519、0.513、0.516，这充分表明在上海高新技术产业本市创新网络样本中，参与本市创新网络的企业主体以私营企业为主，且独资企业更容易成为本市创新网络的成员。

（4）行业影响与创新结网。

初始假设 H4 认为高新技术企业在其行业领域内的影响力越大，企业创新结网水平越高。行业影响对创新结网的直接效应为 0.691，间接效应为 0.000，总效应为 0.691，表明在本市创新网络样本中初始假设 H4 成立，行业影响对上海高新技术企业在本市尺度结网的水平有着正向的作用，行业影响力越大的企业，在本市尺度与合作伙伴开展创新合作的水平越高。行业影响包括利润总额、出口创汇总额、企业销售收入占行业总收入比重三个可测变量，各个可测变量的因子载荷分别为 0.765、0.614、0.920，这表明在上海高新技术产业本市创新网络样本中，参与本市创新网络的企业销售收入占行业总收入比重越大，创新结网水平越高。

（5）中介服务与创新结网。

初始假设 H5 认为高新技术企业的中介服务能力越强，企业创新结网水平越高。中介服务对创新结网的直接效应为 0.034，间接效应为 0.000，总效应为 0.034，表明在本市创新网络样本中初始假设 H5 成立，即企业为其他机构提供服务的能力与上海高新技术产业本市创新网络的水平成正比。中介服务包括服务于企业、政府部门、高校或科研机构的收入等三个可测变量，各个可测变量的因子载荷分别为 0.793、0.574、0.621，这表明在上海高新技术产业本国创新网络样本中，企业对企业的服务水平更能决定中介服务能力。

（6）企业规模与创新结网。

初始假设 H6 认为高新技术企业的规模越大，企业创新结网水平越高。企业规模对创新结网的直接效应为 0.545，间接效应为 0.000，总效应为 0.545，表明在本市创新网络样本中初始假设 H6 成立，即企业的规模越大，上海高新技术产业本市创新网络的水平越高。企业规模包括注册资金、主营业务收入、年末从业人员、本科及以上人员数量四个可测变量，各个可测变量的因子载荷分别为 0.546、0.942、0.794、0.634，这表明在上海高新技术产业本市创新网络样本中，主营业务收入和年末从业人员是决定企业规模大小的核心变量，企业的主营业务收入越高、年末从业人员越多，企业的本市创新网络水平越高。

（7）企业发展阶段与创新结网。

初始假设 H7 认为高新技术企业发展的越成熟，企业创新结网水平越高。企业发展阶段对创新结网的直接效应为 0.588，间接效应为 0.000，总效应为 0.588，表明在本市创新网络样本中初始假设 H7 成立，即企业发展阶段越成熟，上海高新技术产业本市创新网络的水平越高。企业发展阶段包括企业年龄、人均工业总产值、收入占总产值比重三个可测变量，各个可测变量的因子载荷分别为 0.689、0.855、0.509，这表明在上海高新技术产业本市创新网络样本中，人均工业总产值比企业年龄、收入占总产值比重更加重要，人均工业总产值水平越高、企业发展的越成熟，该企业的本市创新网络水平越高。

6.5 全球—地方创新网络影响因子实证分析

6.5.1 全球—地方创新网络数据可靠性检验

6.5.1.1 信度检验

上海高新技术产业全球—地方创新网络样本数据的 Cronbach's α 值为 0.775，且模型中设定的 8 个潜变量的 α 值均大于 0.5，表明问卷量表具有较好的内部一致性，各潜变量选取的测量题项可信，数据可信。另外，上海高新技术产业全球—地方创新网络样本数据的 CR 值和 AVE 值也分别大于 0.7 和 0.6，表明观测变量内部具有异质性，数据收敛性较高，观测变量能较好地解释相应的潜变量，数据可信（见表 6－11）。

表 6－11　上海高新技术产业全球—地方创新网络假设模型信度检验结果

测度指标	创新结网	政府干预	空间区位	所有制类型	行业影响	中介服务	企业规模	企业发展阶段
α	0.763	0.759	0.812	0.763	0.884	0.755	0.858	0.721
CR	0.748	0.882	0.713	0.764	0.872	0.898	0.869	0.723
AVE	0.645	0.930	0.645	0.624	0.721	0.782	0.733	0.613

6.5.1.2 效度检验

上海高新技术产业全球—地方创新网络样本数据的 KMO 值为 0.758，Bartlett 球形检验卡方统计值的显著性水平为 0.000，所有观测变量的因子负荷大于 0.5（见图 6－8）。因此，210 份上海高新技术产业全球—地方创新网络样本数据的信度通过内部一致性检验，并具有较高的效度，可以进行结构方程模型分析。

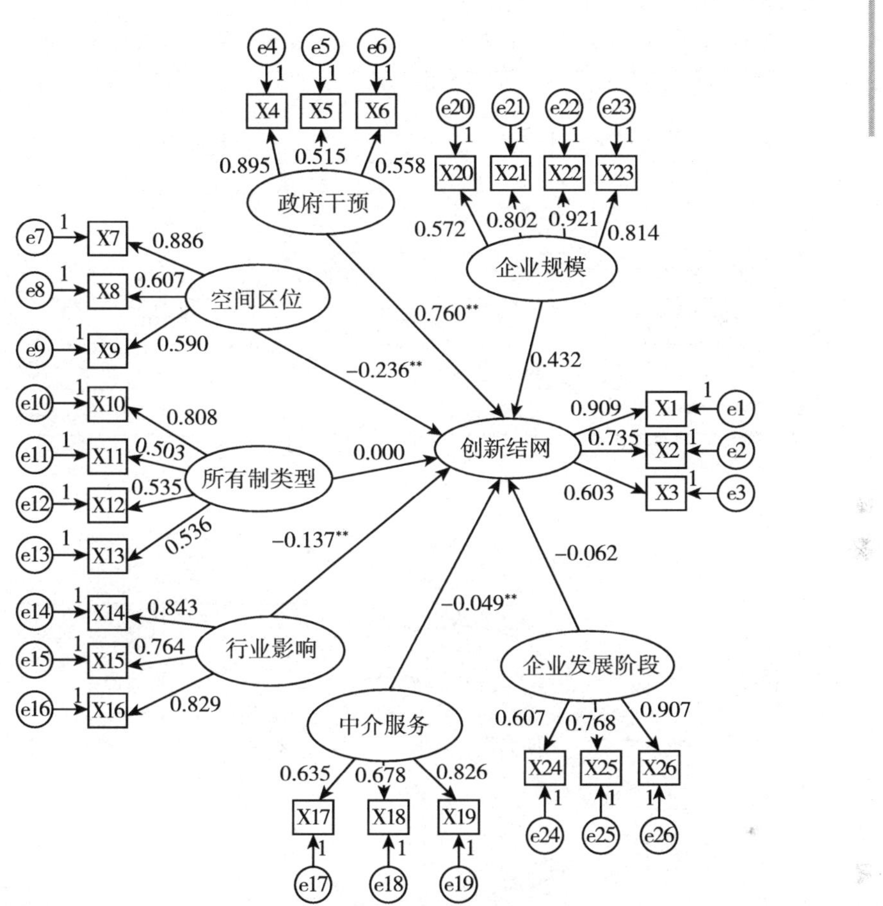

图 6－8　上海高新技术产业全球—地方创新网络初始结构方程模型参数估计

注：*** 、** 分别表示 P＜0. 001、P＜0. 05 显著。

6.5.2　全球—地方创新网络模型检验及修正

检验结果显示上海高新技术产业全球—地方创新网络初始结构方程模型绝对拟合度为 2. 560，但 RMR 指标不符合拟合标准，需要对结构方程初始模型进行修正。根据 MI 大于 5 和理论假设，经过修正后全球—地方创新网络样本的绝对拟合度均变小，且各项指标均符合各自拟合标准，表明修正后的模型可信度提高（见表 6－12）。图 6－9 显示了修正后模型的最终拟合路径及系数。

表 6－12　上海高新技术产业全球—地方创新网络模型拟合度检验

拟合指数	参考标准	初始模型	修正模型
拟合优度卡方检验（χ^2）	/	15039.805	13854.154
自由度（df）	/	5875	5680
χ^2/ df	<5，越小越好	2.560	2.452
拟合优度指数（GFI）	>0.7，越接近 1 越好	0.708	0.790
残差均方根（RMR）	<0.05，越接近 0 越好	0.301	0.039
AIC	越小越好	3512.376	3063.339
BCC	越小越好	3528.467	3081.339

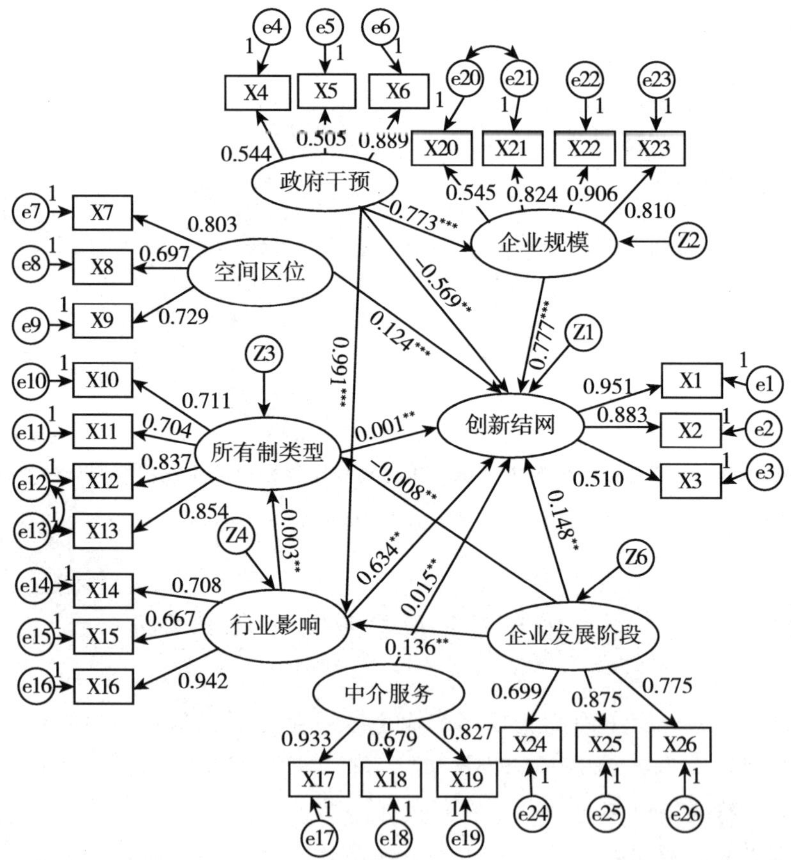

图 6－9　上海高新技术产业全球—地方创新网络结构方程模型修正后路径图

注：*** 、** 分别表示 P<0.001、P<0.05 显著。

6.5.3 全球—地方创新网络结果分析

从全球—地方尺度看，各个潜变量对上海高新技术产业全球—地方结网具有不同程度的影响，对结构方程模型测算所得变量间的直接、间接和总效应进行归纳，如表 6－13 所示。从表 6－13 和图 6－9 明显可看出，上海高新技术产业全球—地方创新网络的形成受到行业影响和企业规模的正向影响较大，政府干预的负向影响较大，所有制类型的影响较小。政府干预和企业发展阶段除了对创新结网有着直接影响之外，还可通过其他中介变量对创新结网产生间接影响。创新结网由专利结网、联盟结网、产业链结网三个可测变量进行测度，对创新结网潜变量的因子载荷分别为 0.951、0.883、0.510，专利结网和联盟结网是上海高新技术产业全球—地方创新结网的较为重要的形式。

表 6－13 上海高新技术产业全球—地方创新网络结构方程模型直接、间接和总效应

作用路径	直接效应	间接效应	总效应
政府干预→创新结网	－0.569	0.028	－0.541
空间区位→创新结网	0.124	0.000	0.124
所有制类型→创新结网	0.001	0.000	0.001
行业影响→创新结网	0.634	0.000	0.634
中介服务→创新结网	0.015	0.000	0.015
企业规模→创新结网	0.777	0.000	0.777
企业发展阶段→创新结网	0.148	0.086	0.234
政府干预→企业规模	0.773	0.000	0.773
政府干预→行业影响	0.991	0.000	0.991
政府干预→所有制类型	0.000	－0.003	－0.003
行业影响→所有制类型	－0.003	0.000	－0.003
企业发展阶段→行业影响	0.136	0.000	0.136
企业发展阶段→所有制类型	－0.008	－0.001	－0.009

6.5.3.1 政府干预与创新结网

初始假设 H1 认为政府对高新技术企业的支持力度越大，企业创新结网水平越高。政府干预对创新结网的直接效应为 -0.569，间接效应为 0.028，总效应为 -0.541，表明在全球—地方创新网络样本中初始假设 H1 不成立，政府干预程度越高，上海高新技术企业在全球—地方尺度结网的水平越低。政府干预通过投入创新活动资金、提供创新活动服务、收取企业税收三种形式干预企业的创新活动，对政府干预潜变量的因子载荷分别为 0.505、0.544、0.889，政府主要通过收取企业税收的形式干预企业的全球—地方创新活动。从直接效应来看，政府干预与全球—地方创新结网存在负向影响，表明政府应鼓励企业参与全球—地方创新网络构建，并放松对企业的管制，可完全交由市场规律来决定企业全球—地方创新合作的水平；从间接效应来看，政府干预与全球创新网络有着正向关系，但必须要通过行业影响、中介服务、所有制类型、企业规模和企业发展阶段等中间变量才能实现。

6.5.3.2 空间区位与创新结网

初始假设 H2 认为高新技术企业的地理区位越好，企业创新结网水平越高。空间区位对创新结网的直接效应为 0.124，间接效应为 0.000，总效应为 0.124，表明在全球—地方创新网络样本中初始假设 H2 成立，上海高新技术企业在全球—地方尺度结网的水平受到空间区位的正向影响。空间区位包括经济区位、创新区位和地理区位三个可测变量，各个可测变量的因子载荷分别为 0.803、0.697、0.729，这充分表明企业所在区域发展水平及所在区域的交通等综合区位对上海高新技术产业全球—地方尺度创新结网的水平具有正向促进作用。

6.5.3.3 所有制类型与创新结网

初始假设 H3 认为高新技术企业创新结网受到所有制类型的影响较大，且全资企业创新结网水平较高。所有制类型对创新结网的直接效应为 0.001，间接效应为 0.000，总效应为 0.001，表明在全球—地方创新网络样本中初始假设 H3 成立，上海高新技术企业在全球—地方尺度结网的水平受到所有制类型的正向影响，且全资企业更容易构建全球—地方创新网络。所有制类型包括私营、国有、港澳台、外资四个可测变量，各个可测变量的因子载荷分别为 0. 711、0. 704、0. 837、0. 854，这充分表明在上海高新技术产业全球—地方创新网络样本中，参与全球—地方创新网络的企业主体以港澳台和外资企业为主，且全资企业更容易成为全球—地方创新网络的成员。

6. 5. 3. 4　行业影响与创新结网

初始假设 H4 认为高新技术企业在其行业领域内的影响力越大，企业创新结网水平越高。行业影响对创新结网的直接效应为 0. 634，间接效应为 0. 000，总效应为 0. 634，表明在全球—地方创新网络样本中初始假设 H4 成立，行业影响对上海高新技术企业在全球—地方尺度结网的水平有着正向的作用，行业影响力较大的企业，创新结网水平较高。行业影响包括利润总额、出口创汇总额、企业销售收入占行业总收入比重三个可测变量，各个可测变量的因子载荷分别为 0. 708、0. 667、0. 942，这表明在上海高新技术产业全球—地方创新网络样本中，参与全球—地方创新网络的企业销售收入占行业总收入比重越大，创新结网水平越高。

6. 5. 3. 5　中介服务与创新结网

初始假设 H5 认为高新技术企业的中介服务能力越强，企业创新结网水平越高。中介服务对创新结网的直接效应为 0. 015，间接效应为 0. 000，总效应为 0. 015，表明在全球—地方创新网络样本中初始假设 H5 成立，即企业服务于政府、企业、高校或其他科研机构的能力与上海高新技术产业全球—地方创新网络的水平成正比。中介服务包括服务于企业、政府部门、高校或科研机构的收入等三个可测变量，各个可测变量的因子载荷分别为 0. 933、0. 679、0. 827，这表明在上海高新技术产业全球—地方创新网络样本中，参与全球—地方创新网络的企业对其他企业提供创新服务的能力越强，参与全球—地方创新网络建设的程度就会越高。

6. 5. 3. 6　企业规模与创新结网

初始假设 H6 认为高新技术企业的规模越大，企业创新结网水平越高。企业规模对创新结网的直接效应为 0. 777，间接效应为 0. 000，总效应为

0.777，表明在全球—地方创新网络样本中初始假设H6成立，即企业的规模越大，上海高新技术产业全球—地方创新网络的水平越高。企业规模包括注册资金、主营业务收入、年末从业人员、本科及以上人员数量四个可测变量，各个可测变量的因子载荷分别为0.545、0.824、0.906、0.810，这表明在上海高新技术产业全球—地方创新网络样本中，主营业务收入和年末从业人员是决定企业规模大小的核心变量，企业的主营业务收入越高、年末从业人员越多，企业的全球—地方创新网络水平越高。

6.5.3.7 企业发展阶段与创新结网

初始假设H7认为高新技术企业发展的越成熟，企业创新结网水平越高。企业发展阶段对创新结网的直接效应为0.148，间接效应为0.086，总效应为0.234，表明在全球创新网络样本中初始假设H7成立，即企业发展阶段越成熟，上海高新技术产业全球—地方创新网络的水平越高。企业发展阶段企业年龄、人均工业总产值、收入占总产值比重三个可测变量，各个可测变量的因子载荷分别为0.699、0.875、0.775，这表明在上海高新技术产业全球—地方创新网络样本中，人均工业总产值比企业年龄、收入占总产值比重更加重要，人均工业总产值水平越高、企业发展的越成熟，该企业的全球—地方创新网络水平越高。另外，企业发展阶段还可通过行业影响、所有制类型、企业规模等中介变量对创新结网产生间接的正向影响。

6.6 不同行业创新网络影响因子比较分析

6.6.1 不同行业创新网络数据可靠性检验

6.6.1.1 信度检验

生物医药产业、电子信息产业、新材料产业、高新技术改造传统产业等各行业创新网络样本数据的Cronbach's α值分别为0.747、0.775、0.774、0.770，且模型中设定的8个潜变量的α值均大于0.5，表明问卷量表具有较好的内部一致性，各潜变量选取的测量题项可信，数据可信。另外，各细分行业创新网络样本数据的 CR 值和 AVE 值也分别大于 0.7 和 0.6。表明观测变量内部具有异质性，数据收敛性较高，观测变量能较好地解释相应的潜变量，数据可信（见表 6 – 14）。

表 6 – 14　上海不同类型高新技术产业创新网络假设模型信度检验结果

行业类型	测度指标	创新结网	政府干预	空间区位	所有制	行业影响	中介服务	企业规模	企业发展阶段
生物医药产业	α	0.701	0.702	0.648	0.748	0.785	0.613	0.865	0.743
	CR	0.839	0.827	0.715	0.798	0.974	0.730	0.724	0.721
	AVE	0.643	0.700	0.641	0.601	0.713	0.612	0.620	0.661
电子信息产业	α	0.663	0.659	0.812	0.763	0.684	0.655	0.858	0.742
	CR	0.789	0.896	0.977	0.871	0.752	0.711	0.805	0.757
	AVE	0.648	0.699	0.661	0.762	0.629	0.609	0.680	0.690
新材料产业	α	0.742	0.701	0.751	0.699	0.628	0.670	0.840	0.619
	CR	0.895	0.770	0.715	0.764	0.765	0.902	0.744	0.882
	AVE	0.736	0.646	0.651	0.703	0.681	0.779	0.611	0.685
高新技术改造传统产业	α	0.728	0.785	0.867	0.849	0.701	0.732	0.861	0.723
	CR	0.777	0.828	0.960	0.827	0.831	0.916	0.763	0.850
	AVE	0.710	0.730	0.717	0.749	0.759	0.786	0.695	0.637

注：α 为克朗巴哈（Cronbach's）α 值；CR 为组合信度；AVE 为平均变异抽取量。

6.6.1.2　效度检验

检验结果表明，生物医药产业、电子信息产业、新材料产业、高新技术改造传统产业等各行业创新网络样本数据的 KMO 值为 0.731、0.758、0.705、0.836，Bartlett 球形检验卡方统计值的显著性水平为 0.000，所有观测变量的因子负荷大于 0.5（见图 6 – 10）。因此，260 份上海生物医药产业、873 份电子信息产业、422 份新材料产业、795 份高新技术传统产业的创新网络样本数据均通过内部一致性检验，并具有较高的效度，可以进行结构方程模型分析。

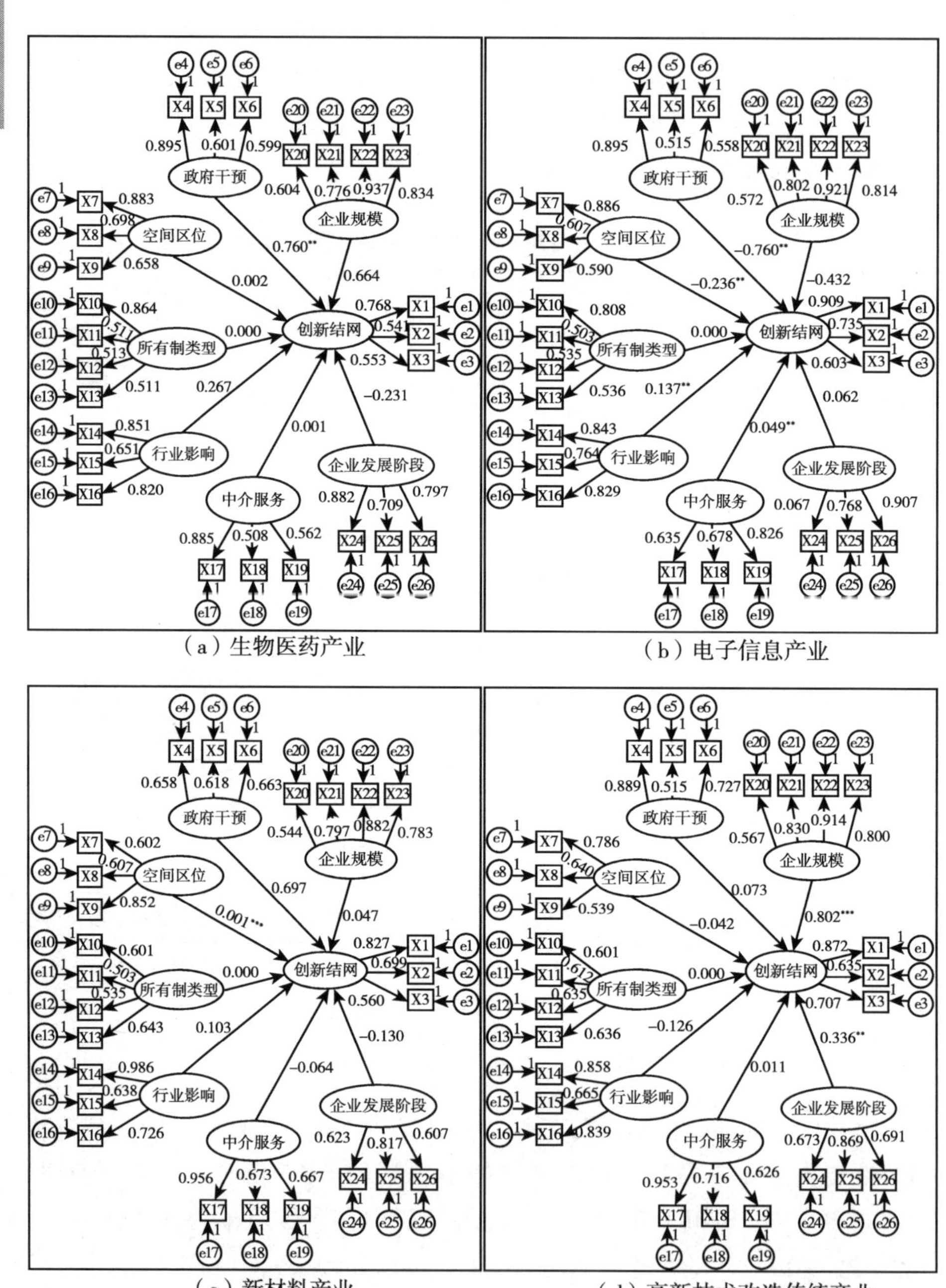
（a）生物医药产业　（b）电子信息产业　（c）新材料产业　（d）高新技术改造传统产业

图 6－10　上海不同类型高新技术产业创新网络初始结构方程模型参数估计

注：***、** 分别表示 P＜0.001、P＜0.05 显著。

6.6.2 不同行业创新网络模型检验及修正

检验结果显示，生物医药产业、电子信息产业、新材料产业、高新技术改造传统产业等各行业创新网络初始结构方程模型绝对拟合度分别为 2.291、2.560、2.324、2.335，但 RMR 指标不符合拟合标准，因此需要对模型进行修正（见表 6－15）。根据 MI 大于 5 和理论假设，经过修正后四个分行业的绝对拟合度均变小，且各项指标均符合各自拟合标准，表明修正后的模型可信度提高。图 6－11 显示了修正后模型的最终拟合路径及系数。

表 6－15　上海不同类型高新技术产业创新网络模型拟合度检验

行业类型	拟合指数	参考标准	初始模型	修正模型
生物医药产业	拟合优度卡方检验（χ^2）	/	22636.736	21061.692
	自由度（df）	/	9879	9500
	χ^2/df	<5，越小越好	2.291	2.217
	拟合优度指数（GFI）	>0.7，越接近 1 越好	0.673	0.759
	残差均方根（RMR）	<0.05，越接近 0 越好	0.285	0.028
	AIC	越小越好	5508.441	4916.346
	BCC	越小越好	5517.493	4927.084
电子信息产业	拟合优度卡方检验（χ^2）	/	15039.805	13854.154
	自由度（df）	/	5875	5650
	χ^2/df	<5，越小越好	2.560	2.452
	拟合优度指数（GFI）	>0.7，越接近 1 越好	0.708	0.786
	残差均方根（RMR）	<0.05，越接近 0 越好	0.301	0.017
	AIC	越小越好	3512.376	3072.547
	BCC	越小越好	3528.467	3090.547

续表

行业类型	拟合指数	参考标准	初始模型	修正模型
新材料产业	拟合优度卡方检验（χ^2）	/	25497.843	24116.346
	自由度（df）	/	10971	10550
	χ^2/df	<5，越小越好	2.324	2.286
	拟合优度指数（GFI）	>0.7，越接近1越好	0.824	0.878
	残差均方根（RMR）	<0.05，越接近0越好	0.178	0.047
	AIC	越小越好	5703.875	5216.699
	BCC	越小越好	5711.962	5226.019
高新技术改造传统产业	拟合优度卡方检验（χ^2）	/	48256.791	44781.308
	自由度（df）	/	20669	19875
	χ^2/df	<5，越小越好	2.335	2.253
	拟合优度指数（GFI）	>0.7，越接近1越好	0.689	0.823
	残差均方根（RMR）	<0.05，越接近0越好	0.333	0.027
	AIC	越小越好	11875.781	10434.530
	BCC	越小越好	11878.688	10438.120

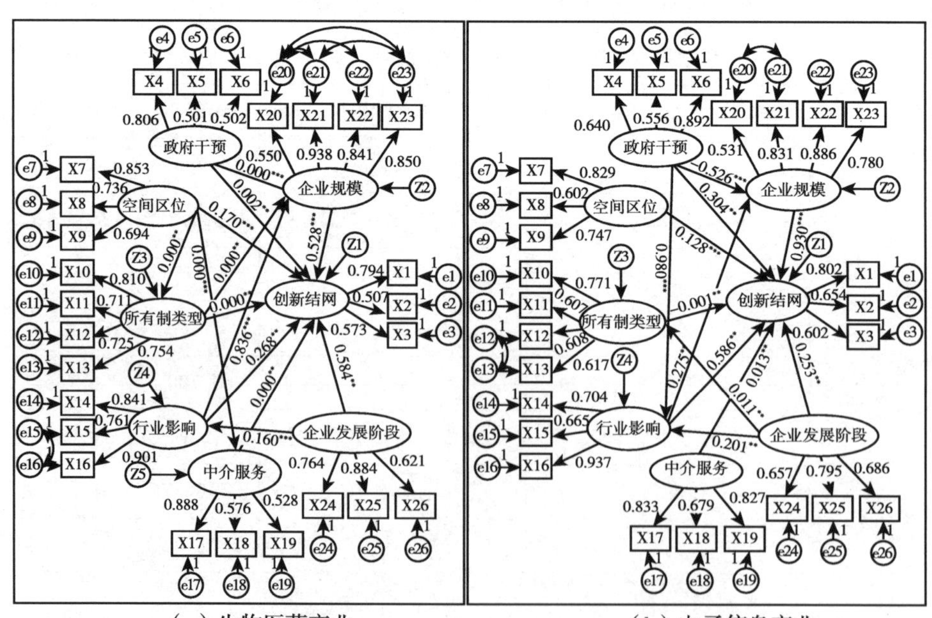

（a）生物医药产业　　（b）电子信息产业

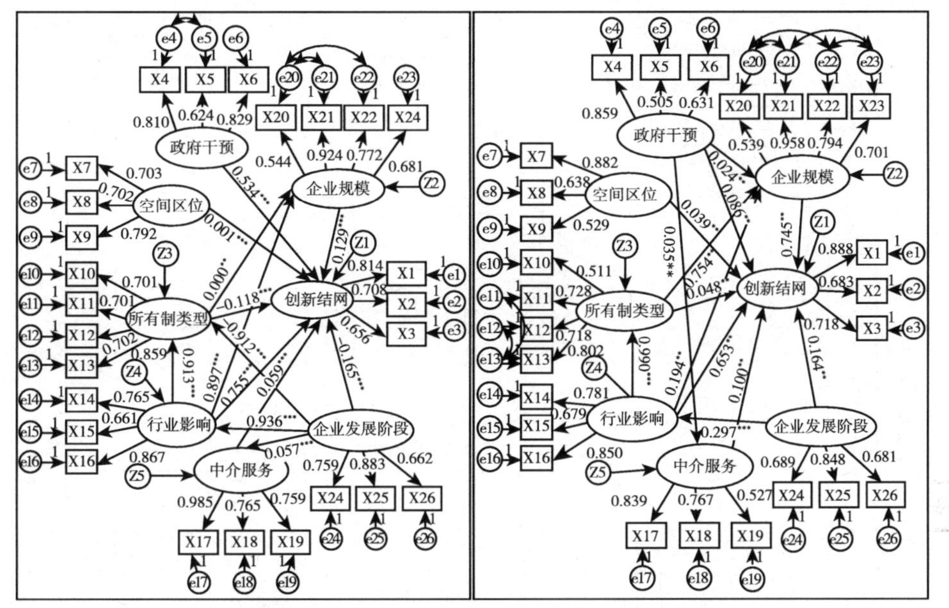

（c）新材料产业　　　　（d）高新技术改造传统产业

图 6－11　上海不同类型高新技术产业创新网络结构方程模型修正后路径图

注：*** 、** 分别表示 P＜0. 001、P＜0. 05 显著。

6. 6. 3　不同行业创新网络结果分析

从上海高新技术产业四大分行业来看，各个潜变量对上海高新技术产业创新结网具有不同程度的影响，对结构方程模型测算所得变量间的直接、间接和总效应进行归纳，结果如表 6－16 所示。

6. 6. 3. 1　生物医药产业创新网络影响因子路径分析

企业的行业影响力、企业规模、企业发展阶段对生物医药产业创新网络的形成具有较大的正向促进作用，所有制类型与中介服务能力影响较小，甚至不起作用。行业影响、企业发展阶段除了对创新结网有着直接影响之外，还会通过其他中介变量对创新结网产生间接影响。专利结网、联盟结网、产业链结网三个创新结网的可测变量因子载荷分别为 0. 794、0. 507、0. 573，专利结网是生物医药产业创新结网比较重要的形式。

表 6-16　上海不同类型高新技术产业创新网络结构方程模型直接、间接和总效应

作用路径	生物医药产业			电子信息产业			新材料产业			高新技术改造传统产业		
	直接效应	间接效应	总效应	直接效应	间接效应	总效应	直接效应	间接效应	总效应	直接效应	间接效应	总效应
政府干预→创新结网	0.002	0.000	0.002	0.304	-0.219	0.085	0.534	0.000	0.534	0.086	0.022	0.108
空间区位→创新结网	0.170	0.000	0.170	0.128	0.000	0.128	0.001	0.000	0.001	0.039	0.000	0.039
所有制类型→创新结网	0.000	0.000	0.000	-0.001	0.000	-0.001	-0.118	0.000	-0.118	0.048	0.308	0.356
行业影响→创新结网	0.268	0.441	0.709	0.586	0.256	0.842	0.755	0.008	0.763	0.653	0.145	0.798
中介服务→创新结网	0.000	0.000	0.000	0.013	0.000	0.013	0.059	0.000	0.059	0.100	0.000	0.100
企业规模→创新结网	0.528	0.000	0.528	0.930	0.000	0.930	0.129	0.000	0.129	0.745	0.000	0.745
企业发展阶段→创新结网	0.584	0.043	0.627	0.253	0.169	0.422	-0.165	0.818	0.653	0.164	0.567	0.731
企业发展阶段→行业影响	0.160	0.000	0.160	0.201	0.000	0.201	0.936	0.000	0.936	0.297	0.000	0.297
企业发展阶段→企业规模	0.000	0.134	0.134	0.000	0.055	0.055	0.000	0.840	0.840	0.000	0.937	0.937
行业影响→企业规模	0.836	0.000	0.836	0.275	0.000	0.275	0.897	0.000	0.897	0.194	0.746	0.940
企业发展阶段→所有制类型	—	—	—	0.011	0.000	0.011	-0.912	0.855	-0.057	0.000	0.987	0.987
行业影响→所有制类型	—	—	—	—	—	—	0.913	0.000	0.913	0.990	0.000	0.990
企业发展阶段→中介服务	—	—	—	—	—	—	0.057	0.000	0.057	—	—	—
所有制类型→企业规模	—	—	—	—	—	—	—	—	—	0.754	0.000	0.754

注：表中数据为标准化后的数据。“—”表示无路径。

（1）政府干预与创新结网。

初始假设H1认为政府对高新技术企业的支持力度越大，企业创新结网水平越高。政府干预对创新结网的直接效应为0.002，间接效应为0.000，总效应为0.002，表明在生物医药创新网络样本中初始假设H1成立，政府干预程度越高，生物医药产业创新结网水平越高。创新活动资金投入、创新活动服务投入、收取企业税收三个政府干预的可测变量因子载荷分别为0.806、0.501、0.502，创新活动资金投入是政府干预生物医药产业创新活动比较重要的方式。

（2）空间区位与创新结网。

初始假设H2认为高新技术企业的地理区位越好，企业创新结网水平越高。空间区位对创新结网的直接效应为0.170，间接效应为0.000，总效应为0.170，表明在生物医药产业创新网络样本中初始假设H2成立，生物医药产业创新结网水平受到空间区位的正向影响。经济区位、创新区位和地理区位三个空间区位的可测变量因子载荷分别为0.853、0.736、0.694，这表明企业所在区域发展水平及所在区域的创新能力对生物医药创新结网的水平影响较大。

（3）所有制类型与创新结网。

初始假设H3认为高新技术企业创新结网受到所有制类型的影响较大，且全资企业创新结网水平较高。所有制类型对创新结网的直接效应为0.000，间接效应为0.000，总效应为0.000，表明在生物医药产业创新网络样本中初始假设H3成立，但是企业的所有制类型对生物医药产业创新网络水平的影响极小，甚至不起作用。私营、国有、港澳台、外资四个所有制类型的可测变量因子载荷分别为0.810、0.711、0.725、0.754，私营企业在生物医药产业创新网络中比较重要。

（4）行业影响与创新结网。

初始假设H4认为高新技术企业在其行业领域内的影响力越大，企业创新结网水平越高。行业影响对创新结网的直接效应为0.268，间接效应为0.441，总效应为0.709，表明在生物医药产业创新网络样本中初始假设H4成立，行业影响力较大的企业，更容易与其他伙伴结网。利润总额、出口创汇总额、企业销售收入占行业总收入比重三个行业影响的可测变量因子载荷分别为0.841、0.761、0.901，这表明生物医药企业销售收入占行业总收入比重越大，创新结网水平越高。另外，行业影响还会通过企业规模对创新结网产生间接作用。

（5）中介服务与创新结网。

初始假设H5认为高新技术企业的中介服务能力越强，企业创新结网水平越高。中介服务对创新结网的直接效应为0.000，间接效应为0.000，总效应为0.000，但是企业的中介服务能力对生物医药产业创新网络水平的影响极小，甚至不起作用。中介服务包括服务于企业、政府部门、高校或科研机构的收入等三个可测变量，各个可测变量的因子载荷分别为0.888、0.576、0.528，这表明生物医药企业对其他企业提供创新服务的能力越强，创新网络建设的程度就会越高。

（6）企业规模与创新结网。

初始假设H6认为高新技术企业的规模越大，企业创新结网水平越高。企业规模对创新结网的直接效应为0.528，间接效应为0.000，总效应为0.528，表明在生物医药产业创新网络样本中初始假设H6成立。企业规模包括注册资金、主营业务收入、年末从业人员、本科及以上人员数量四个可测变量，各个可测变量的因子载荷分别为0.550、0.938、0.841、0.850，这表明主营业务收入是决定企业规模大小的核心变量，企业的主营业务收入越高、本科及以上人员越多，生物医药产业的创新网络水平越高。

（7）企业发展阶段与创新结网。

初始假设H7认为高新技术企业发展的越成熟，企业创新结网水平越高。企业发展阶段对创新结网的直接效应为0.584，间接效应为0.043，总效应为0.627，表明在生物医药产业创新网络样本中初始假设H7成立。企业发展阶段包括企业年龄、人均工业总产值、收入占总产值比重三个可测变量，各个可测变量的因子载荷分别为0.764、0.884、0.621，这表明企业人均工业总产值水平越高，生物医药产业创新网络水平越高。另外，企业发展阶段还可通过行业影响和企业规模两个变量对创新结网产生间接影响。

6.6.3.2　电子信息产业创新网络影响因子路径分析

企业的行业影响力、企业规模对电子信息产业创新网络的形成具有较大的正向促进作用，所有制类型与中介服务能力影响较小，所有制类型有着负向的影响。政府干预、行业影响、企业发展阶段除了对创新结网有着直接影响之外，还会通过其他中介变量对创新结网产生间接影响。专利结网、联盟结网、产业链结网三个创新结网的可测变量因子载荷分别为0.802、0.654、0.602，专利结网是电子信息产业创新结网比较重要的形式。

（1）政府干预与创新结网。

初始假设H1认为政府对高新技术企业的支持力度越大，企业创新结网水平越高。政府干预对创新结网的直接效应为0.304，间接效应为-0.219，总效应为0.085，表明在电子信息创新网络样本中初始假设H1成立，政府干预程度越高，电子信息产业创新结网水平越高。创新活动资金投入、创新活动服务投入、收取企业税收三个政府干预的可测变量因子载荷分别为0.640、0.555、0.892，收取企业税收是政府干预电子信息产业创新活动比较重要的方式。另外，政府干预还会通过行业影响、企业规模、企业发展阶段和所有制类型等变量对创新结网产生间接影响。

（2）空间区位与创新结网。

初始假设H2认为高新技术企业的地理区位越好，企业创新结网水平越高。空间区位对创新结网的直接效应为0.128，间接效应为0.000，总效应为0.128，表明在电子信息产业创新网络样本中初始假设H2成立，电子信息产业创新结网水平受到空间区位的正向影响。经济区位、创新区位和地理区位三个空间区位的可测变量因子载荷分别为0.829、0.602、0.747，这表明企业所在区域发展水平及所在区域地理位置对电子信息创新结网的水平影响较大。

（3）所有制类型与创新结网。

初始假设H3认为高新技术企业创新结网受到所有制类型的影响较大，且全资企业创新结网水平较高。所有制类型对创新结网的直接效应为

-0.001，间接效应为0.000，总效应为-0.001，表明在电子信息产业创新网络样本中初始假设H3不成立，独资企业的创新结网水平较高。私营、国有、港澳台、外资四个所有制类型的可测变量因子载荷分别为0.771、0.607、0.608、0.617，表明私营独资企业在电子信息产业创新网络中比较重要。

（4）行业影响与创新结网。

初始假设H4认为高新技术企业在其行业领域内的影响力越大，企业创新结网水平越高。行业影响对创新结网的直接效应为0.586，间接效应为0.256，总效应为0.842，表明在电子信息产业创新网络样本中初始假设H4成立，行业影响力较大的企业，更容易与其他伙伴结网。利润总额、出口创汇总额、企业销售收入占行业总收入比重三个行业影响的可测变量因子载荷分别为0.704、0.665、0.937，这表明电子信息企业销售收入占行业总收入比重越大，创新结网水平越高。另外，行业影响还会通过企业规模对创新结网产生间接作用。

（5）中介服务与创新结网。

初始假设H5认为高新技术企业的中介服务能力越强，企业创新结网水平越高。中介服务对创新结网的直接效应为0.013，间接效应为0.000，总效应为0.013，企业的中介服务能力对电子信息产业创新网络水平的促进作用较小。中介服务包括服务于企业、政府部门、高校或科研机构的收入等三个可测变量，各个可测变量的因子载荷分别为0.833、0.679、0.827，这表明电子信息企业对其他企业、高校或科研机构提供创新服务的能力越强，创新网络建设的程度就会越高。

（6）企业规模与创新结网。

初始假设H6认为高新技术企业的规模越大，企业创新结网水平越高。企业规模对创新结网的直接效应为0.930，间接效应为0.000，总效应为0.930，表明在电子信息产业创新网络样本中初始假设H6成立。企业规模包括注册资金、主营业务收入、年末从业人员、本科及以上人员数量四个可测变量，各个可测变量的因子载荷分别为0.531、0.831、0.886、0.780，这表明企业主营业务收入和年末从业人员是决定企业规模大小的核心变量，企业的主营业务收入越高、年末从业人员越多，电子信息产业的创新网络水平越高。

（7）企业发展阶段与创新结网。

初始假设 H7 认为高新技术企业发展的越成熟，企业创新结网水平越高。企业发展阶段对创新结网的直接效应为 0.253，间接效应为 0.169，总效应为 0.422，表明在电子信息产业创新网络样本中初始假设 H7 成立。企业发展阶段包括企业年龄、人均工业总产值、收入占总产值比重三个可测变量，各个可测变量的因子载荷分别为 0.657、0.795、0.686，这表明企业人均工业总产值水平越高，电子信息产业创新网络水平越高。另外，企业发展阶段还可通过行业影响、所有制类型和企业规模三个变量对创新结网产生间接影响。

6.6.3.3　新材料产业创新网络影响因子路径分析

企业的行业影响力、企业发展阶段、政府干预力度对新材料产业创新网络的形成具有较大的正向促进作用，空间区位的影响较小，甚至不起作用，所有制类型有着负向的影响。行业影响和企业发展阶段除了对创新结网有着直接影响之外，还会通过其他中介变量对创新结网产生间接影响。专利结网、联盟结网、产业链结网三个创新结网的可测变量因子载荷分别为 0.814、0.708、0.656，专利结网是新材料产业创新结网比较重要的形式。

（1）政府干预与创新结网。

初始假设 H1 认为政府对高新技术企业的支持力度越大，企业创新结网水平越高。政府干预对创新结网的直接效应为 0.534，间接效应为 0.000，总效应为 0.534，表明在新材料创新网络样本中初始假设 H1 成立，政府干预程度越高，新材料产业创新结网水平越高。创新活动资金投入、创新活动服务投入、收取企业税收三个政府干预的可测变量因子载荷分别为 0.810、0.624、0.829，创新活动资金投入和收取企业税收是政府干预新材料产业创新活动比较重要的方式。

（2）空间区位与创新结网。

初始假设 H2 认为高新技术企业的地理区位越好，企业创新结网水平越高。空间区位对创新结网的直接效应为 0.001，间接效应为 0.000，总效应为0.001，表明在新材料产业创新网络样本中初始假设H2成立，新材料产业创新结网水平受到空间区位的正向影响，但影响不大。经济区位、创新区位和地理区位三个空间区位的可测变量因子载荷分别为0.703、0.702、0.792，这表明企业的地理位置对新材料创新结网的水平影响较大。

（3）所有制类型与创新结网。

初始假设H3认为高新技术企业创新结网受到所有制类型的影响较大，且全资企业创新结网水平较高。所有制类型对创新结网的直接效应为 -0.118，间接效应为0.000，总效应为-0.118，表明在新材料产业创新网络样本中初始假设H3不成立，独资企业更有利于创新结网。私营、国有、港澳台、外资四个所有制类型的可测变量因子载荷分别为0.701、0.701、0.702、0.859，外资独资企业在新材料产业创新网络中比较重要。

（4）行业影响与创新结网。

初始假设H4认为高新技术企业在其行业领域内的影响力越大，企业创新结网水平越高。行业影响对创新结网的直接效应为0.755，间接效应为0.008，总效应为0.763，表明在新材料产业创新网络样本中初始假设H4成立，行业影响力较大的企业，更容易与其他伙伴结网。利润总额、出口创汇总额、企业销售收入占行业总收入比重三个行业影响的可测变量因子载荷分别为0.765、0.661、0.867，这表明新材料企业销售收入占行业总收入比重越大，创新结网水平越高。另外，行业影响还会通过企业规模和所有制类型两个变量对创新结网产生间接作用。

（5）中介服务与创新结网。

初始假设H5认为高新技术企业的中介服务能力越强，企业创新结网水平越高。中介服务对创新结网的直接效应为0.059，间接效应为0.000，总效应为0.059，企业的中介服务能力对新材料产业创新网络水平的影响具有正向促进作用。中介服务包括服务于企业、政府部门、高校或科研机构的收入等三个可测变量，各个可测变量的因子载荷分别为0.985、0.765、0.759，这表明新材料企业对其他企业提供创新服务的能力越强，创新网络建设的程度就会越高。

（6）企业规模与创新结网。

初始假设 H6 认为高新技术企业的规模越大，企业创新结网水平越高。企业规模对创新结网的直接效应为 0.129，间接效应为 0.000，总效应为 0.129，表明在新材料产业创新网络样本中初始假设 H6 成立。企业规模包括注册资金、主营业务收入、年末从业人员、本科及以上人员数量四个可测变量，各个可测变量的因子载荷分别为 0.544、0.924、0.772、0.681，这表明主营业务收入是决定企业规模大小的核心变量，企业的主营业务收入越高，新材料产业的创新网络水平越高。

（7）企业发展阶段与创新结网。

初始假设 H7 认为高新技术企业发展得越成熟，企业创新结网水平越高。企业发展阶段对创新结网的直接效应为 -0.165，间接效应为 0.818，总效应为 0.653，表明在新材料产业创新网络样本中初始假设 H7 成立。企业发展阶段包括企业年龄、人均工业总产值、收入占总产值比重三个可测变量，各个可测变量的因子载荷分别为 0.759、0.883、0.662，这表明企业人均工业总产值水平越高，新材料产业创新网络水平越高。另外，企业发展阶段还可通过行业影响、中介服务、所有制类型和企业规模四个变量对创新结网产生间接影响。

6.6.3.4　高新技术改造传统产业创新网络影响因子路径分析

企业的行业影响力、企业规模、企业发展阶段对高新技术改造传统产业创新网络的形成具有较大的正向促进作用，空间区位的影响较小。政府干预、所有制类型、行业影响和企业发展阶段除了对创新结网有着直接影响之外，还会通过其他中介变量对创新结网产生间接影响。专利结网、联盟结网、产业链结网三个创新结网的可测变量因子载荷分别为 0.888、0.683、0.718，专利结网和产业链结网是高新技术改造传统产业创新结网比较重要的形式。

（1）政府干预与创新结网。

初始假设 H1 认为政府对高新技术企业的支持力度越大，企业创新结网水平越高。政府干预对创新结网的直接效应为 0.086，间接效应为 0.022，总效应为 0.108，表明在高新技术改造传统产业创新网络样本中初始假设 H1 成立，政府干预程度越高，高新技术改造传统产业创新结网水平越高。创新活动资金投入、创新活动服务投入、收取企业税收三个政府干预的可测变量因子载荷分别为 0.859、0.505、0.631，创新活动资金投入是政府干预高新技术改造传统产业创新活动比较重要的方式。另外，政府干预还会通过中介服务和企业规模两个变量对创新结网产生间接影响。

（2）空间区位与创新结网。

初始假设 H2 认为高新技术企业的地理区位越好，企业创新结网水平越高。空间区位对创新结网的直接效应为 0.039，间接效应为 0.000，总效应为 0.039，表明在高新技术改造传统产业创新网络样本中初始假设 H2 成立，高新技术改造传统产业创新结网水平受到空间区位的正向影响。经济区位、创新区位和地理区位三个空间区位的可测变量因子载荷分别为 0.882、0.638、0.792，这表明企业所在区域发展水平及所在区域的地理位置对高新技术改造传统产业创新结网的水平影响较大。

（3）所有制类型与创新结网。

初始假设 H3 认为高新技术企业创新结网受到所有制类型的影响较大，且全资企业创新结网水平较高。所有制类型对创新结网的直接效应为 0.048，间接效应为 0.308，总效应为 0.356，表明在高新技术改造传统产业创新网络样本中初始假设 H3 成立，且全资企业的创新结网水平较高。私营、国有、港澳台、外资四个所有制类型的可测变量因子载荷分别为 0.511、0.728、0.718、0.802，外资和国有全资企业在高新技术改造传统产业创新网络中比较重要。另外，所有制类型还可通过企业规模对创新结网产生间接正向促进作用。

（4）行业影响与创新结网。

初始假设 H4 认为高新技术企业在其行业领域内的影响力越大，企业创新结网水平越高。行业影响对创新结网的直接效应为 0.653，间接效应为 0.145，总效应为 0.798，表明在高新技术改造传统产业创新网络样本中初始假设 H4 成立，行业影响力较大的企业，更容易与其他伙伴结网。利润总额、出口创汇总额、企业销售收入占行业总收入比重三个行业影响的可测变量因子载荷分别为 0. 781、0. 679、0. 850，这表明高新技术改造传统产业的企业销售收入占行业总收入比重越大，创新结网水平越高。另外，行业影响还会通过所有制类型和企业规模两个变量对创新结网产生间接正向促进作用。

（5）中介服务与创新结网。

初始假设 H5 认为高新技术企业的中介服务能力越强，企业创新结网水平越高。中介服务对创新结网的直接效应为 0. 100，间接效应为 0. 000，总效应为 0. 100，企业的中介服务能力对创新结网有着正向促进作用。中介服务包括服务于企业、政府部门、高校或科研机构的收入等三个可测变量，各个可测变量的因子载荷分别为 0. 839、0. 767、0. 527，这表明高新技术改造传统企业对其他企业提供创新服务的能力越强，创新网络建设的程度就会越高。

（6）企业规模与创新结网。

初始假设 H6 认为高新技术企业的规模越大，企业创新结网水平越高。企业规模对创新结网的直接效应为 0. 745，间接效应为 0. 000，总效应为 0. 745，表明在高新技术改造传统产业创新网络样本中初始假设 H6 成立。企业规模包括注册资金、主营业务收入、年末从业人员、本科及以上人员数量四个可测变量，各个可测变量的因子载荷分别为 0. 539、0. 958、0. 794、0. 701，这表明主营业务收入是决定企业规模大小的核心变量，企业的主营业务收入越高，高新技术改造传统产业的创新网络水平越高。

（7）企业发展阶段与创新结网。

初始假设 H7 认为高新技术企业发展的越成熟，企业创新结网水平越高。企业发展阶段对创新结网的直接效应为 0. 164，间接效应为 0. 567，总效应为 0. 731，表明在高新技术改造传统产业创新网络样本中初始假设 H7 成立。企业发展阶段包括企业年龄、人均工业总产值、收入占总产值比重三个可测变量，各个可测变量的因子载荷分别为 0. 689、0. 848、0. 681，这表明企业人均工业总产值水平越高，高新技术改造传统产业创新网络水平越高。另外，企业发展阶段还可通过行业影响、所有制类型和企业规模三个变量对创新结网产生间接正向促进作用。

6.7 上海高新技术产业创新网络影响机制分析

从不同空间尺度创新网络的影响因子分析来看，不难发现企业发展阶段、企业规模和行业影响三个变量对创新网络的影响较大，且为正向促进作用，企业的人均工业总产值水平、主营业务收入和企业销售收入占行业总收入比重的多少贡献较大。而政府干预在全球和全球—地方创新网络中具有负向作用，在全球—地方创新网络中的影响更大，政府主要通过收取企业税收的形式干预企业创新网络构建；所有制类型对创新结网的影响总体较小，在全球创新网络和本市创新网络中还呈现出负向影响（即独资企业的作用更加明显），外资和港澳台企业在全球和全球—地方创新网络构建过程中发挥了重要作用，私营企业在本国和本市创新网络中发挥了重要作用；空间区位和中介服务对创新结网均表现出较小的正向促进作用，企业所在区域的工业发展水平和企业为其他企业提供服务的能力起到了关键作用。

从不同行业类型的高新技术产业创新网络的影响因子分析来看，可以发现企业发展阶段、企业规模和行业影响力三个变量对创新网络的影响较大，且为正向促进作用，企业的人均工业总产值水平、主营业务收入和企业销售收入占行业总收入比重的多少贡献较大。而所有制类型在生物医药产业创新网络中几乎不起作用，在高新技术改造传统产业创新网络中作用最大，且外资和国有全资企业对创新结网的作用更大，所有制类型在电子信息和新材料产业创新网络中具有负向影响，且外资和私营独资企业的作用更加显著；政府干预在新材料产业中的作用最大，其他产业中的作用较小，主要通过收取企业税收和投入创新活动资金的形式干预创新网络构建；空间区位和中介服务对四个行业创新结网的影响均较小，且主要受到企业所在区域工业发展水平、地理位置差异和为其他企业提供创新服务能力的综合影响。

综上所述，可将上海市高新技术产业创新网络的影响机制总结如图 6 – 12 和图 6 – 13 所示。从图 6 – 12 和图 6 – 13 可看出，企业在选取创新合作伙伴时，优先选择那些发展较为成熟、规模较大且行业影响力显著的企业开展技术创新合作。在此基础上，企业选择合作伙伴还会考虑合作企业的中介服务能力和所处的地理位置是否优越，对于全球创新网络而言，企业更愿意选择政府干预较小的外资或港澳台企业进行合作；对于本国创新网络，企业更愿意选择政府干预较大的私营全资企业进行合作；对于本市创新网络，企业更愿意选择政府干预较大的私营独资企业进行合作；对于全球—地方创新网络，企业更愿意选择政府干预较小的外资或港澳台全资企业进行合作。不同行业类型创新网络构建过程中，也有着类似的影响机制，对于生物医药产业创新网络，企业更愿意选择那些发展成熟、规模较大、行业影响力较显著、中介服务能力较大、空间区位条件好且政府干预程度较小的私营全资企业进行创新合作；对于电子信息产业创新网络，企业更愿意选择那些发展成熟、规模较大、行业影响力较显著、中介服务能力较大、空间区位条件好且政府干预程度较小的私营独资企业进行创新合作；对于新材料产业创新网络，企业更愿意选择那些发展成熟、规模较大、行业影响力较显著、中介服务能力较大、空间区位条件好且政府干预程度较小的外资独资企业进行创新合作；对于高新技术改造传统产业创新网络，企业更愿意选择那些发展成熟、规模较大、行业影响力较显著、中介服务能力较大、空间区位条件好且政府干预程度较大的外资或国有全资企业进行创新合作。

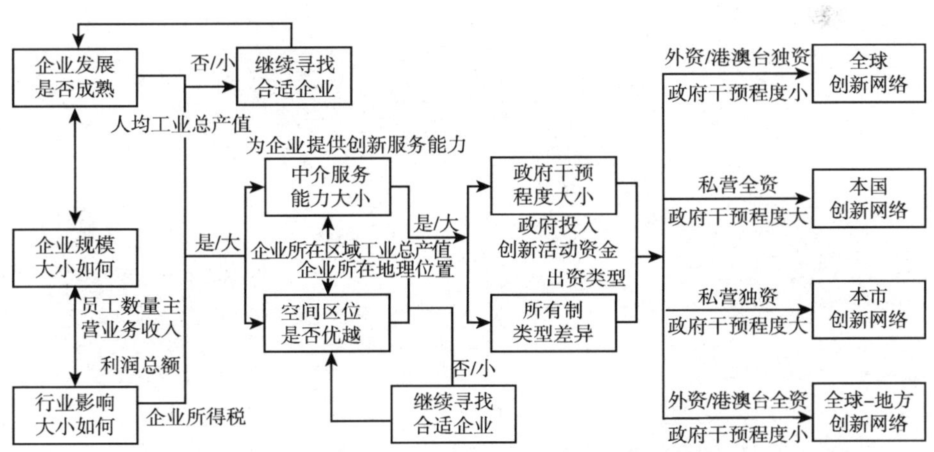

图 6－12　上海市高新技术产业创新网络影响机制图示

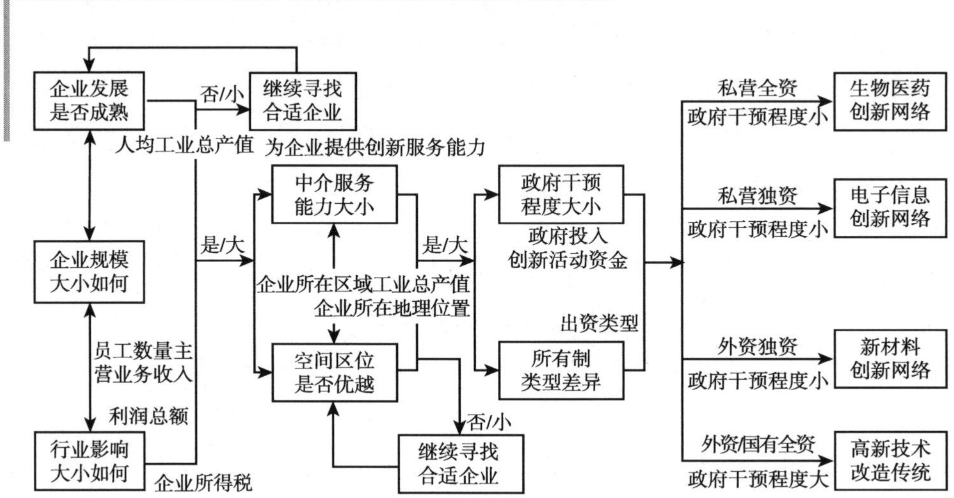

图 6－13　上海市高新技术产业四大行业创新网络影响机制图示

第 7 章

上海高新技术产业创新网络创新效率

7.1

研究方法与数据处理

7.1.1 数据包络分析方法

基于企业层面的数据，本章探讨上海高新技术产业创新网络中的创新企业创新效率，并根据企业所在地理位置和所属行业进行归类分析，进而比较不同空间尺度上的创新网络效率，DEA 模型可以有效解决这一问题。

数据包络分析（data envelopment analysis，DEA），由 Charnes 和 Cooper 等于 1978 年创建，并广泛地应用于运筹学、管理科学和数理经济学等学科领域（魏权龄，2000）①。与其他评估方法相比较，DEA 具有结构简单、不需要事先确定各指标间的可比性和权重，并可以提供信息来找出低效率环节等优点，是一种非参数统计分析方法（许皓等，2010）②。在国内地理

① 魏权龄．数据包络分析（DEA）［J］．科学通报，2000，45（17）：1793－1808.

② 许皓，孙燕红，华中生．基于整体效率的区间 DEA 方法研究［J］．中国管理科学，2010，18（2）：102－107.

学、区域科学领域，杨开忠（2002）[①]、李郇（2005）[②]、保继刚（2009）[③]、刘毅（2010）[④]等较早地将DEA模型方法运用到地理学相关研究之中，对中国城市投入产出有效性、中国城市效率变化、风景名胜区使用效率评价、自然灾害区域脆弱性评价等进行了深入研究；赵媛（2010）[⑤]、方创琳（2011）[⑥]、佟连军（2012）[⑦]、焦华富（2015）[⑧]等城市地理学者围绕江苏能源效率及空间格局、中国城市群投入产出效率、辽宁沿海经济带工业环境效率、长三角城镇化效率等开展了卓有成效的研究；在创新经济地理学领域，曾刚（2015）[⑨]、刘卫东（2011）[⑩]、李二玲（2014）[⑪]、杜德斌（2013）[⑫]、吕拉昌（2016）[⑬]等研究团队运用DEA方法分别开展了长三角城市群研发资源投入产出效率、中国大都市区科技资源配置效率、农业产业集群创新效率、城市科技资源配置效率、城市工业创新效率等方面的研

---

① 杨开忠，谢燮．中国城市投入产出有效性的数据包络分析［J］．地理与地理信息科学，2002，18（3）：45－47.

② 李郇，徐现祥，陈浩辉．20世纪90年代中国城市效率的时空变化［J］．地理学报，2005，60（4）：615－625.

③ 马晓龙，保继刚．基于DEA的中国国家级风景名胜区使用效率评价［J］．地理研究，2009，28（3）：838－848.

④ 刘毅，黄建毅，马丽．基于DEA模型的我国自然灾害区域脆弱性评价［J］．地理研究，2010，29（7）：1153－1162.

⑤ 赵媛，郝丽莎，杨足膺．江苏省能源效率空间分异特征与成因分析［J］．地理学报，2010，65（8）：919－928.

⑥ 方创琳，关兴良．中国城市群投入产出效率的综合测度与空间分异［J］．地理学报，2011，66（8）：1011－1022.

⑦ 佟连军，宋亚楠，韩瑞玲，等．辽宁沿海经济带工业环境效率分析［J］．地理科学，2012，32（3）：294－300.

⑧ 张荣天，焦华富．长江三角洲地区城镇化效率测度及空间关联格局分析［J］．地理科学，2015，35（4）：433－439.

⑨ 曹贤忠，曾刚，邹琳．长三角城市群R&D资源投入产出效率分析及空间分异［J］．经济地理，2015，35（1）：104－111.

⑩ 王蓓，刘卫东，陆大道．中国大都市区科技资源配置效率研究——以京津冀、长三角和珠三角地区为例［J］．地理科学进展，2011，30（10）：1233－1239.

⑪ 史焱文，李二玲，李小建．农业产业集群创新效率及影响因素——基于山东省寿光蔬菜产业集群的实证分析［J］．地理科学进展，2014，33（7）：1000－1008.

⑫ 范斐，杜德斌，李恒，等．中国地级以上城市科技资源配置效率的时空格局［J］．地理学报，2013，68（10）：1331－1343.

⑬ 杜志威，吕拉昌，黄茹．中国地级以上城市工业创新效率空间格局研究［J］．地理科学，2016（3）：321－327.

究。上述研究成果表明，DEA 方法能够有效地用于效率评价，能较好地运用于国家、区域或产业创新相对效率的评估，且逐渐成为创新效率评价的主要研究方法。因此，本章主要运用这一方法对上海高新技术产业创新网络的创新效率进行评价。

一般而言，要评价 M 个区域或企业的创新网络效率，并假设评价指标体系分为 K 种投入指标、L 种产出指标，设 $x_{mk}(x_{mk}>0)$ 代表第 m 个区域或企业的第 k 种创新资源的投入量，$y_{mi}(y_{ml}>0)$ 代表第 m 个区域或企业的第 i 种产出量。对于第 m（m = 1，2，…，M）个城市，$\theta(0<\theta\leqslant1)$ 代表要素资源效率综合指数，简称综合效率指数；ε 为非阿基米德无穷小量；$\lambda_m(\lambda_m\geqslant0)$ 为权重变量，用来判断区域或企业创新网络资源的规模收益情况；$s^-(s^-\geqslant0)$ 为松弛变量，表示创新网络资源达到 DEA 有效需要减少的投入量；$s^+(s^+\geqslant0)$ 为剩余变量，表示创新网络资源达到 DEA 有效需要增加的产出量。公式如下：

$$\begin{cases} \min\left(\theta-\varepsilon\left(\sum_{k=1}^{K}s^-+\sum_{l=1}^{L}s^+\right)\right) \\ \text{s.t.}\ \sum_{m=1}^{M}x_{mk}\lambda_m+s^-=\theta x_k^m \quad k=1,2,\cdots,K \\ \sum_{m=1}^{M}y_{ml}\lambda_m-s^+=y_l^m \quad l=1,2,\cdots,L \\ \lambda_m\geqslant0 \quad m=1,2,\cdots,M \end{cases} \tag{7-1}$$

上述公式是基于规模报酬不变（constant returns to scale，CRS）的 DEA 模型，简称 CRS 模型。当存在最优解 $\theta_m=1$ 时，表明第 m 个区域或企业创新网络资源运行在最优生产前沿面上，该区域或企业的创新网络产出相对于投入而言达到了综合效率最优；当 $\theta_m<1$ 时，表明第 m 个区域或企业的创新网络效率无效，若 θ_m 的值越接近于 1，则表示第 m 个区域或企业创新网络资源投入产出的综合效率越接近有效，反之越低。

在公式中引进约束条件 $\sum_{m=1}^{M}\lambda_m=1$，将其转变为规模报酬可变（variable returns to scale，VRS）的 DEA 模型，简称 VRS 模型，利用 VRS 模型可将综合效率分解为纯技术效率与规模效率的乘积，即 $\theta_m=\theta_{TE}\times\theta_{SE}$。用

VRS 模型得到的效率指数θ_m为第 m 个区域或企业创新网络资源的综合效率指数；θ_{TE}为对应区域或企业的纯技术效率指数（technical efficiency），有$0<\theta_{TE}\leqslant 1$，$\theta_{TE}\geqslant\theta_m$；规模效率指数（scale efficiency），$0<\theta_{SE}\leqslant 1$，$\theta_{SE}\geqslant\theta_m$。同样对于$\theta_{TE}$、$\theta_{SE}$的值越接近于1，表示区域或企业创新网络资源投入产出的纯技术效率、规模效率就越高。当$\theta_{TE}=1$或$\theta_{SE}=1$时，则该区域或企业创新网络资源分别为纯技术效率最优或规模效率最优（曹贤忠等，2015）①。

本书的创新网络投入产出的综合效率是指企业创新资源要素的配置效率、资源利用效率等综合效率，纯技术效率是指技术进步带来的生产效率，规模效率指的是创新网络资源当前规模与最适规模之间的差距。

7.1.2 指标设定及数据处理

7.1.2.1 指标设定

经济学和管理学的学者将企业、产业或区域的创新效率一般称为知识生产函数，并将创新看作是一种生产要素（吴延兵，2008）②，经济地理学和区域科学的学者也正是在这一思路引导下，开展了创新效率评价，并通常区分创新资源的投入和产出两个方面，本书主要从处于创新网络中的企业视角，对企业的创新投入和产出开展分析。

关于创新投入的指标，学者们通常采用创新资金和创新人员的投入进行测度（曹贤忠等，2015；范斐等，2013；尤瑞玲、陈秋玲，2017）③④⑤，学界基本达成共识。但笔者认为在人员投入方面，相对于创新活动人员投入数量而言，全时人员数更能有效地测度创新人员；在传统的企业创新活动经费投入的基础上，还应加入用于创新活动的固定资产投资。因而，本

①③ 曹贤忠，曾刚，邹琳．长三角城市群 R&D 资源投入产出效率分析及空间分异［J］．经济地理，2015，35（1）：104－111.

② 吴延兵．用 DEA 方法评测知识生产中的技术效率与技术进步［J］．数量经济技术经济研究，2008（7）：67－79.

④ 范斐，杜德斌，李恒，等．中国地级以上城市科技资源配置效率的时空格局［J］．地理学报，2013，68（10）：1331－1343.

⑤ 尤瑞玲，陈秋玲．我国沿海地区科技创新效率的省域差异研究［J］．技术经济与管理研究，2017（5）：119－123.

书的创新网络投入指标设定为资金投入和人员投入两大方面，资金投入包括企业用于科技创新活动的经费支出（企业内部、政府、其他机构）（万元）、当年企业用于科技创新活动的固定资产投资（万元），人员投入包括企业从事科技创新活动的全时人员数（人）。

关于创新产出的指标，学者们则采用了不同的标准开展了相关研究。Crepon 等（1998）用专利数量和新产品的销售份额作为产出效率的指标①；Hagedoorn 和 Cloodt（2003）用专利数量、专利引用率以及新产品数量反映企业产出效率②；Belderbos 等（2004）用劳动生产率和创新产品生产率作为指标来衡量产出效率③；赵建吉、曾刚（2009）对创新的空间测度进行了系统的梳理和分析，研究认为创新产出，可分为专利产出和创新产出，并可用专利数目以及新产品的销售额等来表征④；刘顺忠、官建成（2002）用发明专利授权量、国外三系统（SCI、EI 和 ISTP）收录科技论文数量、新产品产值率、亿元投资新增 GDP 和万元 GDP 综合能耗作为指标来衡量一个地区创新产出能力⑤；曹贤忠、曾刚等（2015）运用发明专利授权量、发表科技论文数、新产品产值三个指标对长三角城市群研发资源产出进行了测度⑥。研究表明，专利是应用较为普遍的一个衡量创新产出的指标，且新产品数量或新产品产值也应用较多，部分学者还将科技论文发表数量用于表征区域创新产出。本书主要考察参与创新网络的高新技术企业的创新活动，而科技论文主要来自大学和科研机构。因而，笔者认为专利、高新技术服务和产品价值能较好地测度高新技术企业的创新产出，通过对一些创新型企业创新活动的实地调研，也充分证明了这一点。

“展讯目前全球总共有接近 4000 名员工，研发人员 3500 左右，其中

① Crepon B., Duguet E., Mairesse J. Research, innovation and productivity: An econometric analysis at the firm level [R]. NBER Working Paper No. 6696, 1998.

② Hagedoorn J., Cloodt M. Measuring innovative performance: Is there an advantage in using multiple indicators? [J]. Research Policy, 2003, 32 (8): 1365 – 1379.

③ Belderbos R., Carree M., Lokshin B. Cooperative R&D and firm performance [J]. Research Policy, 2004, 33 (10): 1477 – 1492.

④ 赵建吉，曾刚．创新的空间测度：数据与指标［J］．经济地理，2009，29（8）：1250 – 1255.

⑤ 刘顺忠，官建成．区域创新系统创新绩效的评价［J］．中国管理科学，2002，10（1）：75 – 78.

⑥ 曹贤忠，曾刚，邹琳．长三角城市群 R&D 资源投入产出效率分析及空间分异［J］．经济地理，2015，35（1）：104 – 111.

10%是境外人员、90%是本土人才，海外人才主要来自美国、芬兰等地。目前展讯拥有国内已经批准和正在申请的专利1400多件，双卡双待的专利是展讯的。但我们并不认为专利能代表企业全部的创新水平，还应加入高技术和新技术产品的产值以及提供高技术服务收入这些指标来综合考量企业的创新水平。”

——展讯通信（上海）有限公司资讯发展部×××

资料来源：华东师范大学曾刚教授课题组．展讯通信（上海）有限公司调研报告［R］．华东师范大学，2015－12.

“我们公司合作研发的成果最终都是通过专利和研发出的新产品来衡量的，过去三年我们推出的新产品销售收入占了全部销售收入的近40%，专利和技术服务也有一定的收入，在全球范围内，我们的新产品都还算是蛮有竞争力的。”

——上海福建中科光汇激光科技有限公司销售经理×××

资料来源：华东师范大学曾刚教授课题组．中国工业企业创新活动调查报告［R］．华东师范大学，2015－11.

“近年来我们公司的新产品开发了一些，主要为其他企业提供一些技术咨询服务，并与大学、客户等合作伙伴开展一些联合专利研发，专利申请数量和技术服务收入能更好地评价我们公司的创新产出，论文有一些，但不足以用来评价创新能力。”

——上海复旦微电子集团股份有限公司市场部经理×××

资料来源：华东师范大学曾刚教授课题组．中国工业企业创新活动调查报告［R］．华东师范大学，2015－11.

综上所述，本书的创新网络产出指标选用专利产出、高新技术产品产出、高新技术服务产出三个，分别通过企业参与网络合作形成的专利数量（个）、高新技术产品销售收入（万元）、企业参与创新服务（咨询）收入（万元）三个具体指标进行测度。因此，构建的上海高新技术产业创新网络创新效率指标体系共有六项指标（见表7－1），根据投入产出效率指标数量宜少原则，一般要求（投入指标数目＋产出指标数目）≤1/3DMU个数（评价单元）（方创琳、关兴良，2011；曹贤忠、曾刚等，2015）①②。

① 方创琳，关兴良．中国城市群投入产出效率的综合测度与空间分异［J］．地理学报，2011，66（8）：1011－1022.

② 曹贤忠，曾刚，邹琳．长三角城市群R&D资源投入产出效率分析及空间分异［J］．经济地理，2015，35（1）：104－111.

本书将企业归入上海市 16 个区的层面进行分析，因而要求投入产出指标最多为 6 个，表 7－1 所构建的指标体系符合要求，用于上海市高新技术产业创新网络创新效率评价具有较高的有效性。

表 7－1　　上海高新技术产业创新网络效率评价指标体系

指标类型	一级指标	二级指标
创新网络投入指标	资金投入	企业用于科技创新活动的经费支出（企业内部、政府、其他机构）（万元）
	人员投入	当年企业用于科技创新活动的固定资产投资（万元）
		企业从事科技创新活动的全时人员数（人）
创新网络产出指标	专利产出	企业参与网络合作形成的专利数量（个）
	高新技术产品产出	高新技术产品销售收入（万元）
	高新技术服务产出	企业参与创新服务（咨询）收入（万元）

7.1.2.2　数据处理

基础数据来自上海市科委 2015 企业年报系统数据库，并分为全球、地方（本国和本市）、全球—地方三个尺度进行比较分析，探讨上海高新技术产业的全球创新网络、地方创新网络、全球—地方创新网络创新效率差异，并分析不同尺度上四个分行业创新网络的创新效率差异。在上述指标中，企业用于科技创新活动的经费支出数据是对企业、政府以及其他机构投入资金的加和，其他指标数据均是来自年报系统。为了有效区分不同区域单元的企业创新效率，本书将所有企业按照所属区域，归入上海市的 16 个区，每个区的数据均是对所属企业数据的加和。指标设定、结果分析、创新机理部分资料来自 2015 年 11 月 3 日至 7 日的中国国际工业博览会调研和一些企业的访谈数据。

7.2 全球创新网络创新效率实证分析

运用 DEAP 2.1 软件计算上海高新技术产业全球创新网络效率，结果见表 7－2、图 7－1 和图 7－2。

表 7－2　2015 年上海高新技术产业全球创新网络效率计算值

区域	全球创新网络总样本			生物医药产业			电子信息产业			新材料产业			高新技术改造传统产业		
	综合效率	纯技术效率	规模效率	综合效率	纯技术效率	规模效率	综合效率	纯技术效率	规模效率	综合效率	纯技术效率	规模效率	综合效率	纯技术效率	规模效率
宝山区	1.000	1.000	1.000	—	—	—	1.000	1.000	1.000	0.832	1.000	0.832	1.000	1.000	1.000
长宁区	1.000	1.000	1.000	1.000	1.000	1.000	1.000	1.000	1.000	0.874	1.000	0.874	—	—	—
崇明区	1.000	1.000	1.000	1.000	1.000	1.000	—	—	—	1.000	1.000	1.000	—	—	—
奉贤区	0.696	0.704	0.989	0.121	0.121	1.000	1.000	1.000	1.000	1.000	1.000	1.000	0.399	0.415	0.963
虹口区	0.960	0.971	0.989	0.557	1.000	0.557	—	—	—	1.000	1.000	1.000	1.000	1.000	1.000
黄浦区	0.394	0.402	0.980	—	—	—	0.104	0.104	1.000	—	—	—	—	—	—
嘉定区	1.000	1.000	1.000	1.000	1.000	1.000	0.956	0.969	0.986	0.703	1.000	0.703	0.888	1.000	0.888
金山区	0.941	1.000	0.941	1.000	1.000	1.000	—	—	—	0.643	0.950	0.677	0.610	0.610	1.000
静安区	1.000	1.000	1.000	—	—	—	1.000	1.000	1.000	—	—	—	0.828	0.828	1.000
闵行区	0.735	1.000	0.735	0.603	0.603	1.000	1.000	1.000	1.000	0.996	1.000	0.996	0.288	0.495	0.583
浦东新区	0.612	1.000	0.612	0.524	1.000	0.524	0.866	1.000	0.866	0.944	1.000	0.944	1.000	1.000	1.000
普陀区	0.801	0.848	0.944	1.000	1.000	1.000	1.000	1.000	1.000	1.000	1.000	1.000	0.728	0.736	0.989
青浦区	0.621	0.654	0.950	1.000	1.000	1.000	0.667	0.667	1.000	0.231	0.235	0.983	0.603	0.982	0.614
松江区	0.828	1.000	0.828	—	—	—	1.000	1.000	1.000	1.000	1.000	1.000	1.000	1.000	1.000
徐汇区	1.000	1.000	1.000	—	—	—	1.000	1.000	1.000	0.705	1.000	0.705	0.464	1.000	0.464
杨浦区	0.287	0.382	0.752	—	—	—	0.304	0.304	1.000	—	—	—	1.000	1.000	1.000
平均值	0.805	0.872	0.920	0.781	0.872	0.896	0.838	0.850	0.989	0.841	0.937	0.901	0.754	0.851	0.885

注：“—”表示无数据。

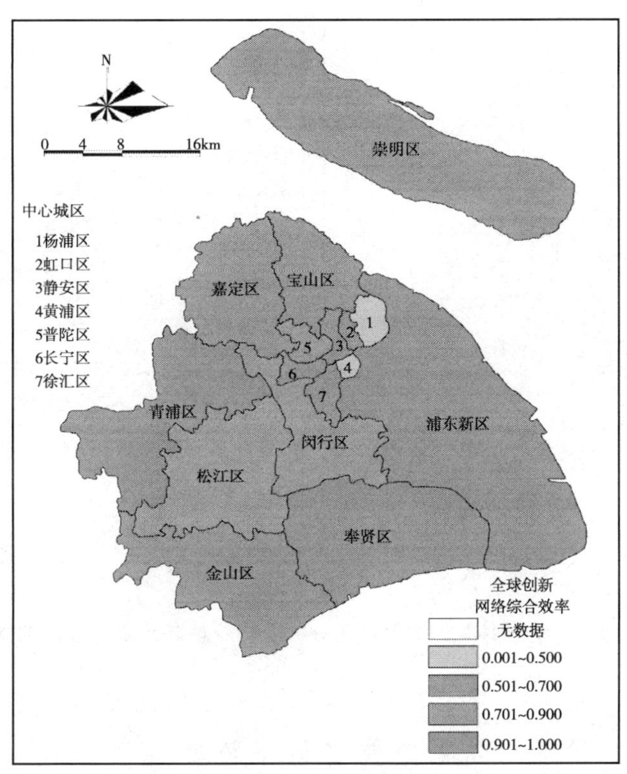

图 7－1 2015 年上海高新技术产业全球创新网络综合效率空间差异

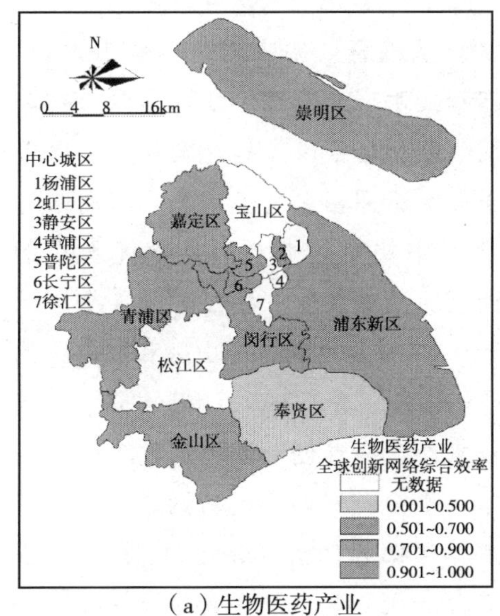

（a）生物医药产业

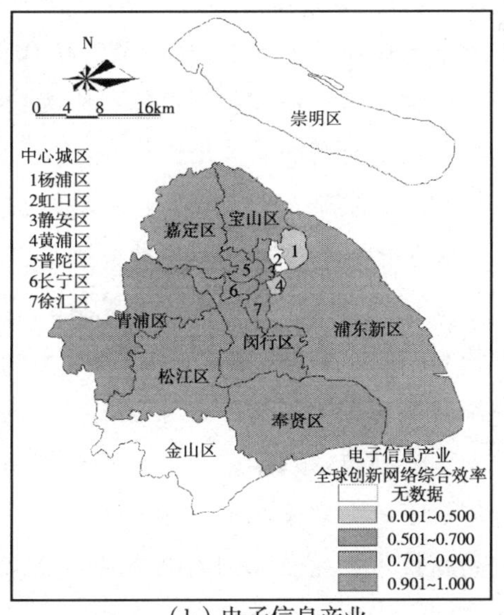

（b）电子信息产业

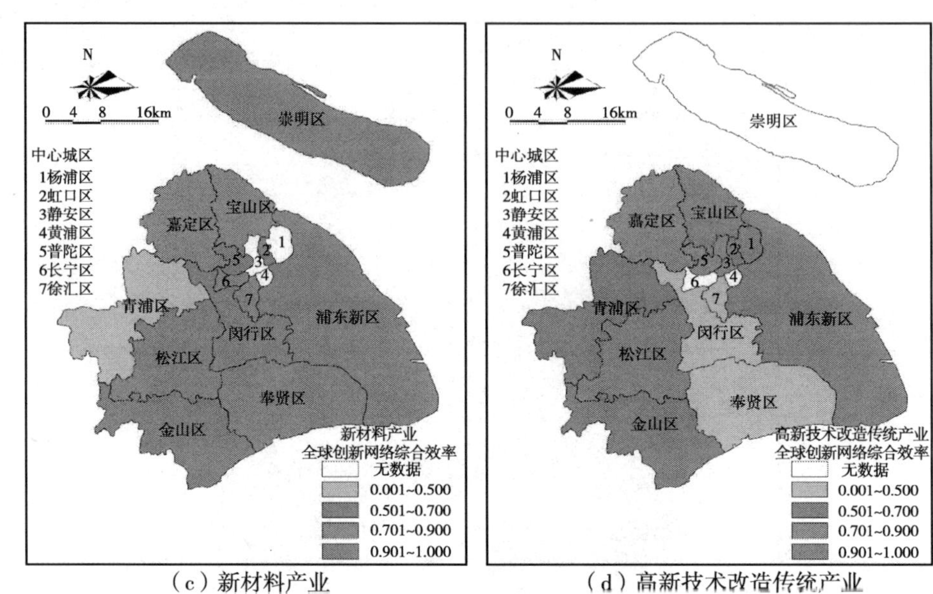

（c）新材料产业　　（d）高新技术改造传统产业

图 7－2　2015 年上海高新技术产业分行业全球创新网络综合效率空间差异

7.2.1　全球创新网络综合效率最低

2015 年上海市高新技术产业全球创新网络综合效率为 0.805，纯技术效率和规模效率分别为 0.872 和 0.920。从综合效率来看，相较于本国、本市和全球—地方创新网络，上海市高新技术产业全球创新网络效率排名第四，相对最低。宝山区、长宁区、崇明区、嘉定区、静安区和徐汇区等 6 个区域的高新技术企业创新网络综合效率达到相对最优水平，黄浦区和杨浦区的高新技术企业创新网络综合效率相对较低，不足最优水平的 50%，奉贤区、闵行区、普陀区、青浦区、浦东新区、松江区等 6 个区域的高新技术企业创新网络综合效率处于 0.6～0.9 之间，金山区和虹口区的高新技术企业创新网络综合效率接近最优水平，介于 0.9～1.0 之间。

从纯技术效率来看，上海市高新技术产业全球创新网络纯技术效率总体高于综合效率水平，相较于本国、本市和全球—地方创新网络，上海市高新技术产业全球创新网络纯技术效率排名第四，相对最低。宝山区、长宁区、崇明区、嘉定区、金山区、静安区、闵行区、浦东新区、松江区和徐汇区等 10 个区域的高新技术企业创新网络纯技术效率达到相对最优水平，表明这些区域内的高新技术企业技术进步带来的创新效率提升较为明显。黄浦区和杨浦区两个区域的高新技术企业创新网络纯技术效率相对较低，分别为 0.402 和 0.382，技术进步的促进作用尚待进一步提升。奉贤区、普陀区、青浦区 3 个区域的高新技术企业创新网络纯技术效率处于 0.6 ~0.9 之间，虹口区为 0.971，接近最优水平，表明技术进步在这些区域起到了较为重要的作用。

从规模效率来看，上海市高新技术产业全球创新网络规模效率总体高于综合效率和纯技术效率水平（金山区、闵行区、浦东新区规模效率小于纯技术效率），相较于本国、本市和全球—地方创新网络，上海市高新技术产业全球创新网络规模效率排名第四，相对最低。宝山区、长宁区、崇明区、嘉定区、静安区和徐汇区等 6 个区域的高新技术企业创新网络规模效率达到相对最优水平，表明这些区域内的高新技术企业创新网络创新活动投入规模与产出规模较为匹配，配置效率较高。闵行区、浦东新区、松江区和杨浦区 4 个区域的高新技术企业创新网络规模效率处于 0.6 ~0.9 之间，奉贤区、虹口区、黄浦区、金山区、普陀区和青浦区 6 个区域的高新技术企业创新网络规模效率介于 0.9 ~1.0 之间，处于较高水平，表明这些区域内的高新技术企业创新网络创新活动投入规模与产出规模已处于较高水平，但仍有改进的空间。另外，没有任何一个区域的高新技术企业创新网络的规模效率低于 50% 最优水平，表明对于上海高新技术产业全球创新网络而言，创新投入与产出规模之间的关系较为合理。

7.2.2　全球创新网络效率行业差异

7.2.2.1　生物医药产业全球创新网络效率

从生物医药产业全球创新网络样本来看，2015 年上海市生物医药产业全球创新网络综合效率为 0.781，纯技术效率和规模效率分别为 0.872 和 0.896，上海市生物医药产业全球创新网络效率总体一般，在四个行业中处于第三位。宝山区、黄浦区、静安区、松江区、徐汇区和杨浦区等 6 个区域的生物医药企业没有构建全球创新网络，因而数据缺失。

从综合效率来看，长宁区、崇明区、嘉定区、金山区、普陀区和青浦区等6个区域的生物医药企业创新网络综合效率达到相对最优水平，奉贤区的生物医药企业创新网络综合效率相对较低，不足最优水平的50%，仅为0.121。虹口区、闵行区、浦东新区等3个区域的生物医药企业创新网络综合效率处于0.5~0.7之间。这表明在已经拥有生物医药企业全球创新网络的区域，创新网络的产出效率仍需要进一步提高。

从纯技术效率来看，上海市生物医药产业全球创新网络纯技术效率总体高于综合效率水平。长宁区、崇明区、虹口区、嘉定区、金山区、浦东新区、普陀区和青浦区等8个区域的生物医药企业创新网络纯技术效率达到相对最优水平，表明这些区域内的技术进步对企业创新效率的提升较为明显。奉贤区的生物医药企业创新网络纯技术效率相对较低，仅为0.121，技术进步的促进作用不明显。闵行区的生物医药企业创新网络纯技术效率为0.603，处于中等水平，表明技术进步在这些区域起到了一定作用，但尚待进一步提升。

从规模效率来看，上海市生物医药产业全球创新网络规模效率总体高于综合效率和纯技术效率水平（虹口区和浦东新区的企业创新网络规模效率低于纯技术效率）。长宁区、崇明区、奉贤区、嘉定区、金山区、闵行区、普陀区和青浦区等8个区域的生物医药企业创新网络规模效率达到相对最优水平，表明这些区域内的生物医药企业创新网络创新活动投入规模与产出规模较为匹配，配置效率较高。虹口区和浦东新区的生物医药企业创新网络规模效率处于0.5~0.6之间，分别为0.557和0.524，表明这两个区域内的生物医药企业创新网络创新活动投入规模与产出规模处于中等水平，仍有较大的改进空间。另外，没有任何一个区域的生物医药企业创新网络规模效率低于50%最优水平，表明对于上海生物医药产业全球创新网络而言，创新投入与产出规模之间的关系较为合理。

7.2.2.2 电子信息产业全球创新网络效率

从电子信息产业全球创新网络样本来看，2015年上海市电子信息产业全球创新网络综合效率为0.838，纯技术效率和规模效率分别为0.850和0.989，上海市电子信息产业全球创新网络效率总体较高，在四个行业中处于第二位。崇明区、虹口区、金山区 3 个区域的电子信息企业没有构建全球创新网络，因而数据缺失。

从综合效率来看，宝山区、长宁区、奉贤区、静安区、闵行区、普陀区、松江区和徐汇区等 8 个区域的电子信息企业创新网络综合效率达到相对最优水平，黄浦区和杨浦区两个区域的电子信息企业创新网络综合效率相对较低，不足最优水平的 50%，分别为 0.104 和 0.304。浦东新区和青浦区的电子信息企业创新网络综合效率处于 0.6 ~ 0.9 之间，分别为 0.866 和 0.667。嘉定区的电子信息企业创新网络综合效率为 0.956，处于较高水平。这表明在已经拥有电子信息企业全球创新网络的区域，创新网络的产出综合效率处于较高水平。

从纯技术效率来看，上海市电子信息产业全球创新网络纯技术效率总体高于综合效率水平。宝山区、长宁区、奉贤区、静安区、闵行区、浦东新区、普陀区、松江区和徐汇区等 9 个区域的电子信息企业创新网络纯技术效率达到相对最优水平，表明这些区域内的技术进步对企业创新效率的提升较为明显。黄浦区和杨浦区的电子信息企业创新网络纯技术效率相对较低，分别仅为 0.104 和 0.304，技术进步的促进作用不明显。青浦区的电子信息企业创新网络纯技术效率为 0.667，处于中等水平，表明技术进步起到了一定作用，但尚待进一步提升。嘉定区的电子信息企业创新网络纯技术效率为 0.969，处于较高水平，表明技术进步起到了较好的推动作用。

从规模效率来看，上海市电子信息产业全球创新网络规模效率总体高于综合效率和纯技术效率水平（浦东新区的企业创新网络规模效率低于纯技术效率）。宝山区、长宁区、奉贤区、黄浦区、静安区、闵行区、普陀区、青浦区、松江区、徐汇区和杨浦区等 11 个区域的电子信息企业创新网络规模效率达到相对最优水平，表明这些区域内的电子信息企业创新网络创新活动投入规模与产出规模较为匹配，配置效率较高。嘉定区和浦东新区电子信息企业创新网络规模效率分别为 0.986 和 0.866，表明这两个区域内的电子信息企业创新网络创新活动投入规模与产出规模处于较高水平。另外，没有任何一个区域的电子信息企业创新网络规模效率低于 50% 最优水平，表明对于上海电子信息产业全球创新网络而言，创新投入与产出规模之间的关系较为合理。

7.2.2.3 新材料产业全球创新网络效率

从新材料产业全球创新网络样本来看，2015 年上海市新材料产业全球创新网络综合效率为 0.841，纯技术效率和规模效率分别为 0.937 和 0.901，上海市新材料产业全球创新网络效率总体较高，在四个行业中处于第一位。黄浦区、静安区和杨浦区 3 个区域的新材料企业没有构建全球创新网络，因而数据缺失。

从综合效率来看，崇明区、奉贤区、虹口区、普陀区、松江区等 5 个区域的新材料企业创新网络综合效率达到相对最优水平，青浦区的新材料企业创新网络综合效率相对较低，不足最优水平的 50%，仅为 0.231。宝山区、长宁区、嘉定区、金山区、徐汇区等 5 个区域的新材料企业创新网络综合效率处于 0.6 ~ 0.9 之间，分别为 0.832、0.874、0.703、0.643、0.705，处于较高水平。闵行区和浦东新区的新材料企业创新网络综合效率处于 0.9 ~ 1.0 之间，分别为 0.996、0.944。这表明在已经拥有新材料企业全球创新网络的区域，创新网络的产出综合效率处于较高水平。

从纯技术效率来看，上海市新材料产业全球创新网络纯技术效率总体高于综合效率水平。宝山区、长宁区、崇明区、奉贤区、虹口区、嘉定区、闵行区、浦东新区、普陀区、松江区和徐汇区等 11 个区域的新材料企业创新网络纯技术效率达到相对最优水平，表明这些区域内的技术进步对企业创新效率的提升较为明显。青浦区的新材料企业创新网络纯技术效率相对较低，仅为 0.235，技术进步的促进作用不明显。金山区的新材料企业创新网络综合效率为 0.950，处于较高水平，表明技术进步起到了较好的推动作用。

从规模效率来看，上海市新材料产业全球创新网络规模效率总体低于综合效率和纯技术效率水平。崇明区、奉贤区、虹口区、普陀区、松江区等 5 个区域的新材料企业创新网络规模效率达到相对最优水平，表明这些区域内的新材料企业创新网络创新活动投入规模与产出规模较为匹配，配置效率较高。宝山区、长宁区、嘉定区、金山区、徐汇区等 5 个区域的新材料企业创新网络规模效率处于 0.6 ~ 0.9 之间，分别为 0.832、0.874、0.703、0.677、0.705，表明这些区域内的新材料企业创新网络创新活动投入规模与产出规模处于中等偏上水平。闵行区、浦东新区、青浦区3个区域的新材料企业创新网络规模效率处于0.9～1.0之间，分别为0.996、0.944、0.983，表明这些区域内的新材料企业创新网络创新活动投入规模与产出规模处于较高水平。另外，没有任何一个区域的新材料企业创新网络规模效率低于50%最优水平，表明对于上海新材料产业全球创新网络而言，创新投入与产出规模之间的关系较为合理。

7.2.2.4　高新技术改造传统产业全球创新网络效率

从高新技术改造传统产业全球创新网络样本来看，2015年上海市高新技术改造传统产业全球创新网络综合效率为0.754，纯技术效率和规模效率分别为0.851和0.885，上海市高新技术改造传统产业全球创新网络效率总体处于中等水平，在四个行业中处于第四位。长宁区、崇明区、黄浦区3个区域的高新技术改造传统企业没有构建全球创新网络，因而数据缺失。

从综合效率来看，宝山区、虹口区、浦东新区、松江区、杨浦区等5个区域的高新技术改造传统企业创新网络综合效率达到相对最优水平，奉贤区、闵行区、徐汇区3个区域的高新技术改造传统企业创新网络综合效率相对较低，不足最优水平的50%，分别仅为0.399、0.288、0.464。嘉定区、金山区、静安区、普陀区、青浦区等5个区域的高新技术改造传统企业创新网络综合效率处于0.6～0.9之间，分别为0.888、0.610、0.828、0.728、0.603，处于较高水平。相对于其他行业而言，在高新技术改造传统企业全球创新网络的区域，创新网络的产出综合效率还有待于进一步提升。

从纯技术效率来看，上海市高新技术改造传统产业全球创新网络纯技术效率总体高于综合效率水平。宝山区、虹口区、嘉定区、浦东新区、松江区、徐汇区、杨浦区等7个区域的高新技术改造传统企业创新网络纯技术效率达到相对最优水平，表明这些区域内的技术进步对企业创新效率的提升较为明显。奉贤区、闵行区两个区域的高新技术改造传统企业创新网络纯技术效率相对较低，分别仅为0.415、0.495，技术进步的促进作用不明显。金山区、静安区、普陀区3个区域的高新技术改造传统企业创新网络综合效率处于0.6~0.9之间，分别为0.610、0.828、0.736，处于较高水平，表明技术进步起到了较好的推动作用。青浦区的高新技术改造传统企业创新网络综合效率为0.982，接近最优水平，技术进步对创新网络效率提升的作用较为明显。

从规模效率来看，上海市高新技术改造传统产业全球创新网络规模效率总体高于综合效率和纯技术效率水平（嘉定区、青浦区和徐汇区3个区域的高新技术改造传统企业创新网络规模效率低于纯技术效率）。宝山区、虹口区、金山区、静安区、浦东新区、松江区、杨浦区等7个区域的高新技术改造传统企业创新网络规模效率达到相对最优水平，表明这些区域内的高新技术改造传统企业创新网络创新活动投入规模与产出规模较为匹配，配置效率较高。徐汇区的高新技术改造传统企业创新网络效率较低，低于50%最优水平，仅为0.464，表明创新活动投入与产出规模之间不匹配程度较高。嘉定区、闵行区、青浦区3个区域的高新技术改造传统企业创新网络规模效率处于0.5~0.9之间，分别为0.888、0.583、0.614，表明这些区域内的高新技术改造传统企业创新网络创新活动投入规模与产出规模处于中等偏上水平。奉贤区和普陀区两个区域的高新技术改造传统企业创新网络规模效率处于0.9~1.0之间，分别0.963、0.989，表明这些区域内的高新技术改造传统企业创新网络创新活动投入规模与产出规模处于较高水平。对于上海市高新技术改造传统产业全球创新网络而言，创新投入与产出规模之间的比例尚待进一步调整。

7.2.3 全球创新网络效率区域差异

从上海市高新技术产业全球创新网络样本来看，中心城区的空间差异较为显著，虹口区、静安区、长宁区和徐汇区的高新技术产业创新网络效率介于0.9~1.0之间，普陀区为0.801，而杨浦区和黄浦区高新技术产业创新网络效率则较低，低于最优水平50%，中心城区内部各区域间差距较大；在近郊区、远郊区内部各区域间差距较小，各区域的高新技术产业创新网络效率均高于50%最优水平，在近郊区4个区域中，2个区域（嘉定区、宝山区）介于0.9~1.0之间，1个区域（闵行区）介于0.7~0.9之间，1 个区域（浦东新区）介于 0.5 ~0.7 之间。在远郊区 5 个区域中，2 个区域（崇明区、金山区）介于 0.9 ~1.0 之间，1 个区域（松江区）介于 0.7 ~0.9 之间，2 个区域（奉贤区、青浦区）介于 0.5 ~0.7 之间。中心城区的高新技术企业全球创新网络创新效率最低（0.777），近郊区最高（0.837），远郊区居中（0.817）（见图 7 –1、表 7 –3）。

表 7 –3　　　2015 年分区域上海高新技术产业全球创新网络效率

区域	全球创新网络总样本	生物医药产业	电子信息产业	新材料产业	高新技术改造传统产业
中心城区	0.777	0.852	0.735	0.895	0.804
近郊区	0.837	0.709	0.956	0.869	0.794
远郊区	0.817	0.780	0.889	0.775	0.653
上海平均值	0.805	0.781	0.838	0.841	0.754

注：中心城区包括杨浦区、虹口区、静安区、黄浦区、普陀区、长宁区、徐汇区，近郊区包括宝山区、嘉定区、浦东新区、闵行区，远郊区包括崇明区、青浦区、松江区、金山区、奉贤区。表中数据均是对表 7 –2 中各区数据汇总求平均值而得到。

从生物医药产业来看，中心城区仅有 3 个区域的生物医药企业构建了全球创新网络，普陀区和长宁区的创新效率介于 0.9 ~1.0 之间，虹口区介于 0.5 ~0.7 之间；近郊区有 3 个区域的生物医药企业构建了全球创新网络，各区域均已达到 50% 最优水平，总体空间差异不大；远郊区有 4 个区域的生物医药企业构建了全球创新网络，空间差距较大，崇明区、青浦区、金山区介于 0.9 ~1.0 之间，而奉贤区不足 50% 最优水平；中心城区的生物医药企业全球创新网络创新效率最高（0.852），近郊区最低（0.709），远郊区居中（0.780）（见图 7 –2a、表 7 –3）。

从电子信息产业来看，中心城区有 6 个区域的电子信息企业构建了全球创新网络，空间差异较大，静安区、普陀区、长宁区和徐汇区的电子信息产业创新网络效率介于 0.9 ~1.0 之间，而杨浦区和黄浦区电子信息产业创新网络效率则较低，低于最优水平 50%；近郊区和远郊区各区域均已达到 50% 最优水平，总体空间差异不大，近郊区 4 个区域的电子信息产业全球创新网络效率都高于 0.7，处于较高水平。远郊区有 3 个区域的电子信息企业构建了全球创新网络，其中青浦区介于0.5～0.7之间，松江和奉贤区介于0.9～1.0之间；中心城区的电子信息企业全球创新网络创新效率最低（0.735），近郊区最高（0.956），远郊区居中（0.889）（见图7－2b、表7－3）。

从新材料产业来看，中心城区有4个区域的生物医药企业构建了全球创新网络，空间差异较小，普陀区和虹口区的创新效率介于0.9～1.0之间，长宁区和徐汇区介于0.7～0.9之间；近郊区空间差异也较小，浦东新区和闵行区的创新效率介于0.9～1.0之间，宝山区和嘉定区介于0.7～0.9之间；远郊区空间差异较大，崇明区、松江区、奉贤区介于0.9～1.0之间，金山区介于0.5～0.7之间，而青浦区不足50%最优水平；中心城区的新材料企业全球创新网络创新效率最高（0.895），近郊区居中（0.869），远郊区最低（0.775）（见图7－2c、表7－3）。

从高新技术改造传统产业来看，中心城区有5个区域的高新技术改造传统企业构建了全球创新网络，内部空间差异较为明显，杨浦区和虹口区的创新效率介于0.9～1.0之间，静安区和普陀区介于0.7～0.9之间，而徐汇区不足50%最优水平；近郊区空间差异较大，浦东新区和宝山区的创新效率介于0.9～1.0之间，嘉定区介于0.7～0.9之间，而闵行区不足50%最优水平；远郊区有4个区域的高新技术改造传统企业构建了全球创新网络，内部空间差距较大，松江区介于0.9～1.0之间，青浦区和金山区介于0.5～0.7之间，而奉贤区不足50%最优水平；中心城区的高新技术改造传统企业全球创新网络创新效率最高（0.804），近郊区居中（0.794），远郊区最低（0.653）（见图7－2d、表7－3）。

7.3 地方创新网络创新效率实证分析

运用DEAP 2.1软件计算上海高新技术产业地方创新网络效率，其中本国创新网络效率结果见表7－4、图7－3和图7－4；其中本市创新网络效率结果见表7－5、图7－5和图7－6。

表 7-4　2015 年上海高新技术产业本国创新网络效率计算值

区域	本国创新网络总样本			生物医药产业			电子信息产业			新材料产业			高新技术改造传统产业		
	综合效率	纯技术效率	规模效率	综合效率	纯技术效率	规模效率	综合效率	纯技术效率	规模效率	综合效率	纯技术效率	规模效率	综合效率	纯技术效率	规模效率
宝山区	1.000	1.000	1.000	0.753	0.802	0.939	1.000	1.000	1.000	0.588	1.000	0.588	1.000	1.000	1.000
长宁区	0.639	0.711	0.899	0.671	0.676	0.993	0.473	0.539	0.878	1.000	1.000	1.000	1.000	1.000	1.000
崇明区	1.000	1.000	1.000	0.546	1.000	0.546	1.000	1.000	1.000	1.000	1.000	1.000	1.000	1.000	1.000
奉贤区	0.982	1.000	0.982	0.717	1.000	0.717	1.000	1.000	1.000	0.909	1.000	0.909	0.794	0.923	0.860
虹口区	1.000	1.000	1.000	0.425	0.480	0.886	0.357	0.485	0.737	1.000	1.000	1.000	1.000	1.000	1.000
黄浦区	1.000	1.000	1.000	1.000	1.000	1.000	0.762	0.845	0.902	—	—	—	1.000	1.000	1.000
嘉定区	1.000	1.000	1.000	1.000	1.000	1.000	1.000	1.000	1.000	0.638	1.000	0.638	0.977	1.000	0.977
金山区	0.945	0.953	0.992	0.924	1.000	0.924	1.000	1.000	1.000	0.774	0.899	0.860	0.826	0.863	0.957
静安区	1.000	1.000	1.000	1.000	1.000	1.000	0.983	1.000	0.983	1.000	1.000	1.000	1.000	1.000	1.000
闵行区	0.836	1.000	0.836	1.000	1.000	1.000	1.000	1.000	1.000	0.929	1.000	0.929	0.638	1.000	0.638
浦东新区	0.928	1.000	0.928	0.602	1.000	0.602	1.000	1.000	1.000	0.715	0.925	0.773	0.729	1.000	0.729
普陀区	0.835	0.849	0.983	0.925	1.000	0.925	0.857	0.938	0.914	0.507	1.000	0.507	0.781	0.930	0.840
青浦区	0.883	0.896	0.985	1.000	1.000	1.000	0.628	0.633	0.992	0.645	1.000	0.645	0.889	0.900	0.988
松江区	1.000	1.000	1.000	0.721	0.743	0.971	1.000	1.000	1.000	0.604	0.784	0.770	0.743	0.833	0.892
徐汇区	1.000	1.000	1.000	1.000	1.000	1.000	1.000	1.000	1.000	0.746	1.000	0.746	1.000	1.000	1.000
杨浦区	1.000	1.000	1.000	0.615	0.936	0.657	1.000	1.000	1.000	0.401	1.000	0.401	0.799	0.819	0.976
平均值	0.940	0.963	0.975	0.806	0.915	0.885	0.879	0.902	0.963	0.764	0.974	0.784	0.886	0.954	0.929

注：“—”表示无数据。

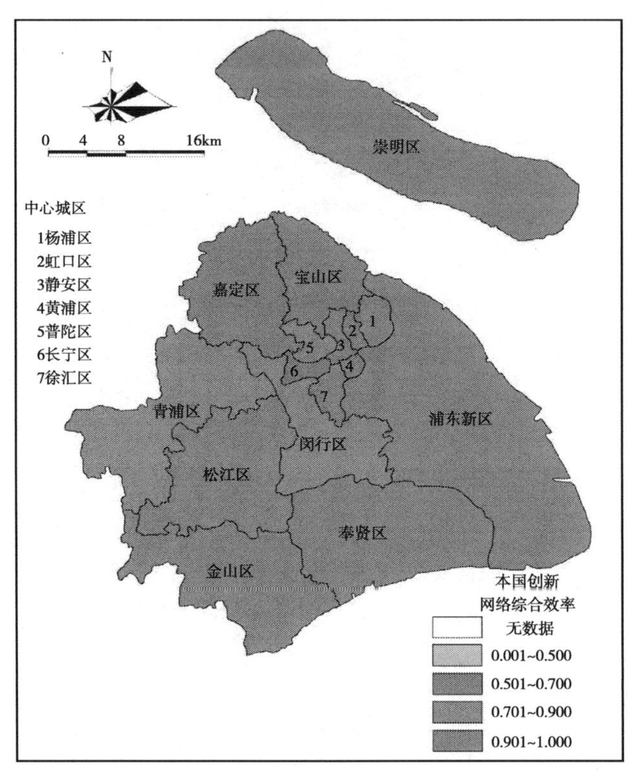

图 7－3 2015 年上海高新技术产业本国创新网络综合效率空间差异

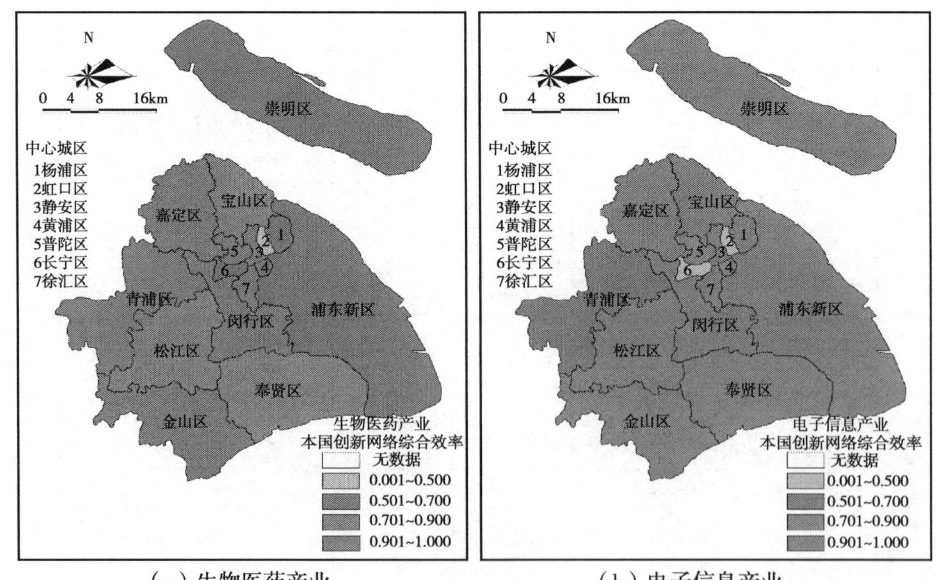

（a）生物医药产业　　（b）电子信息产业

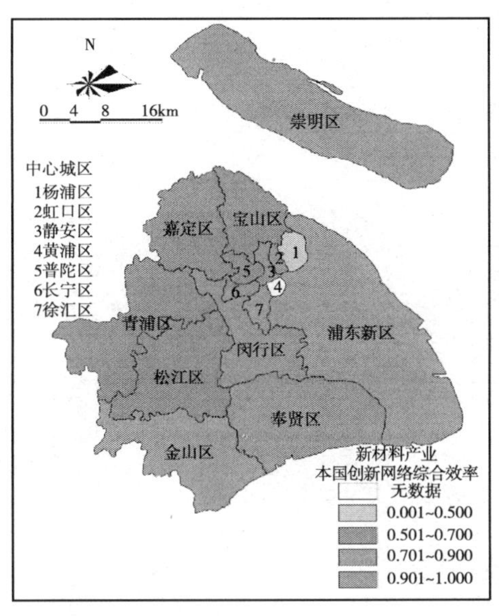

（c）新材料产业

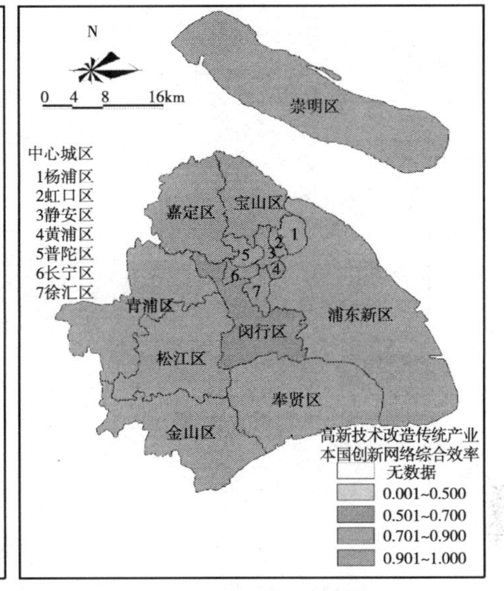

（d）高新技术改造传统产业

图 7－4　2015 年上海高新技术产业分行业本国创新网络综合效率空间差异

7.3.1　地方创新网络综合效率较高

7.3.1.1　本国创新网络

2015 年上海市高新技术产业本国创新网络综合效率为 0.940，纯技术效率和规模效率分别为 0.963 和 0.975。从综合效率来看，所有区域的高新技术企业创新网络效率均高于 50% 最优水平，相较于全球、本市和全球—地方创新网络，上海市高新技术产业本国创新网络效率排名第一，相对最高。宝山区、崇明区、虹口区、黄浦区、嘉定区、静安区、松江区、徐汇区、杨浦区等 9 个区域的高新技术企业创新网络综合效率达到相对最优水平，长宁区、闵行区、普陀区、青浦区等 4 个区域的高新技术企业创新网络综合效率处于 0.6 ~ 0.9 之间，分别为 0.639、0.836、0.835、0.883；奉贤区、金山区、浦东新区 3 个区域的高新技术企业创新网络综合效率接近最优水平，介于 0.9 ~ 1.0 之间，分别为 0.982、0.945、0.928。

表 7 – 5　　2015 年上海高新技术产业本市创新网络效率计算值

区域	本市创新网络总样本			生物医药产业			电子信息产业			新材料产业			高新技术改造传统产业		
	综合效率	纯技术效率	规模效率	综合效率	纯技术效率	规模效率	综合效率	纯技术效率	规模效率	综合效率	纯技术效率	规模效率	综合效率	纯技术效率	规模效率
宝山区	1.000	1.000	1.000	1.000	1.000	1.000	0.458	1.000	0 458	0.740	0.757	0.977	1.000	1.000	1.000
长宁区	1.000	1.000	1.000	1.000	1.000	1.000	1.000	1.000	1 000	1.000	1.000	1.000	0.976	0.976	1.000
崇明区	1.000	1.000	1.000	1.000	1.000	1.000	0.860	1.000	0 860	0.844	1.000	0.844	1.000	1.000	1.000
奉贤区	0.546	0.568	0.962	1.000	1.000	1.000	0.694	0.822	0 844	0.729	1.000	0.729	0.251	0.251	1.000
虹口区	1.000	1.000	1.000	0.647	0.877	0.737	0.832	0.855	0 973	1.000	1.000	1.000	1.000	1.000	1.000
黄浦区	1.000	1.000	1.000	1.000	1.000	1.000	0.710	0.764	0 930	1.000	1.000	1.000	1.000	1.000	1.000
嘉定区	0.918	1.000	0.918	0.960	1.000	0.960	1.000	1.000	1 000	0.525	0.635	0.827	0.832	1.000	0.832
金山区	0.772	0.784	0.985	1.000	1.000	1.000	0.253	0.909	0 278	0.652	0.972	0.670	0.883	0.884	0.999
静安区	1.000	1.000	1.000	0.672	0.729	0.922	1.000	1.000	1 000	0.515	0.796	0.647	—	—	—
闵行区	0.942	1.000	0.942	1.000	1.000	1.000	0.910	0.946	0 962	0.645	1.000	0.645	0.452	0.927	0.487
浦东新区	1.000	1.000	1.000	0.809	1.000	0.809	1.000	1.000	1 000	0.717	1.000	0.717	0.921	1.000	0.921
普陀区	1.000	1.000	1.000	1.000	1.000	1.000	0.545	0.557	0 979	0.713	0.744	0.959	1.000	1.000	1.000
青浦区	0.918	0.920	0.997	1.000	1.000	1.000	1.000	1.000	1 000	0.649	0.651	0.997	0.873	1.000	0.873
松江区	0.673	0.820	0.821	1.000	1.000	1.000	1.000	1.000	1 000	0.594	1.000	0.594	0.468	0.526	0.889
徐汇区	1.000	1.000	1.000	1.000	1.000	1.000	1.000	1.000	1 000	1.000	1.000	1.000	1.000	1.000	1.000
杨浦区	0.569	0.573	0.993	0.765	1.000	0.765	0.377	0.382	0 987	0.967	1.000	0.967	0.627	0.630	0.995
平均值	0.896	0.917	0.976	0.928	0.975	0.950	0.790	0.890	0 892	0.768	0.910	0.848	0.819	0.880	0.933

注：“—”表示无数据。

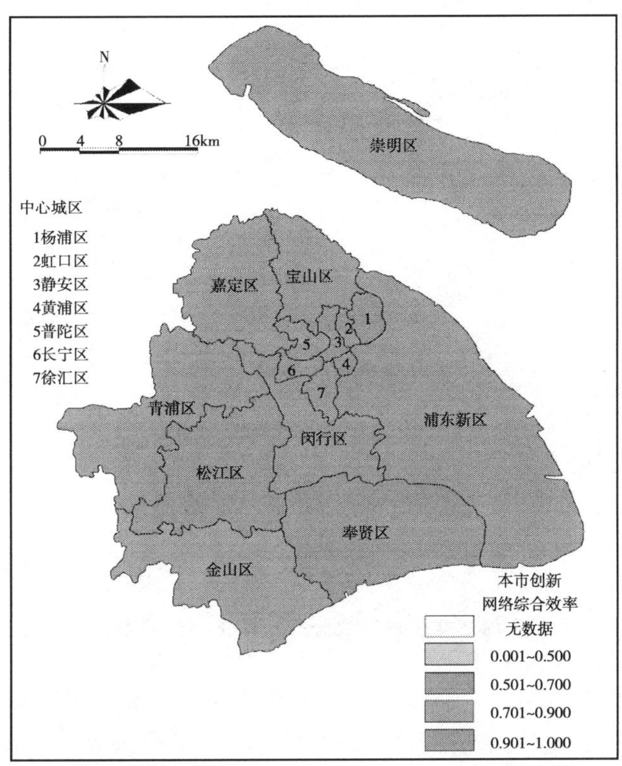

图 7－5　2015 年上海高新技术产业本市创新网络综合效率空间差异

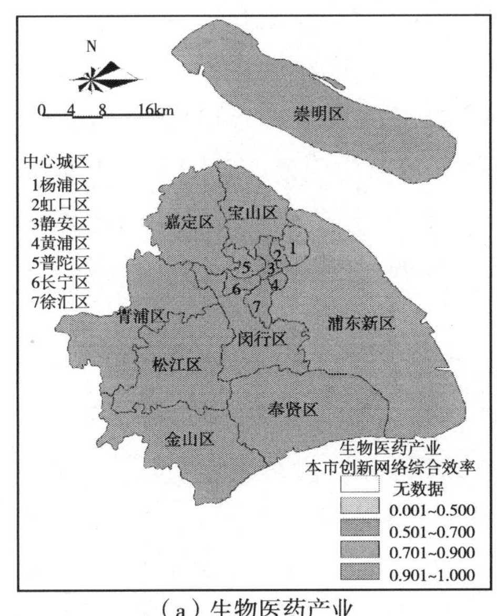

（a）生物医药产业

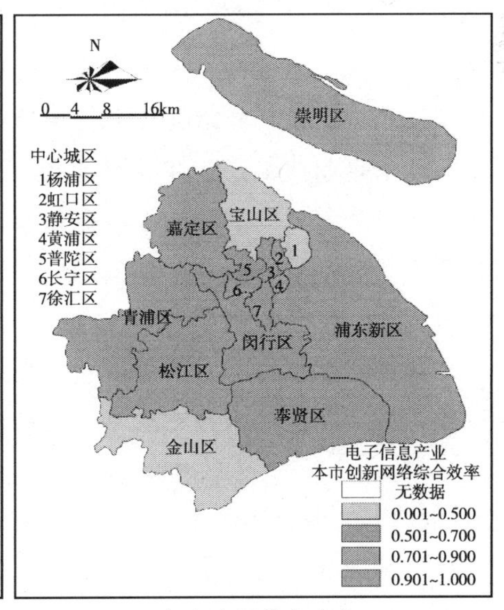

（b）电子信息产业

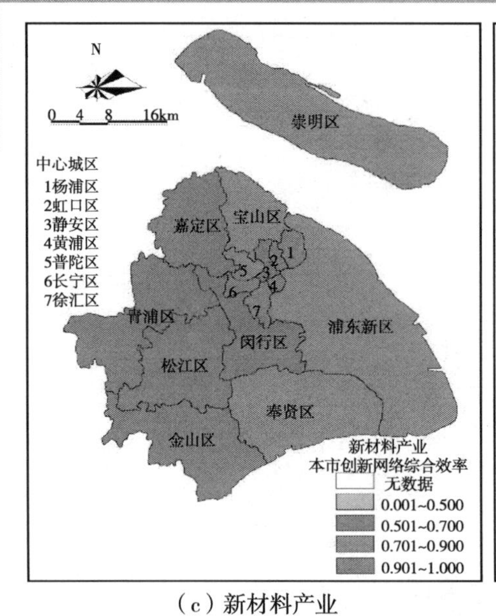

(c) 新材料产业

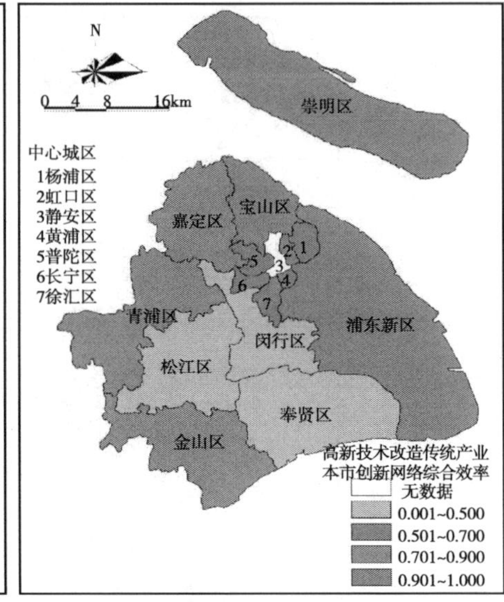

(d) 高新技术改造传统产业

图 7-6　2015 年上海高新技术产业分行业本市创新网络综合效率空间差异

从纯技术效率来看，上海市高新技术产业本国创新网络纯技术效率总体高于综合效率水平，且没有低于 50% 最优水平的区域，相较于全球、本市和全球—地方创新网络，上海市高新技术产业本国创新网络纯技术效率排名第一，相对最高。宝山区、崇明区、奉贤区、虹口区、黄浦区、嘉定区、静安区、闵行区、浦东新区、松江区、徐汇区和杨浦区等 12 个区域的高新技术企业创新网络纯技术效率达到相对最优水平，表明这些区域内的高新技术企业技术进步带来的创新效率提升较为明显；长宁区、普陀区、青浦区 3 个区域的高新技术企业创新网络纯技术效率处于 0.6～0.9 之间，分别为 0.711、0.849、0.896，金山区为 0.953，接近最优水平，表明技术进步在这些区域起到了较为重要的作用。

从规模效率来看，上海市高新技术产业本国创新网络规模效率总体高于综合效率和纯技术效率水平（闵行区和浦东新区规模效率小于纯技术效率），相较于全球、本市和全球—地方创新网络，上海市高新技术产业本国创新网络规模效率排名第三，相对处于中等水平。宝山区、崇明区、虹口区、黄浦区、嘉定区、静安区、松江区、徐汇区和杨浦区等 9 个区域的高新技术企业创新网络规模效率达到相对最优水平，表明这些区域内的高新技术企业创新网络创新活动投入规模与产出规模较为匹配，配置效率较高。长宁区和闵行区两个区域的高新技术企业创新网络规模效率处于0.6～0.9之间，分别为0.899、0.836；奉贤区、金山区、浦东新区、普陀区和青浦区5个区域的高新技术企业创新网络规模效率介于0.9～1.0之间，分别为0.982、0.992、0.928、0.983、0.985，处于较高水平，表明这些区域内的高新技术企业创新网络创新活动投入规模与产出规模已处于较高水平，但仍有改进的空间。另外，没有任何一个区域的高新技术企业创新网络的规模效率低于50%最优水平，表明对于上海高新技术产业本国创新网络而言，创新投入与产出规模之间的关系较为合理。

7.3.1.2　本市创新网络

2015年上海市高新技术产业本市创新网络综合效率为0.896，纯技术效率和规模效率分别为0.917和0.976。从综合效率来看，所有区域的高新技术企业创新网络效率均高于50%最优水平，相较于全球、本国和全球—地方创新网络，上海市高新技术产业本市创新网络效率排名第三，相对较低。宝山区、长宁区、崇明区、虹口区、黄浦区、静安区、浦东新区、普陀区和徐汇区等9个区域的高新技术企业创新网络综合效率达到相对最优水平；奉贤区和杨浦区相对较低，为0.546和0.569；金山区和松江区2个区域的高新技术企业创新网络综合效率处于0.6～0.9之间，分别为0.772、0.673；嘉定区、闵行区、青浦区3个区域的高新技术企业创新网络综合效率接近最优水平，介于0.9～1.0之间，分别为0.918、0.942、0.918。

从纯技术效率来看，上海市高新技术产业本市创新网络纯技术效率总体高于综合效率水平，相较于全球、本国和全球—地方创新网络，上海市高新技术产业本市创新网络纯技术效率排名第二，相对较高。宝山区、长宁区、崇明区、虹口区、黄浦区、嘉定区、静安区、闵行区、浦东新区、普陀区和徐汇区等11个区域的高新技术企业创新网络纯技术效率达到相对最优水平，表明这些区域内的高新技术企业技术进步带来的创新效率提升较为明显；奉贤区和杨浦区2个区域的高新技术企业创新网络纯技术效率相对较低，分别为0.568和0.573，技术进步的促进作用尚待进一步提升；

金山区、松江区 2 个区域的高新技术企业创新网络纯技术效率处于 0.6 ~ 0.9 之间，分别为 0.784、0.820，青浦区为 0.920，接近最优水平，表明技术进步在这些区域起到了较为重要的作用。

从规模效率来看，上海市高新技术产业本市创新网络规模效率总体高于综合效率和纯技术效率水平（嘉定区、闵行区规模效率小于纯技术效率），相较于全球、本国和全球—地方创新网络，上海市高新技术产业本市创新网络规模效率排名第二，相对较高。宝山区、长宁区、崇明区、虹口区、黄浦区、静安区、浦东新区、普陀区和徐汇区等 9 个区域的高新技术企业创新网络规模效率达到相对最优水平，表明这些区域内的高新技术企业创新网络创新活动投入规模与产出规模较为匹配，配置效率较高；奉贤区、嘉定区、金山区、闵行区、青浦区、松江区和杨浦区等 7 个区域的高新技术企业创新网络规模效率介于 0.8 ~ 1.0 之间，分别为 0.962、0.918、0.985、0.942、0.997、0.821、0.993，处于较高水平，表明这些区域内的高新技术企业创新网络创新活动投入规模与产出规模已处于较高水平。另外，所有区域的高新技术企业创新网络的规模效率均高于 80% 最优水平，表明对于上海高新技术产业本市创新网络而言，创新投入与产出规模之间的关系较为合理。

7.3.2 地方创新网络效率行业差异

7.3.2.1 本国创新网络

（1）生物医药产业本国创新网络效率。

2015 年上海市生物医药产业本国创新网络综合效率为 0.806，纯技术效率和规模效率分别为 0.915 和 0.885。从综合效率来看，上海市生物医药产业本国创新网络效率总体一般，在四个行业中处于第三位。黄浦区、嘉定区、静安区、闵行区、青浦区和徐汇区等 6 个区域的生物医药企业创新网络综合效率达到相对最优水平，虹口区的生物医药企业创新网络综合效率相对较低，不足最优水平的 50%，为 0.425；长宁区、崇明区、浦东新区、杨浦区 4 个区域的生物医药企业创新网络综合效率介于 0.5 ~ 0.7 之间，分别为 0.671、0.546、0.602、0.615；宝山区、奉贤区、松江区 3 个区域的生物医药企业创新网络综合效率介于 0.7 ~ 0.9 之间，分别为 0.753、0.717、0.721；金山区和普陀区 2 个区域的生物医药企业创新网络综合效率介于 0.9 ~ 1.0 之间，分别为 0.924 和 0.925。

从纯技术效率来看，上海市生物医药产业本国创新网络纯技术效率总体高于综合效率水平，相较于其他三个行业而言，生物医药产业本国创新网络纯技术效率排名第三，总体一般。崇明区、奉贤区、黄浦区、嘉定区、金山区、静安区、闵行区、浦东新区、普陀区、青浦区和徐汇区等 11 个区域的生物医药企业创新网络纯技术效率达到相对最优水平，表明这些区域内的技术进步对企业创新效率的提升较为明显；虹口区的生物医药企业创新网络纯技术效率相对较低，为 0.480，技术进步的促进作用不明显；宝山区、长宁区、松江区 3 个区域的纯技术效率分别为 0.802、0.676、0.743，处于中等水平，表明技术进步在这些区域起到了一定作用，但尚待进一步提升；杨浦区的纯技术效率为 0.936，表明技术进步发挥了重要作用。

从规模效率来看，上海市生物医药产业本国创新网络规模效率总体高于综合效率，低于纯技术效率，相较于其他三个行业而言，生物医药产业本国创新网络规模效率排名第三，总体一般。黄浦区、嘉定区、静安区、闵行区和青浦区等 5 个区域的生物医药企业创新网络规模效率达到相对最优水平，表明这些区域内的生物医药企业创新网络创新活动投入规模与产出规模较为匹配，配置效率较高；崇明区、浦东新区、杨浦区 3 个区域的生物医药企业创新网络规模效率处于 0.5 ~ 0.7 之间，分别为 0.546、0.602、0.657，表明这 3 个区域内的生物医药企业创新网络创新活动投入规模与产出规模处于中等水平，仍有较大的改进空间；奉贤区和虹口区 2 个区域的规模效率介于 0.7 ~ 0.9 之间，分别为 0.717、0.818；宝山区、长宁区、金山区、普陀区、松江区 5 个区域的规模效率介于 0.9 ~ 1.0 之间，分别为 0.939、0.993、0.924、0.925、0.971，表明这些区域内的生物医药企业创新网络创新活动投入规模与产出规模处于较高水平。

（2）电子信息产业本国创新网络效率。

2015 年上海市电子信息产业本国创新网络综合效率为 0.879，纯技术效率和规模效率分别为 0.902 和 0.963。从综合效率来看，上海市电子信息产业本国创新网络效率总体较高，在四个行业中处于第二位。宝山区、崇明区、奉贤区、嘉定区、金山区、闵行区、浦东新区、松江区、徐汇区和杨浦区等 10 个区域的电子信息企业创新网络综合效率达到相对最优水平；长宁区和虹口区 2 个区域的电子信息企业创新网络综合效率相对较低，不足最优水平的 50%，分别为 0.473 和 0.357；黄浦区、普陀区和青浦区 3 个区域的电子信息企业创新网络综合效率处于 0.6 ~ 0.9 之间，分别为 0.762、0.857、0.628；静安区的电子信息企业创新网络综合效率为 0.983，接近最优水平。

从纯技术效率来看，上海市电子信息产业本国创新网络纯技术效率总体高于综合效率水平，相较于其他 3 个行业而言，电子信息产业本国创新网络纯技术效率总体较低，在四个行业中排名第四。宝山区、崇明区、奉贤区、嘉定区、金山区、静安区、闵行区、浦东新区、松江区、徐汇区和杨浦区等 11 个区域的电子信息企业创新网络纯技术效率达到相对最优水平，表明这些区域内的技术进步对企业创新效率的提升较为明显；长宁区和虹口区的电子信息企业创新网络纯技术效率相对较低，分别为 0.539 和 0.485，技术进步的促进作用不明显；黄浦区、青浦区分别为 0.845、0.633，处于中等水平，表明技术进步起到了一定作用，但尚待进一步提升；普陀区的电子信息企业创新网络纯技术效率为 0.938，处于较高水平，表明技术进步起到了较好地推动作用。

从规模效率来看，上海市电子信息产业本国创新网络规模效率总体高于综合效率和纯技术效率水平，相较于其他 3 个行业而言，电子信息产业本国创新网络规模效率总体最高，在四个行业中排名第一。宝山区、崇明区、奉贤区、嘉定区、金山区、闵行区、浦东新区、松江区、徐汇区和杨浦区等 10 个区域的电子信息企业创新网络规模效率达到相对最优水平，表明这些区域内的电子信息企业创新网络创新活动投入规模与产出规模较为匹配，配置效率较高；长宁区、虹口区的规模效率分别为 0.878、0.737，黄浦区、静安区、普陀区和青浦区的电子信息企业创新网络规模效率分别为 0.902、0.983、0.914、0.992，表明这些区域内的电子信息企业创新网络创新活动投入规模与产出规模处于较高水平。

（3）新材料产业本国创新网络效率。

2015 年上海市新材料产业本国创新网络综合效率为 0.764，纯技术效率和规模效率分别为 0.974 和 0.784，黄浦区的新材料企业没有构建本国创新网络，因而数据缺失。从综合效率来看，上海市新材料产业本国创新网络综合效率总体较低，在四个行业中处于第四位。长宁区、崇明区、虹口区、静安区 4 个区域的新材料企业创新网络综合效率达到相对最优水平；宝山区、普陀区、杨浦区的新材料企业创新网络综合效率相对较低，分别为 0.588、0.507、0.401；嘉定区、金山区、浦东新区、青浦区、松江区和徐汇区等 6 个区域的新材料企业创新网络综合效率处于 0.6 ~ 0.9 之间，分别为 0.638、0.774、0.715、0.645、0.604、0.746；奉贤区和闵行区的新材料企业创新网络综合效率处于 0.9 ~ 1.0 之间，分别为 0.909、0.929。

从纯技术效率来看，上海市新材料产业本国创新网络纯技术效率总体高于综合效率水平，相较于其他三个行业而言，新材料产业本国创新网络纯技术效率总体最高，在四个行业中处于第一位。宝山区、长宁区、崇明区、奉贤区、虹口区、嘉定区、静安区、闵行区、普陀区、青浦区、徐汇区和杨浦区等 12 个区域的新材料企业创新网络纯技术效率达到相对最优水平，表明这些区域内的技术进步对企业创新效率的提升较为明显；金山区、浦东新区、松江区的新材料企业创新网络纯技术效率分别为 0.899、0.925、0.784，处于较高水平，表明技术进步起到了较好的推动作用。

从规模效率来看，上海市新材料产业本国创新网络规模效率总体高于综合效率，低于纯技术效率，相较于其他三个行业而言，新材料产业本国创新网络规模效率总体较低，在四个行业中处于第四位。长宁区、崇明区、虹口区、静安区等 4 个区域的新材料企业创新网络规模效率达到相对最优水平，表明这些区域内的新材料企业创新网络创新活动投入规模与产出规模较为匹配，配置效率较高；宝山区、普陀区和杨浦区 3 个区域的新材料企业创新网络规模效率相对较低，分别为 0.588、0.507、0.401，表明这三个区域内新材料企业创新网络投入和产出规模相对不足；嘉定区、金山区、浦东新区、青浦区、松江区和徐汇区等 6 个区域的新材料企业创新网络规模效率处于 0.6 ~0.9 之间，分别为 0.638、0.860、0.773、0.645、0.770、0.746，表明这些区域内的新材料企业创新网络创新活动投入规模与产出规模处于中等偏上水平；奉贤区和闵行区等 2 个区域的新材料企业创新网络规模效率处于 0.9 ~1.0 之间，分别为 0.909、0.929，表明这些区域内的新材料企业创新网络创新活动投入规模与产出规模处于较高水平。

（4）高新技术改造传统产业本国创新网络效率。

2015 年上海市高新技术改造传统产业本国创新网络综合效率为 0.886，纯技术效率和规模效率分别为 0.954 和 0.929。从综合效率来看，相较于其他三个行业而言，上海市高新技术改造传统产业本国创新网络效率总体最高，在四个行业中处于第一位。宝山区、长宁区、崇明区、虹口区、黄浦区、静安区和徐汇区等 7 个区域的高新技术改造传统企业创新网络综合效率达到相对最优水平；奉贤区、金山区、闵行区、浦东新区、普陀区、青浦区、松江区和杨浦区等 8 个区域的高新技术改造传统企业创新网络综合效率处于 0.6 ~0.9 之间，分别为 0.794、0.826、0.638、0.729、0.781、0.889、0.743、0.799；嘉定区综合效率为 0.977。

从纯技术效率来看，上海市高新技术改造传统产业本国创新网络纯技术效率总体高于综合效率水平，相较于其他三个行业而言，高新技术改造传统产业本国创新网络纯技术效率总体较高，在四个行业中处于第二位。宝山区、长宁区、崇明区、虹口区、黄浦区、嘉定区、静安区、闵行区、浦东新区、徐汇区等 10 个区域的高新技术改造传统企业创新网络纯技术效率达到相对最优水平，表明这些区域内的技术进步对企业创新效率的提升较为明显；奉贤区、金山区、普陀区、青浦区、松江区、杨浦区 6 个区域的高新技术改造传统企业创新网络纯技术效率处于较高水平，均达到了最优水平的 80%，分别为 0.923、0.863、0.930、0.900、0.833、0.819，表明技术进步起到了较好的推动作用。

从规模效率来看，上海市高新技术改造传统产业本国创新网络规模效率总体高于综合效率，低于纯技术效率，相较于其他三个行业而言，高新技术改造传统产业本国创新网络规模效率总体较高，在四个行业中处于第二位。宝山区、长宁区、崇明区、虹口区、黄浦区、静安区、徐汇区等 7

个区域的高新技术改造传统企业创新网络规模效率达到相对最优水平，表明这些区域内的高新技术改造传统企业创新网络创新活动投入规模与产出规模较为匹配，配置效率较高；奉贤区、闵行区、浦东新区、普陀区、松江区 5 个区域的高新技术改造传统企业创新网络规模效率处于 0.6 ~0.9 之间，分别为 0.860、0.638、0.729、0.840、0.892，表明这些区域内的高新技术改造传统企业创新网络创新活动投入规模与产出规模处于中等偏上水平；嘉定区、金山区、青浦区和杨浦区 4 个区域的高新技术改造传统企业创新网络规模效率处于 0.9 ~ 1.0 之间，分别为 0.977、0.957、0.988、0.976，表明这些区域内的高新技术改造传统企业创新网络创新活动投入规模与产出规模处于较高水平。

7.3.2.2　本市创新网络

（1）生物医药产业本市创新网络效率。

2015 年上海市生物医药产业本市创新网络综合效率为 0.928，纯技术效率和规模效率分别为 0.975 和 0.950。从综合效率来看，上海市生物医药产业本市创新网络综合效率总体最高，在四个行业中处于第一位。宝山区、长宁区、崇明区、奉贤区、黄浦区、嘉定区、闵行区、普陀区、青浦区、松江区和徐汇区等 11 个区域的生物医药企业创新网络综合效率达到相对最优水平；虹口区、静安区、浦东新区、杨浦区 4 个区域的生物医药企业创新网络综合效率介于 0.6 ~0.9 之间，分别为 0.647、0.672、0.809、0.765；嘉定区的生物医药企业创新网络综合效率为 0.960，处于较高水平。

从纯技术效率来看，上海市生物医药产业本市创新网络纯技术效率总体高于综合效率水平，相较于其他三个行业而言，生物医药产业本市创新网络纯技术效率排名第一，总体最高。宝山区、长宁区、崇明区、奉贤区、黄浦区、嘉定区、金山区、闵行区、浦东新区、普陀区、青浦区、松江区、徐汇区和杨浦区等 14 个区域的生物医药企业创新网络纯技术效率达到相对最优水平，表明这些区域内的技术进步对企业创新效率的提升较为明显；虹口区和静安区的生物医药企业创新网络纯技术效率介于 0.7 ~0.9 之间，分别为 0.877、0.729，表明技术进步在这些区域起到了一定作用，但尚待进一步提升。

从规模效率来看，上海市生物医药产业本市创新网络规模效率总体高于综合效率，低于纯技术效率，相较于其他三个行业而言，生物医药产业本市创新网络规模效率排名第一，总体最高。宝山区、长宁区、崇明区、奉贤区、黄浦区、金山区、闵行区、普陀区、青浦区、松江区和徐汇区等11个区域的生物医药企业创新网络规模效率达到相对最优水平，表明这些区域内的生物医药企业创新网络创新活动投入规模与产出规模较为匹配，配置效率较高；虹口区、浦东新区和杨浦区3个区域的规模效率介于0.7~0.9之间，分别为0.737、0.809、0.765；嘉定区、静安区2个区域的规模效率介于0.9~1.0之间，分别为0.960、0.922，表明这两个区域内的生物医药企业创新网络创新活动投入规模与产出规模处于较高水平。

（2）电子信息产业本市创新网络效率。

2015年上海市电子信息产业本市创新网络综合效率为0.790，纯技术效率和规模效率分别为0.890和0.892。从综合效率来看，相较于其他三个行业而言，上海市电子信息产业本市创新网络效率总体处于中等水平，在四个行业中处于第三位。长宁区、嘉定区、静安区、浦东新区、青浦区、松江区和徐汇区等7个区域的电子信息企业创新网络综合效率达到相对最优水平；宝山区、金山区、杨浦区、普陀区4个区域的电子信息企业创新网络综合效率相对较低，分别为0.458、0.253、0.377、0.545；崇明区、奉贤区、虹口区、黄浦区4个区域的电子信息企业创新网络综合效率处于0.6~0.9之间，分别为0.860、0.694、0.832、0.710；闵行区的电子信息企业创新网络综合效率为0.910，接近最优水平。

从纯技术效率来看，上海市电子信息产业本市创新网络纯技术效率总体高于综合效率水平，相较于其他3个行业而言，电子信息产业本市创新网络纯技术效率总体处于中等水平，在四个行业中排名第三。宝山区、长宁区、崇明区、嘉定区、静安区、浦东新区、青浦区、松江区和徐汇区等9个区域的电子信息企业创新网络纯技术效率达到相对最优水平，表明这些区域内的技术进步对企业创新效率的提升较为明显；普陀区和杨浦区的电子信息企业创新网络纯技术效率相对较低，分别为0.557和0.382，技术进步的促进作用不明显；奉贤区、虹口区、黄浦区分别为0.822、

0.855、0.764，处于中等水平，表明技术进步起到了一定作用，但尚待进一步提升；金山区和闵行区的电子信息企业创新网络纯技术效率分别为0.909、0.946，处于较高水平，表明技术进步起到了较好的推动作用。

从规模效率来看，上海市电子信息产业本市创新网络规模效率总体高于综合效率和纯技术效率水平，相较于其他 3 个行业而言，电子信息产业本市创新网络规模效率总体处于中等水平，在四个行业中排名第三。长宁区、嘉定区、静安区、浦东新区、青浦区、松江区和徐汇区等 7 个区域的电子信息企业创新网络规模效率达到相对最优水平，表明这些区域内的电子信息企业创新网络创新活动投入规模与产出规模较为匹配，配置效率较高；宝山区和金山区的规模效率相对较低，仅分别为 0.458、0.278，表明这两个区域的电子信息产业本市创新网络投入与产出规模尚待调整；崇明区和奉贤区的规模效率分别为 0.860、0.844，虹口区、黄浦区、闵行区、普陀区、杨浦区的电子信息企业创新网络规模效率分别为 0.973、0.930、0.962、0.979、0.987，表明这些区域内的电子信息企业创新网络创新活动投入规模与产出规模处于较高水平。

（3）新材料产业本市创新网络效率。

2015 年上海市新材料产业本市创新网络综合效率为 0.768，纯技术效率和规模效率分别为 0.910 和 0.848。从综合效率来看，上海市新材料产业本市创新网络综合效率总体较低，在四个行业中处于第四位。长宁区、虹口区、黄浦区、徐汇区 4 个区域的新材料企业创新网络综合效率达到相对最优水平；嘉定区、静安区、松江区的新材料企业创新网络综合效率相对较低，分别为 0.525、0.515、0.594；宝山区、崇明区、奉贤区、金山区、闵行区、浦东新区、普陀区、青浦区等 8 个区域的新材料企业创新网络综合效率处于 0.6～0.9 之间，分别为 0.740、0.844、0.729、0.652、0.645、0.717、0.713、0.649；杨浦区的新材料企业创新网络综合效率处于0.9～1.0 之间，为 0.967。

从纯技术效率来看，上海市新材料产业本市创新网络纯技术效率总体高于综合效率水平，相较于其他三个行业而言，新材料产业本市创新网络纯技术效率总体较高，在四个行业中处于第二位。长宁区、崇明区、奉贤区、虹口区、黄浦区、闵行区、浦东新区、松江区、徐汇区和杨浦区等 10

个区域的新材料企业创新网络纯技术效率达到相对最优水平，表明这些区域内的技术进步对企业创新效率的提升较为明显；宝山区、嘉定区、静安区、普陀区和青浦区5个区域的新材料企业创新网络纯技术效率介于0.6~0.9之间，分别为0.757、0.635、0.796、0.744、0.651；金山区的纯技术效率为0.972，处于较高水平，表明技术进步起到了较好的推动作用。

从规模效率来看，上海市新材料产业本市创新网络规模效率总体高于综合效率，低于纯技术效率，相较于其他三个行业而言，新材料产业本市创新网络规模效率总体较低，在四个行业中处于第四位。长宁区、虹口区、黄浦区、徐汇区等4个区域的新材料企业创新网络规模效率达到相对最优水平，表明这些区域内的新材料企业创新网络创新活动投入规模与产出规模较为匹配，配置效率较高；松江区的新材料企业创新网络规模效率相对较低，为0.594，表明松江区的新材料企业创新网络投入和产出规模相对不足；崇明区、奉贤区、嘉定区、金山区、静安区、闵行区、浦东新区等7个区域的新材料企业创新网络规模效率处于0.6~0.9之间，分别为0.844、0.729、0.827、0.670、0.647、0.645、0.717，表明这些区域内的新材料企业创新网络创新活动投入规模与产出规模处于中等偏上水平；宝山区、普陀区、青浦区、杨浦区等4个区域的新材料企业创新网络规模效率处于0.9~1.0之间，分别为0.977、0.959、0.997、0.967，接近最优水平，表明这些区域内的新材料企业创新网络创新活动投入规模与产出规模处于较高水平。

（4）高新技术改造传统产业本市创新网络效率。

2015年上海市高新技术改造传统产业本市创新网络综合效率为0.819，纯技术效率和规模效率分别为0.880和0.933，静安区的高新技术改造传统企业没有构建本市创新网络，因而数据缺失。从综合效率来看，相较于其他三个行业而言，上海市高新技术改造传统产业本市创新网络效率总体较高，在四个行业中处于第二位。宝山区、崇明区、虹口区、黄浦区、普陀区和徐汇区等6个区域的高新技术改造传统企业创新网络综合效率达到相对最优水平；奉贤区、闵行区、松江区3个区域的高新技术改造传统企业创新网络综合效率较低，分别为0.251、0.452、0.468，均不足最优水平的 50%；嘉定区、金山区、青浦区、杨浦区 4 个区域的高新技术改造传统企业创新网络综合效率处于 0.6 ~ 0.9 之间，分别为 0.832、0.883、0.873、0.627；长宁区、浦东新区的综合效率介于 0.9 ~ 1.0 之间，分别为 0.976、0.921，处于较高水平。

从纯技术效率来看，上海市高新技术改造传统产业本市创新网络纯技术效率总体高于综合效率水平，相较于其他三个行业而言，高新技术改造传统产业本市创新网络纯技术效率总体较低，在四个行业中处于第四位。宝山区、崇明区、虹口区、黄浦区、嘉定区、浦东新区、普陀区、青浦区、徐汇区等 9 个区域的高新技术改造传统企业创新网络纯技术效率达到相对最优水平，表明这些区域内的技术进步对企业创新效率的提升较为明显；奉贤区、松江区的高新技术改造传统企业创新网络纯技术效率较低，分别为 0.251、0.526，表明技术进步的推动作用尚不明显；长宁区、金山区、闵行区、杨浦区 4 个区域的高新技术改造传统企业创新网络纯技术效率处于较高水平，均达到了最优水平的 60%，分别为 0.976、0.884、0.927、0.630，表明技术进步起到了较好的推动作用。

从规模效率来看，上海市高新技术改造传统产业本市创新网络规模效率总体高于综合效率和纯技术效率水平，相较于其他三个行业而言，高新技术改造传统产业本市创新网络规模效率总体较高，在四个行业中处于第二位。宝山区、长宁区、崇明区、奉贤区、虹口区、黄浦区、普陀区、徐汇区等 8 个区域的高新技术改造传统企业创新网络规模效率达到相对最优水平，表明这些区域内的高新技术改造传统企业创新网络创新活动投入规模与产出规模较为匹配，配置效率较高；闵行区的规模效率较低，为 0.487，表明闵行区的高新技术改造传统企业创新网络投入和产出规模相对不足；嘉定区、青浦区、松江区 3 个区域的高新技术改造传统企业创新网络规模效率处于 0.6 ~ 0.9 之间，分别为 0.832、0.873、0.889，表明这些区域内的高新技术改造传统企业创新网络创新活动投入规模与产出规模处于中等偏上水平；金山区、浦东新区、杨浦区 3 个区域的高新技术改造传统企业创新网络规模效率处于 0.9 ~ 1.0 之间，分别为 0.999、0.921、0.995，表明这些区域内的高新技术改造传统企业创新网络创新活动投入规模与产出规模处于较高水平。

7.3.3 地方创新网络效率区域差异

7.3.3.1 本国创新网络

从上海市高新技术产业本国创新网络样本来看，中心城区的空间差异不明显，杨浦区、虹口区、静安区、黄浦区、普陀区和徐汇区的高新技术产业创新网络效率均高于70%最优水平，仅长宁区高新技术产业创新网络效率低于最优水平70%，但高于60%，与其他中心城区区域间差距不明显；在近郊区、远郊区内部各区域间差距较小，各区域的高新技术产业创新网络效率均高于70%最优水平，在近郊区4个区域中，3个区域（嘉定区、宝山区、浦东新区）介于0.9～1.0之间，1个区域（闵行区）介于0.7～0.9之间；在远郊区5个区域中，4个区域（崇明区、金山区、松江区、奉贤区）介于0.9～1.0之间，1个区域（青浦区）介于0.7～0.9之间；中心城区的高新技术产业本国创新网络创新效率最低（0.925），远郊区最高（0.962），近郊区居中（0.941）（见图7－3、表7－6）。

表7－6　2015年分区域上海高新技术产业本国创新网络效率空间差异

区域	本国创新网络总样本	生物医药产业	电子信息产业	新材料产业	高新技术改造传统产业
中心城区	0.925	0.805	0.666	0.776	0.940
近郊区	0.941	0.839	1.000	0.718	0.836
远郊区	0.962	0.782	0.926	0.786	0.850
上海平均值	0.940	0.806	0.879	0.764	0.886

注：中心城区包括杨浦区、虹口区、静安区、黄浦区、普陀区、长宁区、徐汇区，近郊区包括宝山区、嘉定区、浦东新区、闵行区，远郊区包括崇明区、青浦区、松江区、金山区、奉贤区。表中数据均是对表7－4中各区数据汇总求平均值而得到。

从生物医药产业来看，中心城区的生物医药产业本国创新网络效率空间差异较大，静安区、黄浦区、普陀区、徐汇区的创新效率介于0.9～1.0之间，杨浦区、长宁区介于0.5～0.7之间，虹口区低于50%最优水平；近郊区和远郊区内部各区域均已达到50%最优水平，总体空间差异不大；

中心城区的生物医药企业本国创新网络创新效率居中（0.805），近郊区最高（0.839），远郊区最低（0.782）（见图 7-4a、表 7-6）。

从电子信息产业来看，中心城区空间差异较大，杨浦区、静安区和徐汇区的电子信息产业创新网络效率介于 0.9~1.0 之间，黄浦区和普陀区的电子信息产业创新网络效率介于 0.7~0.9 之间，而虹口区和长宁区电子信息产业创新网络效率则较低，均低于最优水平 50%；近郊区和远郊区各区域均已达到 50% 最优水平，总体空间差异不大，除了青浦区介于 0.5~0.7 之间以外，其余各区域均介于 0.9~1.0 之间；中心城区的电子信息企业本国创新网络创新效率最低（0.666），近郊区最高（1.000），远郊区居中（0.926）（见图 7-4b、表 7-6）。

从新材料产业来看，中心城区的黄浦区没有构建本国创新网络，其余各区域空间差异较大，虹口区、静安区、长宁区的新材料产业创新网络创新效率介于 0.9~1.0 之间，普陀区和徐汇区介于 0.5~0.9 之间，而杨浦区却不足最优水平的 50%；近郊区和远郊区均已达到 50% 最优水平，且空间差异较小，在近郊区的 4 个区域中，闵行区和浦东新区高于最优水平 70%，宝山区和嘉定区介于 0.5~0.7 之间；在远郊区的 5 个区域中，崇明区、奉贤区、金山区均高于 70% 最优水平，青浦区和松江区介于 0.5~0.7 之间；中心城区的新材料企业本国创新网络创新效率居中（0.776），近郊区最低（0.718），远郊区最高（0.786）（见图 7-4c、表 7-6）。

从高新技术改造传统产业来看，中心城区内部空间差异不大，各区域均已达到 70% 最优水平；在近郊区 4 个区域中，宝山区、嘉定区和浦东新区的高新技术改造传统产业创新网络效率均已达到 70% 最优水平，闵行区介于 0.5~0.7 之间，内部空间尚存一定差异；远郊区 5 个区域均已达到 70% 最优水平，内部空间差距较小；中心城区的高新技术改造传统企业本国创新网络创新效率最高（0.940），近郊区最低（0.836），远郊区居中（0.850）（见图 7-4d、表 7-6）。

7.3.3.2　本市创新网络

从上海市高新技术产业本市创新网络样本来看，中心城区各区域间存在着一定差距，杨浦区高新技术产业本市创新网络效率为0.569，而其他几个区域均已达到90%最优水平；近郊区的空间几乎没有差异，所有区域的高新技术产业创新网络均已达到90%最优水平；在远郊区内部各区域间存在较小的差距，各区域的高新技术产业创新网络效率均高于50%最优水平，在远郊区5个区域中，2个区域（崇明区、青浦区）介于0.9～1.0之间，1个区域（金山区）介于0.7～0.9之间，2个区域（松江区、奉贤区）介于0.5～0.7之间；中心城区的高新技术企业本市创新网络创新效率居中（0.938），近郊区最高（0.965），远郊区最低（0.782）（见图7－5、表7－7）。

表7－7　2015年上海高新技术产业本市创新网络效率

区域	本市创新网络总样本	生物医药产业	电子信息产业	新材料产业	高新技术改造传统产业
中心城区	0.938	0.869	0.781	0.885	0.934
近郊区	0.965	0.942	0.842	0.657	0.801
远郊区	0.782	1.000	0.761	0.694	0.695
上海平均值	0.896	0.928	0.790	0.768	0.819

注：中心城区包括杨浦区、虹口区、静安区、黄浦区、普陀区、长宁区、徐汇区，近郊区包括宝山区、嘉定区、浦东新区、闵行区，远郊区包括崇明区、青浦区、松江区、金山区、奉贤区。表中数据均是对表7－5中各区数据汇总求平均值而得到。

从生物医药产业来看，中心城区各区域之间存在一定差距，黄浦区、普陀区、长宁区、徐汇区的生物医药产业创新网络效率介于0.9～1.0之间，杨浦区介于0.7～0.9之间，而虹口区和静安区介于0.5～0.7之间；近郊区和远郊区的区域间几乎无差异，除了浦东新区介于0.7～0.9之间以外，其余各区域均已达到90%最优水平；中心城区的生物医药企业本市创新网络创新效率最低（0.869），近郊区居中（0.942），远郊区最高（1.000）（见图7－6a、表7－7）。

从电子信息产业来看，中心城区空间差异较大，静安区、长宁区和徐汇区的电子信息产业创新网络效率介于0.9～1.0之间，虹口区和黄浦区介于0.7～0.9之间，普陀区介于0.5～0.7之间，而杨浦区不足50%最优水平；近郊区和远郊区各区域空间差异也较大，在近郊区 4 个区域中，嘉定区、浦东新区和闵行区均已达到 90% 最优水平，而宝山区却不足 50%；在远郊区 5 个区域中，青浦区和松江区达到 90% 最优，崇明区介于 0.7 ~ 0.9 之间，奉贤区介于 0.5 ~ 0.7 之间，而金山区却低于 50% 最优水平；中心城区的电子信息企业本市创新网络创新效率居中（0.781），近郊区最高（0.842），远郊区最低（0.761）（见图 7 - 6b、表 7 - 7）。

从新材料产业来看，中心城区 7 个区域间空间差异较小，杨浦区、虹口区、黄浦区、长宁区和徐汇区的新材料产业创新网络效率介于 0.9 ~ 1.0 之间，普陀区介于 0.7 ~ 0.9 之间，静安区介于 0.5 ~ 0.7 之间；近郊区和远郊区创新网络效率总体不高，空间差异也较小，在近郊区 4 个区域中，浦东新区和宝山区介于 0.7 ~ 0.9 之间，嘉定区和闵行区介于 0.5 ~ 0.7 之间；在远郊区 5 个区域中，崇明区和奉贤区介于 0.7 ~ 0.9 之间，青浦区、松江区和金山区介于 0.5 ~ 0.7 之间；中心城区的新材料企业本市创新网络创新效率最高（0.885），近郊区最低（0.657），远郊区居中（0.694）（见图 7 - 6c、表 7 - 7）。

从高新技术改造传统产业来看，中心城区中的静安区没有构建本市创新网络，内部各区域间存在一定空间差异，杨浦区的创新效率介于 0.5 ~ 0.7 之间，其余各区域均高于 90% 最优水平；近郊区和远郊区空间差异均较大，在近郊区 4 个区域中，浦东新区和宝山区的创新效率介于 0.9 ~ 1.0 之间，嘉定区介于 0.7 ~ 0.9 之间，而闵行区不足 50% 最优水平；在远郊区 5 个区域中，崇明区、青浦区和金山区均高于 70% 最优水平，而松江区和奉贤区不足 50% 最优水平；中心城区的高新技术改造传统企业本市创新网络创新效率最高（0.934），近郊区居中（0.801），远郊区最低（0.695）（见图 7 - 6d、表 7 - 7）。

7.4

全球—地方创新网络创新效率实证分析

运用 DEAP 2.1 软件计算上海高新技术产业全球—地方创新网络效率，结果见表 7 - 8、图 7 - 7 和图 7 - 8。

表 7-8　　2015 年上海高新技术产业全球—地方创新网络效率计算值

区域	全球—地方创新网络总样本			生物医药产业			电子信息产业			新材料产业			高新技术改造传统产业		
	综合效率	纯技术效率	规模效率	综合效率	纯技术效率	规模效率	综合效率	纯技术效率	规模效率	综合效率	纯技术效率	规模效率	综合效率	纯技术效率	规模效率
宝山区	1.000	1.000	1.000	—	—	—	1.000	1.000	1 000	1.000	1.000	1.000	1.000	1.000	1.000
长宁区	1.000	1.000	1.000	1.000	1.000	1.000	1.000	1.000	1 000	—	—	—	—	—	—
崇明区	—	—	—	—	—	—	—	—	—	1.000	1.000	1.000	—	—	—
奉贤区	0.977	0.977	1.000	0.108	0.108	1.000	0.977	0.977	1 000	1.000	1.000	1.000	0.478	0.478	1.000
虹口区	—	—	—	0.557	1.000	0.557	—	—	—	—	—	—	—	—	—
黄浦区	—	—	—	—	—	—	—	—	—	—	—	—	—	—	—
嘉定区	0.956	0.956	1.000	1.000	1.000	1.000	0.956	0.956	1 000	0.808	1.000	0.808	1.000	1.000	1.000
金山区	—	—	—	—	—	—	—	—	—	1.000	1.000	1.000	0.599	0.599	1.000
静安区	0.971	1.000	0.971	—	—	—	0.971	1.000	0 971	—	—	—	0.778	0.778	1.000
闵行区	1.000	1.000	1.000	0.400	0.400	1.000	1.000	1.000	1 000	1.000	1.000	1.000	0.315	0.383	0.822
浦东新区	1.000	1.000	1.000	0.446	1.000	0.446	1.000	1.000	1 000	0.993	1.000	0.993	1.000	1.000	1.000
普陀区	1.000	1.000	1.000	1.000	1.000	1.000	1.000	1.000	1 000	—	—	—	1.000	1.000	1.000
青浦区	0.589	0.614	0.959	1.000	1.000	1.000	0.589	0.614	0 959	0.703	0.766	0.918	0.947	1.000	0.947
松江区	1.000	1.000	1.000	—	—	—	1.000	1.000	1 000	1.000	1.000	1.000	1.000	1.000	1.000
徐汇区	1.000	1.000	1.000	—	—	—	1.000	1.000	1 000	0.469	0.469	1.000	0.213	0.213	1.000
杨浦区	0.310	0.310	1.000	—	—	—	0.310	0.310	1 000	—	—	—	1.000	1.000	1.000
平均值	0.900	0.905	0.994	0.689	0.814	0.875	0.900	0.905	0 994	0.897	0.924	0.972	0.778	0.788	0.981

注："—"表示无数据。

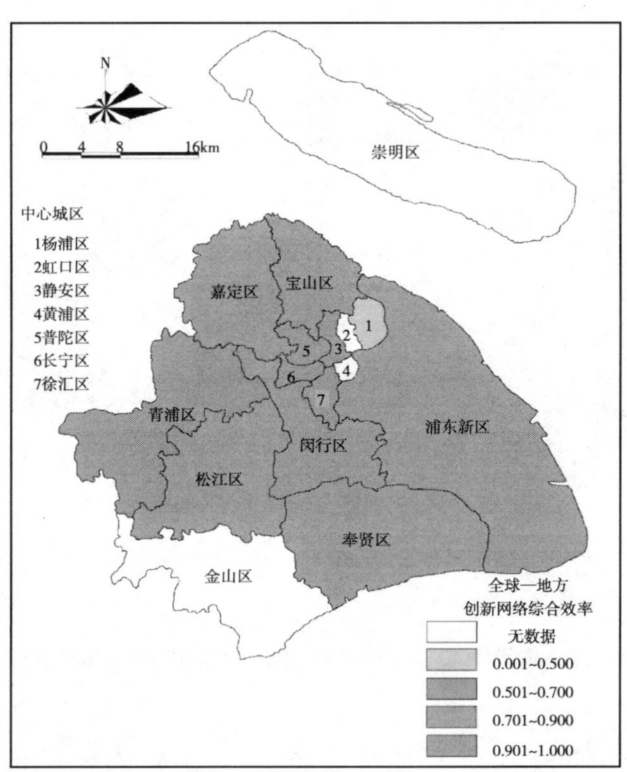

图 7－7　2015 年上海高新技术产业全球—地方创新网络综合效率空间差异

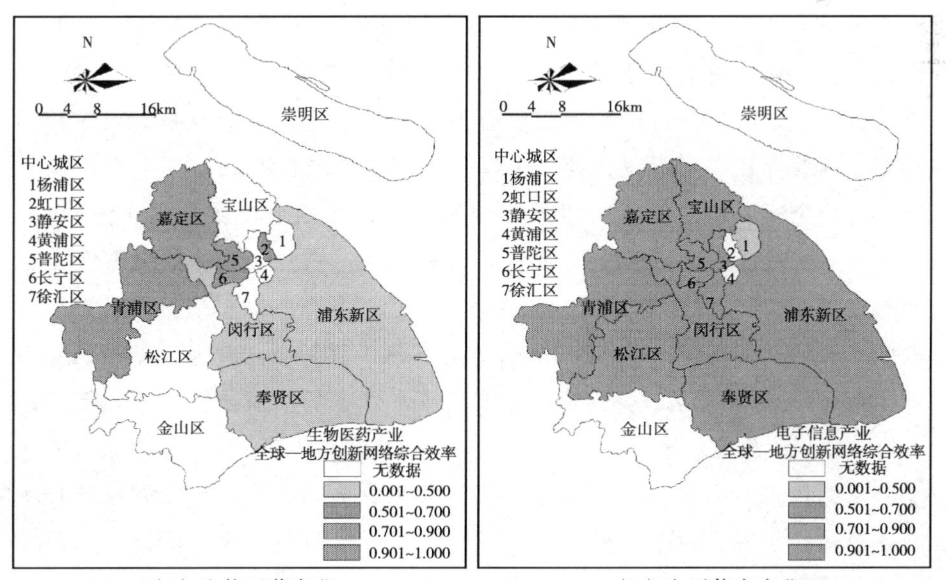

（a）生物医药产业　　　　（b）电子信息产业

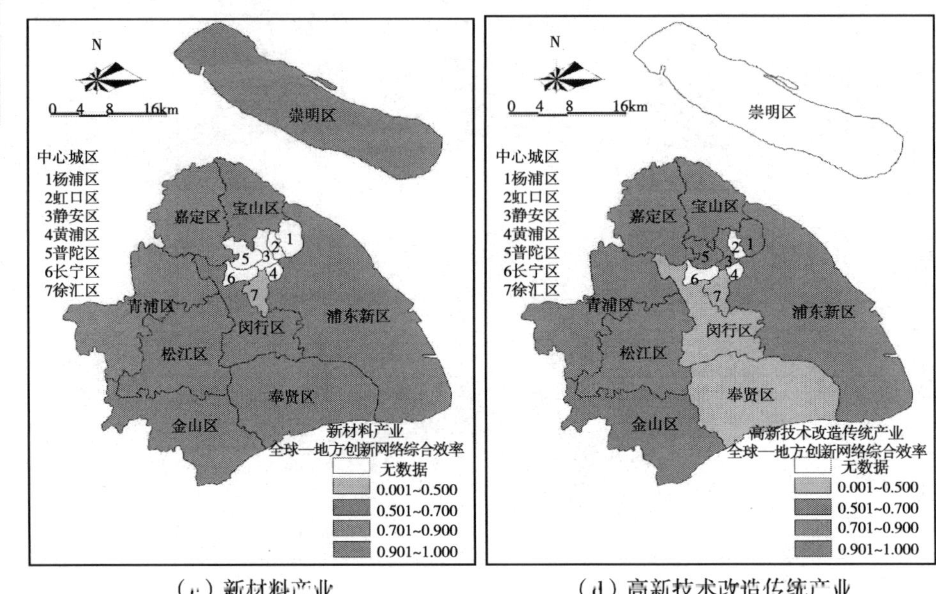

（c）新材料产业　　（d）高新技术改造传统产业

图 7－8　2015 年上海高新技术产业分行业全球—地方创新网络综合效率空间差异

7.4.1　全球—地方创新网络综合效率较高

2015 年上海市高新技术产业全球—地方创新网络综合效率为 0.900，纯技术效率和规模效率分别为 0.905 和 0.994，崇明区、虹口区、黄浦区、金山区 4 个区域的高新技术企业没有构建全球—地方创新网络，因而数据缺失。从综合效率来看，相较于全球、本市和本国创新网络，上海市高新技术产业全球—地方创新网络效率相对较高，在四个尺度上处于第二位。宝山区、长宁区、闵行区、浦东新区、普陀区、松江区和徐汇区等 7 个区域的高新技术企业创新网络综合效率达到相对最优水平，杨浦区的综合效率最低，不足 50% 最优水平，为 0.310；青浦区的高新技术企业创新网络综合效率为 0.589；奉贤区、嘉定区、静安区 3 个区域的高新技术企业创新网络综合效率接近最优水平，介于 0.9～1.0 之间，分别为 0.977、0.956、0.971。

从纯技术效率来看，上海市高新技术产业全球—地方创新网络纯技术效率总体高于综合效率水平，相较于全球、本市和本国创新网络，上海市高新技术产业全球—地方创新网络纯技术效率相对不高，在四个尺度创新网络中处于第三位。宝山区、长宁区、静安区、闵行区、浦东新区、普陀区、松江区和徐汇区等 8 个区域的高新技术企业创新网络纯技术效率达到相对最优水平，表明这些区域内的高新技术企业技术进步带来的创新效率提升较为明显；杨浦区的高新技术企业创新网络纯技术效率不足 50% 最优水平，仅为 0.310，技术进步的推动作用较不明显；青浦区的高新技术企业创新网络纯技术效率为 0.614，奉贤区、嘉定区分别为 0.977、0.956，接近最优水平，表明技术进步在这些区域起到了较为重要的作用。

从规模效率来看，上海市高新技术产业全球—地方创新网络规模效率总体高于综合效率和纯技术效率水平，相较于全球、本市和本国创新网络，上海市高新技术产业全球—地方创新网络规模效率相对最高，在四个尺度创新网络中处于第一位。宝山区、长宁区、奉贤区、嘉定区、闵行区、浦东新区、普陀区、松江区、徐汇区和杨浦区等 10 个区域的高新技术企业创新网络规模效率达到相对最优水平，表明这些区域内的高新技术企业创新网络创新活动投入规模与产出规模较为匹配，配置效率较高；静安区和青浦区两个区域的高新技术企业创新网络规模效率处于 0.9 ~ 1.0 之间，分别为 0.971、0.959，处于较高水平，表明这些区域内的高新技术企业创新网络创新活动投入规模与产出规模已处于较高水平。另外，没有任何一个区域的高新技术企业创新网络的规模效率低于 50% 最优水平，表明对于上海高新技术产业全球—地方创新网络而言，创新投入与产出规模之间的关系较为合理。

7.4.2　全球—地方创新网络效率行业差异

7.4.2.1　生物医药产业全球—地方创新网络效率

2015 年上海市生物医药产业全球—地方创新网络综合效率为 0.689，纯技术效率和规模效率分别为 0.814 和 0.875，宝山区、崇明区、黄浦区、金山区、静安区、松江区、徐汇区和杨浦区 8 个区域的生物医药企业没有构建全球—地方创新网络，因而数据缺失。从综合效率来看，上海市生物医药产业全球—地方创新网络效率总体较低，在四个行业中处于第四位。长宁区、嘉定区、普陀区和青浦区等 4 个区域的生物医药企业创新网络综合效率达到相对最优水平，奉贤区、闵行区和浦东新区的生物医药企业创新网络综合效率相对较低，不足最优水平的50%，分别为0.108、0.400、0.446；虹口区的生物医药企业创新网络综合效率为0.557。

从纯技术效率来看，上海市生物医药产业全球—地方创新网络纯技术效率总体高于综合效率水平，相较于其他三个行业而言，生物医药产业全球—地方创新网络纯技术效率排名第三，总体一般。长宁区、虹口区、嘉定区、浦东新区、普陀区、青浦区等6个区域的生物医药企业创新网络纯技术效率达到相对最优水平，表明这些区域内的技术进步对企业创新效率的提升较为明显；奉贤区和闵行区的生物医药企业创新网络纯技术效率相对较低，分别为0.108、0.400，技术进步的促进作用不明显。

从规模效率来看，上海市生物医药产业全球—地方创新网络规模效率总体高于综合效率，低于纯技术效率，相较于其他三个行业而言，生物医药产业全球—地方创新网络规模效率排名第四，总体较低。长宁区、奉贤区、嘉定区、闵行区、普陀区和青浦区等6个区域的生物医药企业创新网络规模效率达到相对最优水平，表明这些区域内的生物医药企业创新网络创新活动投入规模与产出规模较为匹配，配置效率较高；虹口区和浦东新区的生物医药企业创新网络规模效率较低，分别为0.557、0.446，表明这两个区域内的生物医药企业创新网络创新活动投入规模与产出规模处于较低水平，仍有较大的改进空间。

7.4.2.2 电子信息产业全球—地方创新网络效率

2015年上海市电子信息产业全球—地方创新网络综合效率为0.900，纯技术效率和规模效率分别为0.905和0.994，崇明区、虹口区、黄浦区、金山区4个区域的电子信息产业没有构建全球—地方创新网络，因而数据缺失。从综合效率来看，上海市电子信息产业全球—地方创新网络效率总体最高，在四个行业中处于第一位。宝山区、长宁区、闵行区、浦东新区、普陀区、松江区和徐汇区等7个区域的电子信息企业创新网络综合效率达到相对最优水平；青浦区和杨浦区2个区域的电子信息企业创新网络综合效率相对较低，分别为0.589和0.310；奉贤区、嘉定区、静安区3个区域的电子信息企业创新网络综合效率处于0.9～1.0之间，分别为

0.977、0.956、0.971，接近最优水平。

从纯技术效率来看，上海市电子信息产业全球—地方创新网络纯技术效率总体高于综合效率水平，相较于其他 3 个行业而言，电子信息产业全球—地方创新网络纯技术效率总体较高，在四个行业中排名第二。宝山区、长宁区、静安区、闵行区、浦东新区、普陀区、松江区和徐汇区等 8 个区域的电子信息企业创新网络纯技术效率达到相对最优水平，表明这些区域内的技术进步对企业创新效率的提升较为明显；青浦区和杨浦区的电子信息企业创新网络纯技术效率相对较低，分别为 0.614 和 0.310，技术进步的促进作用尚不明显；奉贤区和嘉定区的电子信息企业创新网络纯技术效率分别为 0.977 和 0.956，接近最优水平，表明技术进步起到了较好的推动作用。

从规模效率来看，上海市电子信息产业全球—地方创新网络规模效率总体高于综合效率和纯技术效率水平，相较于其他 3 个行业而言，电子信息产业全球—地方创新网络规模效率总体最高，在四个行业中排名第一。宝山区、长宁区、奉贤区、嘉定区、闵行区、浦东新区、普陀区、松江区、徐汇区和杨浦区等 10 个区域的电子信息企业创新网络规模效率达到相对最优水平，表明这些区域内的电子信息企业创新网络创新活动投入规模与产出规模较为匹配，配置效率较高；静安区和青浦区的电子信息企业创新网络规模效率分别为 0.971 和 0.959，表明这些区域内的电子信息企业创新网络创新活动投入规模与产出规模处于较高水平。

7.4.2.3　新材料产业全球—地方创新网络效率

2015 年上海市新材料产业全球—地方创新网络综合效率为 0.897，纯技术效率和规模效率分别为 0.924 和 0.972，长宁区、虹口区、黄浦区、静安区、普陀区和杨浦区 6 个区域的新材料企业没有构建全球—地方创新网络，因而数据缺失。从综合效率来看，上海市新材料产业全球—地方创新网络综合效率总体较高，在四个行业中处于第二位。宝山区、崇明区、奉贤区、金山区、闵行区、松江区 5 个区域的新材料企业创新网络综合效率达到相对最优水平；徐汇区的新材料企业创新网络综合效率相对较低，为 0.469；嘉定区、浦东新区和青浦区的新材料企业创新网络综合效率均高于 70% 最优水平，分别为 0.808、0.993、0.703。

从纯技术效率来看，上海市新材料产业全球—地方创新网络纯技术效率总体高于综合效率水平，相较于其他三个行业而言，新材料产业全球—地方创新网络纯技术效率总体最高，在四个行业中处于第一位。宝山区、崇明区、奉贤区、嘉定区、金山区、闵行区、浦东新区、松江区等8个区域的新材料企业创新网络纯技术效率达到相对最优水平，表明这些区域内的技术进步对企业创新效率的提升较为明显；杨浦区的新材料企业创新网络纯技术效率较低，为0.469，技术进步的推动作用不明显；青浦区的新材料企业创新网络纯技术效率为0.766，处于较高水平，表明技术进步起到了较好的推动作用。

从规模效率来看，上海市新材料产业全球—地方创新网络规模效率总体高于综合效率和纯技术效率，相较于其他三个行业而言，新材料产业全球—地方创新网络规模效率总体较低，在四个行业中处于第三位。宝山区、崇明区、奉贤区、金山区、闵行区、松江区和徐汇区等7个区域的新材料企业创新网络规模效率达到相对最优水平，表明这些区域内的新材料企业创新网络创新活动投入规模与产出规模较为匹配，配置效率较高；嘉定区、浦东新区和青浦区3个区域的新材料企业创新网络规模效率均高于80%最优水平，分别为0.808、0.993、0.918，表明这些区域内的新材料企业创新网络创新活动投入规模与产出规模处于较高水平。

7.4.2.4 高新技术改造传统产业全球—地方创新网络效率

2015年上海市高新技术改造传统产业全球—地方创新网络综合效率为0.778，纯技术效率和规模效率分别为0.788和0.981，长宁区、崇明区、虹口区、黄浦区4个区域的高新技术改造传统产业没有构建全球—地方创新网络，因而数据缺失。从综合效率来看，相较于其他三个行业而言，上海市高新技术改造传统产业全球—地方创新网络效率总体一般，在四个行业中处于第三位。宝山区、嘉定区、浦东新区、普陀区、松江区和杨浦区等6个区域的高新技术改造传统企业创新网络综合效率达到相对最优水平；奉贤区、金山区、闵行区、徐汇区4个区域的高新技术改造传统企业创新网络综合效率较低，分别为0.478、0.599、0.315、0.213；静安区、青浦区分别为0.778和0.947。

从纯技术效率来看，上海市高新技术改造传统产业全球—地方创新网络纯技术效率总体高于综合效率水平，相较于其他三个行业而言，高新技术改造传统产业全球—地方创新网络纯技术效率总体最低，在四个行业中处于第四位。宝山区、嘉定区、浦东新区、普陀区、青浦区、松江区和杨浦区等 7 个区域的高新技术改造传统企业创新网络纯技术效率达到相对最优水平，表明这些区域内的技术进步对企业创新效率的提升较为明显；奉贤区、金山区、闵行区、徐汇区 4 个区域的高新技术改造传统企业创新网络纯技术效率较低，分别为 0.478、0.599、0.383、0.213，表明技术进步的推动作用不明显；静安区为 0.778，表明技术进步起到了一定推动作用，仍需进一步加强。

从规模效率来看，上海市高新技术改造传统产业全球—地方创新网络规模效率总体高于综合效率与纯技术效率，相较于其他三个行业而言，高新技术改造传统产业全球—地方创新网络规模效率总体较高，在四个行业中处于第二位。宝山区、奉贤区、嘉定区、金山区、静安区、浦东新区、普陀区、松江区、徐汇区和杨浦区等 10 个区域的高新技术改造传统企业创新网络规模效率达到相对最优水平，表明这些区域内的高新技术改造传统企业创新网络创新活动投入规模与产出规模较为匹配，配置效率较高；闵行区和青浦区 2 个区域的高新技术改造传统企业创新网络规模效率均高于 80% 最优水平，分别为 0.822、0.947，表明两个区域内的高新技术改造传统企业创新网络创新活动投入规模与产出规模处于较高水平。

7.4.3 全球—地方创新网络效率区域差异

从上海市高新技术产业全球—地方创新网络样本来看，中心城区的虹口区和黄浦区没有构建全球—地方创新网络，其余各区域空间差异较为显著，静安区、普陀区、长宁区和徐汇区的高新技术产业创新网络效率均高于 90% 最优水平，而杨浦区高新技术产业创新网络效率低于最优水平的 50%，与其他中心城区区域间差距较大；近郊区各区域间几乎无差异，4 个区域均已达到 90% 最优水平；远郊区的崇明区和金山区没有构建全球—地方创新网络，其余三个区域间差距较小，松江区和奉贤区的高新技术产业创新网络效率均高于90%最优水平，青浦区介于0.5～0.7之间，与其他两个区域存有较小差距；中心城区的高新技术产业全球—地方创新网络创新效率居中（0.856），近郊区最高（0.989），远郊区最低（0.855）（见图7－7、表7－9）。

从生物医药产业来看，中心城区中的杨浦区、静安区、黄浦区、徐汇区没有构建全球—地方创新网络，其余各区域空间存有一定差异，普陀区、长宁区的生物医药产业全球—地方创新网络效率介于0.9～1.0之间，虹口区介于0.5～0.7之间；近郊区的宝山区没有构建全球—地方创新网络，其余三个区域间差距较小，嘉定区介于0.9～1.0之间，闵行区和浦东新区介于0.5～0.7之间；远郊区重的崇明区、松江区和金山区没有构建全球—地方创新网络，青浦区和奉贤区分别介于0.9～1.0和0.5～0.7之间；中心城区的生物医药企业全球—地方创新网络创新效率最高（0.852），近郊区居中（0.615），远郊区最低（0.554）（见图7－8a、表7－9）。

表7－9　2015年分区域上海高新技术产业全球—地方创新网络效率空间差异

区域	全球—地方创新网络总样本	生物医药产业	电子信息产业	新材料产业	高新技术改造传统产业
中心城区	0.856	0.852	0.856	0.469	0.748
近郊区	0.989	0.615	0.989	0.950	0.829
远郊区	0.855	0.554	0.855	0.941	0.756
上海平均值	0.900	0.689	0.900	0.897	0.778

注：中心城区包括杨浦区、虹口区、静安区、黄浦区、普陀区、长宁区、徐汇区，近郊区包括宝山区、嘉定区、浦东新区、闵行区，远郊区包括崇明区、青浦区、松江区、金山区、奉贤区。表中数据均是对表7－8中各区数据汇总求平均值而得到。

从电子信息产业来看，中心城区的虹口区和黄浦区没有构建全球—地方创新网络，其余各区域空间差异较大，静安区、普陀区、长宁区和徐汇区的电子信息产业创新网络效率介于0.9～1.0之间，而杨浦区的电子信息产业创新网络效率则较低，低于最优水平50%；近郊区各区域均已达到90%最优水平；远郊区中的崇明区和金山区没有构建全球—地方创新网络，其余三个区域有着一定差距，松江区和奉贤区介于 0.9 ~ 1.0 之间，青浦区介于 0.5 ~ 0.7 之间；中心城区的电子信息产业全球—地方创新网络创新效率居中（0.856），近郊区最高（0.989），远郊区最低（0.855）（见图 7 - 8b、表 7 - 9）。

从新材料产业来看，中心城区只有徐汇区构建了全球—地方创新网络，徐汇区的新材料产业创新网络创新效率较低，不足最优水平的 50%；近郊区和远郊区均已达到 70% 最优水平，空间差异较小，在近郊区的 4 个区域中，宝山区、闵行区和浦东新区高于最优水平 90%，嘉定区介于 0.7 ~ 0.9 之间；在远郊区的 5 个区域中，崇明区、奉贤区、金山区、松江区均高于 90% 最优水平，青浦区介于 0.7 ~ 0.9 之间；中心城区的新材料产业全球—地方创新网络创新效率最低（0.469），近郊区最高（0.950），远郊区居中（0.941）（见图 7 - 8c、表 7 - 9）。

从高新技术改造传统产业来看，中心城区的虹口区、黄浦区和长宁区没有构建全球—地方创新网络，其余各区域空间差异较为明显，杨浦区和普陀区介于 0.9 ~ 1.0 之间，静安区介于 0.7 ~ 0.9 之间，而徐汇区不足 50% 最优水平；在近郊区和远郊区空间差异也较为明显，在近郊区的 4 个区域中，宝山区、嘉定区和浦东新区的高新技术改造传统产业创新网络效率均已达到 90% 最优水平，而闵行区介于 0.1 ~ 0.5 之间，与其他三个区域存在较大差距；远郊区的崇明区没有构建全球—地方创新网络，青浦区和松江区均已达到 90% 最优水平，金山区介于 0.5 ~ 0.7 之间，奉贤区则不足 50% 最优水平，与其他区域间差距较大；中心城区的高新技术改造传统企业全球—地方创新网络创新效率最低（0.748），近郊区最高（0.829），远郊区居中（0.756）（见图 7 - 8d、表 7 - 9）。

7.5

上海高新技术产业创新网络创新机理分析

从不同空间尺度创新网络创新效率来看，上海高新技术产业本国创新网络创新效率最高，其次是全球—地方创新网络，本市创新网络和全球创新网络创新效率相对较低（见表 7 - 10）。

表 7－10　　2015 年上海高新技术产业创新网络综合效率比较

尺度	总样本	生物医药产业	电子信息产业	新材料产业	高新技术改造传统产业
全球创新网络	0.805	0.781	0.838	0.841	0.754
本国创新网络	0.940	0.806	0.879	0.764	0.886
本市创新网络	0.896	0.928	0.790	0.768	0.819
全球—地方创新网络	0.900	0.689	0.900	0.897	0.778

究其原因，从 DEA 模型统计结果分析可看出，本国创新网络总体存在规模报酬递增现象，虽然综合效率相对最高，但研发人员投入不足、高新技术产品销售收入和高技术服务收入不足仍然阻碍了效率提升，未来可加强研发人员投入、并加大研发成果转化的力度；全球—地方创新网络总体存在规模报酬递减现象，没有达到相对效率最优的原因在于研发资金投入存在冗余、研发人员投入不足所致，创新产出各项指标正常，未来应合理配置研发资金与人员之间投入关系；本市创新网络总体存在规模报酬递增现象，效率没有达到相对最优水平的原因在于研发资金投入和研发人员投入不足，且高新技术产品销售收入不高，未来可加强研发资金和研发人员的投入，并提升高新技术转化成为经济效益；全球创新网络总体存在规模报酬递减现象，且企业创新网络研发资金和人员投入与产出之间不匹配，特别是高新技术产品销售收入有待于进一步提升，未来可加大高新技术产品成果转化，并合理配置研发资金和研发人员的投入比例，进而提升效率。

从不同行业的创新网络综合效率来看，在全球创新网络中，新材料产业和电子信息产业创新网络效率相对较高，生物医药产业和高新技术改造传统产业创新网络相对较低；在本国创新网络中，高新技术改造传统产业和电子信息产业创新网络效率相对较高，生物医药产业和新材料产业创新网络相对较低；在本市创新网络中，生物医药产业和高新技术改造传统产业创新网络效率相对较高，新材料产业和电子信息产业创新网络相对较低；在全球—地方创新网络中，新材料产业和电子信息产业创新网络效率相对较高，生物医药产业和高新技术改造传统产业创新网络相对较低。另外，不同行业创新网络的创新效率在不同空间尺度上表现出巨大差异，在生物医药产业中，全球创新网络和全球—地方创新网络效率均较低，本国和本市创新网络相对较高；在电子信息产业中，全球—地方创新网络和本国创新网络效率相对较高，本市和全球创新网络相对较低；在新材料产业中，全球—地方创新网络和全球创新网络效率相对较高，本国和本市创新网络相对较低；在高新技术改造传统产业中，本国创新网络和本市创新网络效率相对较高，全球创新网络和全球—地方创新网络相对较低（见表 7 - 10）。

进一步将上海市各区按照研发资金和研发人员投入的高低进行分类，可以分成四类，即研发资金和研发人员投入均较高（HH）、研发资金投入较高和研发人员投入较低（HL）、研发资金投入较低和研发人员投入较高（LH）、研发资金和研发人员投入均较低（LL）等四种类型（见图 7 - 9 和图 7 - 10）。其中，高新技术产业创新网络研发资金和研发人员投入均较高的区域包括浦东新区、闵行区、徐汇区和嘉定区四个区域；研发资金投入较高和研发人员投入较低的区域包括奉贤区和黄浦区两个区域；研发资金投入较低和研发人员投入较高的区域包括金山区、宝山区、长宁区、虹口区、崇明区五个区域；研发资金和研发人员投入均较低的区域包括松江区、静安区、普陀区、青浦区和杨浦区五个区域。

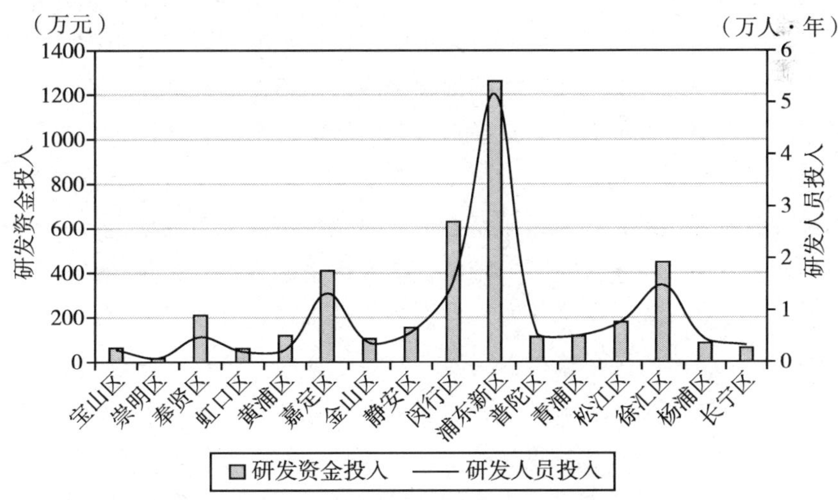

图 7 - 9　2015 年上海市各区高新技术产业创新网络研发资金与人员投入

资料来源：2015 年上海市科委高科技企业年报系统数据。

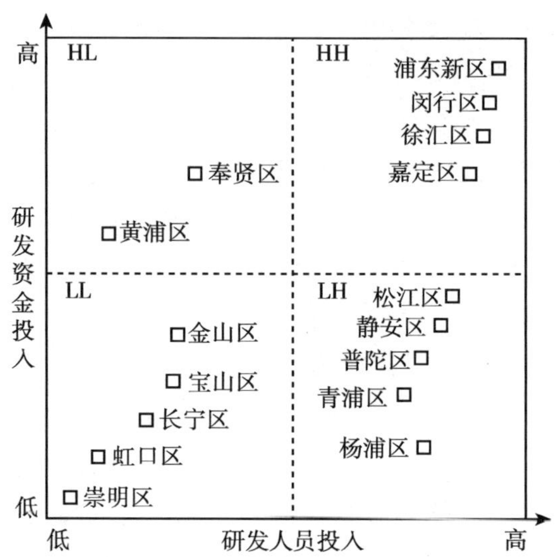

图 7－10　2015 年上海市各区高新技术产业创新网络研发资金与人员投入分类

注：H 和 L 分别代表研发资金投入和研发人员的高和低。

资料来源：根据 2015 年上海市科委高科技企业年报系统数据统计整理绘制。

在四种类型区域的基础上，分析不同空间尺度创新网络的创新机理（见图 7－11）。从图 7－11 可看出，在 HH 类型区内，全球、本国、本市和全球—地方创新网络创新效率均达到相对最优水平。在 HL 类型区内，全球创新网络效率未达到相对最优的原因在于研发资金投入和研发人员投入存在冗余，资源未得到有效的利用；本国创新网络达到相对最优水平，奉贤区存在规模报酬递减现象，而黄浦区规模总体较为适中；本市创新网络创新效率总体一般，黄浦区达到相对最优，但奉贤区研发资金和人员投入冗余，且专利产出和高新技术产品销售收入不足造成总体效率不高；黄浦区全球—地方创新网络数据缺失，奉贤区全球—地方创新网络未达到相对最优的原因在于研发资金投入仍然不足，研发人员和固定资产投资存在冗余，专利产出相对偏少。在 LH 类型区内，全球和本国创新网络效率相对较高，未达到相对最优的原因在于研发资金投入和研发人员投入存在冗余，且高新技术产品销售收入不高，即科研成果转化程度有待于进一步加强；静安区与普陀区本市创新网络达到相对最优，松江区、青浦区和杨浦区未达到相对最优的原因在于专利产出与高新技术产品销售收入不足，研发资金和人员投入相对过多；普陀区、松江区、静安区全球—地方创新网络效率达到相对最优，青浦区与杨浦区研发资金和人员投入冗余，资源未得到有效利用。在 LL 类型区内，全球创新网络效率相对较高，未达到相对最优的原因在于研发资金投入和研发人员投入存在少量冗余；宝山区、崇明区和虹口区本国创新网络达到相对最优，长宁区和金山区未达到最优的原因在于研发资金投入和研发人员投入冗余，且高新技术产品销售收入与高新技术服务收入均不足；宝山区、长宁区、虹口区、崇明区本市创新网络均达到相对最优水平，金山区未达到相对最优的主要原因是研发人员和研发资金投入存在冗余，且高新技术产品销售收入不足；金山区与虹口区全球—地方创新网络数据缺失，宝山区、长宁区和崇明区全球—地方创新网络达到相对最优水平。

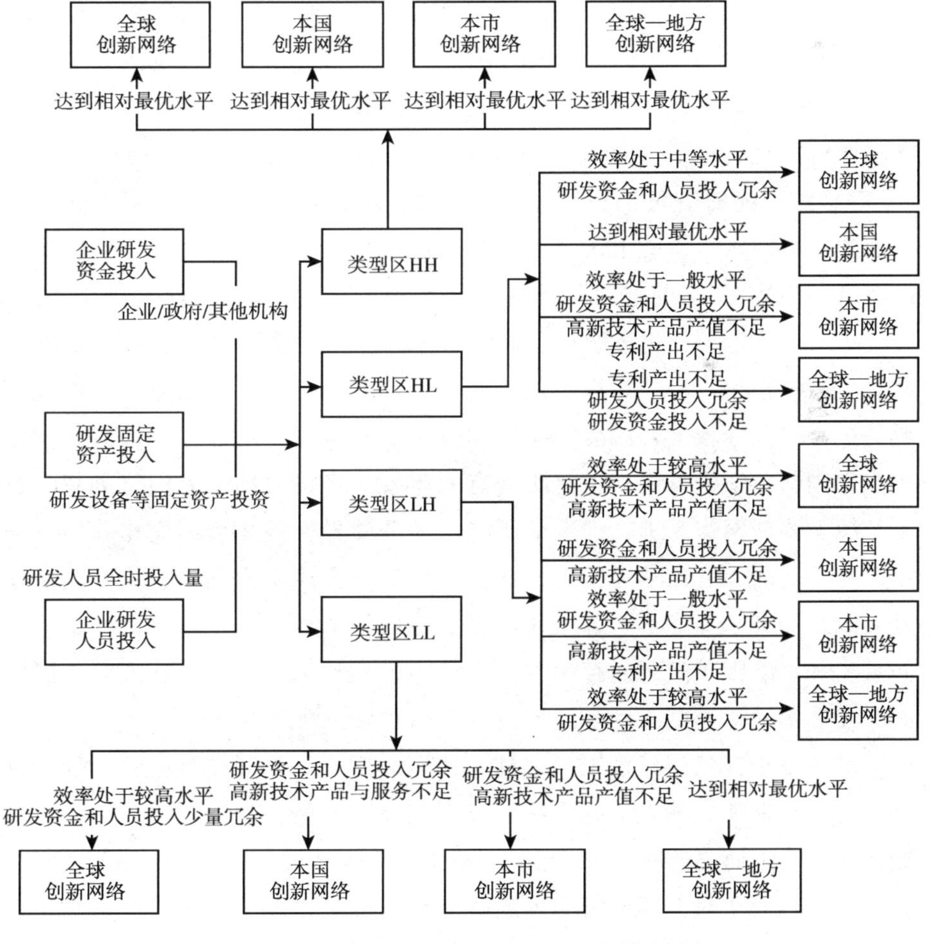

图 7－11　上海高新技术产业创新网络创新机理图示

第 8 章

结论与展望

随着信息技术的迅速发展，“距离的死亡”或“地理的终结”等论断不绝于耳，这对基于距离的古典经济地理学理论提出了巨大挑战，经济地理学必须要重新认识“空间”的概念。信息技术的发展促使经济活动从根本上变得非地方化，全新的“流的空间”已经取代传统静态的“地方空间”。这种“流的空间”实际上是一个由区域创新网络和企业网络交织在一起的集合网络，借助于该网络知识与技术得以在地方、全球等不同空间尺度进行传播，“流的空间”所构成网络的节点之间的距离则已超越了古典经济地理学所说的物理距离，而是一种基于“关系”强弱决定的空间距离。“流的空间”和“关系”的探讨，促使创新网络逐渐成为经济地理学界的核心研究领域。自熊彼特提出“创新是经济增长的源泉”以来，技术进步和创新在学术界受到了前所未有的重视，经济地理学者围绕创新、技术扩散、创新网络等进行了大量研究，随着外界宏观环境的变化和创新网络研究的不断深入，学界出现了新区域主义、全球生产网络、关系经济地理和演化经济地理等学术思潮和流派。然而，学界有关创新网络的最佳空间尺度和影响因子问题尚存争议，对于全球—地方、全球、地方等不同空间尺度和不同行业创新网络的比较研究相对较为缺乏。

本书基于区域创新系统和全球生产网络理论，构建全球—地方创新网络理论分析框架，并以上海市高新技术产业为案例，尝试解决以下三个问题：第一，上海高新技术产业创新网络的主体结构与空间结构特征如何？第二，哪些因子对创新网络的形成具有重要影响以及创新网络的影响机制如何？全球—地方创新网络与全球创新网络、地方创新网络影响因子有何不同？第三，创新网络的最佳空间尺度及创新网络创新机理。全球—地方创新网络的作用效果与全球创新网络、地方创新网络的创新效果有何异同，创新网络的创新机理是什么？本书将创新网络的空间尺度分为全球、地方、全球—地方三大类，分别探讨各尺度创新网络的影响因子和创新效率，同时比较分析了上海高新技术产业中的生物医药产业、电子信息产业、新材料产业和高新技术改造传统产业等四个行业创新网络的差异。

8.1 主要结论

8.1.1 全球—地方创新网络成为新时期企业创新结网的重要方式

创新网络的空间尺度可以划分为全球、地方和全球—地方三大类，由于我国特殊的行政区划体系，可进一步将地方看作是本国和本市两个。基于地方创新资源形成的创新网络，容易造成“过度根植性”“区域锁定”的现象，且对地方创新主体、创新政策的依赖程度较高，不利于区域的长期稳定发展；基于全球创新资源形成的创新网络，容易造成“水土不服”的现象，且对跨国公司、跨国投资的依赖程度较高，不利于区域内部有效吸收外部的新技术、新知识；而同时基于全球和地方创新资源形成的全球—地方创新网络，则可以有效避免上述问题，全球—地方联结成为企业创新发展的重要途径之一。

从上海市高新技术产业的创新合作伙伴所在区域来看，53.96%的企业会选择在本国内寻找创新合作伙伴，32.77%的企业会选择本市的创新合作伙伴，7.13%的企业构建了全球创新网络，6.14%的企业构建了全球—地方创新网络。

8.1.2 本土企业是上海高新技术产业创新网络的核心主体

第一，从水平合作来看，与大学、科研机构、其他企业开展联合发明专利申请、构建产业联盟是企业创新合作的主要方式。上海高新技术产业联盟一般由企业联合大学、科研机构组建而成，也有一些行业协会、知识产权交易中心、学会、专业委员会等非研究机构参与联盟建设。另外，上海55.7%的高新技术企业会通过申请专利的方式开展创新活动，其中34%的企业与其他机构联合开展专利申请，在专利合作网络中，共涉及行为主体1510个，其中企业、大学和科研机构分别为1264、130、102个，同时还包括行业协会、政府部门、中介服务机构、部队和医院等行为主体14个。

第二，从垂直合作来看，上海市高新技术企业主要从国内采购原材料，并以国内客户为主，海外扩张能力有待于进一步提高。在2350家样本企业中，90.10%的企业供应商来自国内，82.09%的企业客户来自国内。

第三，从发明专利网络结构来看，企业是上海高新技术产业创新网络的主要主体，大学、科研机构发挥辅助作用。2015年，在上海联合申请的发明专利中，企业为主体的占83.71%，大学占8.61%，科研机构占6.75%，行业协会等仅占0.93%。上海高新技术产业创新网络的网络密度为0.468，低于0.5，表明上海高新技术产业创新网络间节点联系紧密度总体还不高，创新合作水平仍有待进一步加强。上海高新技术产业创新网络的网络中心势为3.47%，表明上海高新技术产业创新网络一些核心节点发挥了重要作用。上海高新技术产业发明专利网络呈现出以“上海—北京—广州—重庆”为核心的“菱形”结构，在上海市内以浦东新区、闵行区等为主，在国内其他城市以北京、南通、广州、重庆、深圳、武汉、杭州、苏州、嘉兴、西安等为主，在海外以日本、美国、加拿大等国家或地区为主。

第四，从产业联盟网络结构来看，企业主体地位突出。在上海高新技术产业联盟网络中，企业发挥主体作用的网络占63.62%，大学占14.93%，科研机构占18.55%，行业协会等占2.9%。上海高新技术产业联盟网络的网络密度为0.104，远远低于0.5，联盟网络间节点联系紧密度总体较低，联盟各成员间合作水平提升空间巨大。上海高新技术产业联盟网络的网络中心势为0.33%，表明上海高新技术产业联盟网络重心不稳，一些核心节点尚未形成。上海高新技术产业联盟网络合作伙伴位于上海市内的最多，共有547家，占总量的92.6%，44家分布在国内其他城市，占总量的7.4%，没有海外合作伙伴。

8.1.3　企业发展阶段、规模和行业地位是创新结网的主要因子

基于学者们的研究成果及企业创新网络调查数据，总结发现企业创新网络主要受到所在区域制度安排、空间区位条件、企业所有制类型、企业规模、企业的行业影响力、企业发展阶段、企业对其他创新主体的桥接能力等七大因子的影响。通过上海市高新技术产业的案例分析发现，企业发展阶段、企业规模和企业影响力是创新网络形成的主要因子，且为正向促进作用，企业的人均工业总产值水平、主营业务收入和企业销售收入占行业总收入比重贡献较大。

从不同空间尺度创新网络的影响因子分析来看，政府干预在全球和全球—地方创新网络中具有负向作用，在全球—地方创新网络中的影响更大，政府主要通过收取企业税收的形式干预企业创新网络构建；所有制类型对创新结网的影响总体较小，在全球创新网络和本市创新网络中还呈现出负向影响（即独资企业的作用更加明显），外资和港澳台企业在全球和全球—地方创新网络构建过程中发挥了重要作用，私营企业在本国和本市创新网络中发挥了重要作用；空间区位和中介服务对创新结网均表现出较小的正向促进作用，企业所在区域的工业发展水平和企业为其他企业提供服务的能力起到了关键作用。

从不同行业类型的高新技术产业创新网络的影响因子分析来看，所有制类型在生物医药产业创新网络中几乎不起作用，在高新技术改造传统产业创新网络中作用最大，且外资和国有全资企业对创新结网的作用更大，所有制类型在电子信息和新材料产业创新网络中具有负向影响，且外资和私营独资企业的作用更加显著；政府干预在新材料产业中的作用最大，其他产业中的作用较小，主要通过收取企业税收和投入创新活动资金的形式干预创新网络构建；空间区位和中介服务对四个行业创新结网的影响均较

小，且主要受到企业所在区域工业发展水平、地理位置差异和为其他企业提供创新服务能力的综合影响。

8.1.4 本国和全球—地方创新网络的创新效率相对较高

从创新效率看，本国创新网络创新效率最高，其次是全球—地方创新网络，本市创新网络和全球创新网络创新效率相对较低。本国创新网络总体存在规模报酬递增现象，虽然综合效率相对最高，但研发人员投入不足、高新技术产品销售收入和高技术服务收入不足仍然阻碍了效率提升，未来可加强研发人员投入，并加大研发成果转化的力度；全球—地方创新网络总体存在规模报酬递减现象，没有达到相对效率最优的原因在于研发资金投入存在冗余、研发人员投入不足，创新产出各项指标正常，未来应合理配置研发资金与人员之间投入关系；本市创新网络总体存在规模报酬递增现象，效率没有达到相对最优水平的原因在于研发资金投入和研发人员投入不足，且高新技术产品销售收入不高，未来可加强研发资金和研发人员的投入，并提升高新技术转化成为经济效益；全球创新网络总体存在规模报酬递减现象，且企业创新网络研发资金和人员投入与产出之间不匹配，特别是高新技术产品销售收入有待于进一步提升，未来可加大高新技术产品成果转化，并合理配置研发资金和研发人员的投入比例，进而提升效率。

从不同行业的创新网络综合效率来看，在全球创新网络中，新材料产业和电子信息产业创新网络效率相对较高，生物医药产业和高新技术改造传统产业创新网络相对较低；在本国创新网络中，高新技术改造传统产业和电子信息产业创新网络效率相对较高，生物医药产业和新材料产业创新网络相对较低；在本市创新网络中，生物医药产业和高新技术改造传统产业创新网络效率相对较高，新材料产业和电子信息产业创新网络相对较低；在全球—地方创新网络中，新材料产业和电子信息产业创新网络效率相对较高，生物医药产业和高新技术改造传统产业创新网络相对较低。

总结发现，研发资金和研发人员高投入的区域，全球、本国、本市和全球—地方创新网络创新效率均达到相对最优水平；研发资金投入高、研发人员投入低的区域，本国创新网络达到相对最优，本市、全球与全球—地方创新网络创新效率总体效率不高；研发资金投入低、研发人员投入高的区域，全球、全球—地方和本国创新网络效率相对较高，本市创新网络效率相对较低；研发资金和研发人员投入低的区域，全球—地方和全球创新网络效率相对较高，本国和本市创新网络效率相对较低。

8.2 主要创新点

8.2.1 刻画了上海高新技术产业创新网络的基本特征

创新网络如何科学全面地定量化是学界争议较大的难题，创新网络研究之初，地理学者一般通过实地访谈和文献综述的方式开展研究，经济学与管理学者则构建评价指标体系对创新网络进行评价。近年来，经济地理学者逐步进行了创新网络定量化的探索，大多借助于专利数据库中的联合申请专利数据评价创新网络的构成情况，并加入地理学的时空特色，对创新网络的空间结构及动态演化特征进行了有益探讨。但是专利网络仅能代表创新的一个方面，加之企业较多的专利具有保密性，没有公开发布，因而联合申请专利并不能真实反映创新主体的创新网络水平。

本书基础数据主要来自上海市科委高科技企业年报系统数据库，该数据库系统是一种通过问卷的形式，由企业自行填报相关数据汇总而成。通过样本企业筛选，发现上海市高新技术产业创新网络主要有水平结网和垂直结网两大形式，包括专利结网、产业联盟结网和产业链结网三小类。因此，本书结合了上海市科委高科技企业年报系统数据库、上海市产业联盟建设数据、中国国家知识产权局专利数据库、中国国际工业博览会工业企业实地调查问卷数据、展讯通信等高技术企业访谈数据从专利网络、联盟网络、产业链网络等方面量化上海市高新技术产业创新网络，较为全面地刻画了企业与其他创新主体创新合作的基本情况及结构特征、空间特征。

8.2.2 分析了上海高新技术产业创新网络的空间和行业差异

高新技术产业由于其高技术和创新合作需求较大的特性，对于创新网络的相关研究具有较强的典型性，已有关于高新技术产业创新网络的研究主要分为两类：一类是对高新技术产业整体进行研究；另一类则是对高新技术产业的某一细分行业开展研究，如生物医药产业或电子信息产业等，且都是在某一空间尺度层面上开展研究，缺乏不同空间尺度和不同行业间的比较分析。数据获取难、工作量大等可能是造成比较分析缺乏的主要原因。而本书的基础数据较为全面，可以全面地刻画不同空间尺度和不同行业的创新网络。

从上海市科委高科技企业年报系统数据库中筛选出2350个样本企业数据，并通过在系统数据库的问卷中设置“贵公司的技术创新合作伙伴位于（填前三个）”问题，根据企业填写的内容，按照技术创新合作伙伴所在区域的不同，可将上海市高新技术产业创新网络空间尺度分为全球、本国、本市、全球—地方四类。高新技术产业种类繁多，从事高技术开发、转让、咨询、服务、检测或高新技术产品的研发、生产、经营，且研发投入水平较高的制造业均可被认定为高新技术产业，从2350个样本数据来看，上海市高新技术产业主要包括生物医药产业、电子信息产业、新材料产业和高新技术改造传统产业四类。

本书对上海市高新技术产业创新网络影响因子和创新效率的分析，均采取了不同空间尺度和不同行业间的比较分析，旨在评判不同空间尺度创新网络影响因子的异同，从而有依据地进行创新网络建设，对不同行业类型的比较分析旨在评判不同技术水平、不同创新形式的行业具有哪些差别。进而通过不同空间和不同行业的比较分析，总结高新技术产业创新网络的创新机制和创新机理。

8.2.3 发现了上海高新技术产业创新网络最佳空间尺度

创新网络的空间尺度问题在学界一直有争议，企业与哪些创新主体合作以及与哪些区域的创新主体合作效果最好尚无定论，尤其是有关于企业创新的全球化和地方化，哪个效果更好，不同学者更是各执一词，甚至逐渐形成了倡导全球化主导的全球创新网络学派、倡导地方化主导的区域创新系统学派。本书正是基于这一争论，首先将样本企业划分成为全球、本国、本市和全球—地方等不同的空间尺度类型，并通过构建创新投入产出评价指标体系，科学地评价了不同空间尺度创新网络的创新效率。结果显示，企业与一国范围内的创新主体结网的创新效果最佳，且全球—地方创新网络的创新效果也相对较好。

8.3 政策建议

根据本书的研究结论，结合上海市创新型经济发展战略和建设具有全球影响力的科技创新中心和卓越的全球城市建设目标，提出上海高新技术产业创新发展政策建议。

8.3.1 进一步发挥上海对外开放的传统优势

良好的区域创新环境对企业创新具有显著的推动作用，这在学界已达成共识（王缉慈，2016）①。国务院 2016 年 4 月批复的《上海系统推进全面创新改革试验加快建设具有全球影响力的科技创新中心方案》指出，要重点建设一个科学设施相对集中、科研环境自由开放、运行机制灵活有效的综合性国家科学中心，营造激发全社会创新创业活力和动力的环境，形成大众创业、万众创新的局面（中共中央国务院、上海市人民政府，2016）②，这标志着上海进入了建设具有全球影响力的科技创新中心的实施阶段。从上海高新技术产业创新发展来看，不论是产值规模，还是创新水

① 王缉慈．创新集群三十年探索之旅［M］．北京：科学出版社，2016.

② 中共中央国务院，上海市人民政府．国务院关于印发《上海加快建设具有全球影响力科技创新中心方案》的通知［EB/OL］．新华网，2016 - 04 - 15. http：//news. xinhuanet. com/local/2016 - 04/15/c_128899663. htm.

平，上海高新技术产业发展水平均处于全国前列，但与江苏、广东比较来看，上海高新技术产业发展仍存一定差距。主要原因在于上海高新技术R&D经费和R&D投入强度不高，且增长速度慢，上海高新技术产业R&D经费投入在东部8省市的份额从2000年的15.02%降为2015年的11.54%，从2004年起，上海高新技术产业R&D经费和人员投入强度一直低于全国和东部8省市的平均水平。因此，应从高新技术产业研发资金和人才投入方面，大力提升上海高新技术产业创新水平。

本书对上海高新产业创新环境评价结果显示，2015年上海高新技术产业创新环境综合排名全国第一，但从其他主成分因子可看出，上海高新技术产业对外开放度因子中排名第三，政策支持因子排名第二，市场活力排名第二，研发环境排名第一。从更好地服务于上海全球科技创新中心建设目标来看，还应从对外开放、政策支持、市场活力等方面加强上海高新技术产业创新环境建设。

8.3.2 加强以企业为中心的创新环境建设

企业构建不同类型的创新网络有利于创新知识的有效流动，从而促进整体产业的创新水平（党兴华、肖瑶，2015）①。大量研究成果表明，企业创新体现在专利发明、联盟构建、产业链一体化等多个方面，且网络成员类型也呈现出多样化特征（顾娜娜，2015）②。从创新主体功能定位出发，政府应参与引导不同创新主体在创新网络中各司其职。如对于知识生产者而言，依托复旦大学、上海交通大学、中国科学院等高校或科研机构，构建由多学科交叉领域专家组成的高新技术产业研究中心，增强上海地区高校和科研机构服务和辐射能力，生产出高质量的创新知识；对于知识传播者而言，优化市场环境，发挥中介机构、非政府组织在知识传播过程中的重要作用，促进不同类型知识的传播效率；对于知识转化者而言，高新技术企业应不断增强自身吸收和同化知识的能力，提升科研成果转化率。

---

① 党兴华，肖瑶．基于跨层级视角的创新网络治理机理研究［J］．科学学研究，2015，33（12）：1894－1908.

② 顾娜娜．长江经济带装备制造业产学研创新网络研究［D］．上海：华东师范大学，2015.

从本书对上海不同类型创新网络特征分析来看，本土企业仍然是上海高新技术企业创新网络的核心主体，因此，应合理引导本土企业参与到专利网络、产业链网络、产业联盟网络、知识联系网络等多用途、多层次、多样化的网络建设之中，从而确保企业能够有效获取可用于创新的知识、信息和技术。

8.3.3　提高企业创新资金和人才投入产出效率

资金和人才一直是企业创新活动两大关键要素，合理的资金和人才规模是企业创新效率提升的前提（韩玉刚、曹贤忠，2016）[①]。本书的研究结果表明，企业创新活动资金和人才投入是影响创新网络效率的核心因子，由于一些企业创新产出不足，导致创新效率没有达到相对效率最优水平。因此，在企业开展创新活动过程中，应合理控制企业创新资金和人才投入规模，力争达到与产出规模相匹配。

从创新资金方面来看，要重点依托上海金融中心建设，拓展创新型企业的融资来源，创建具有科技孵化功能的资本市场平台，进而形成高校、规模化、创新资金投入与退出机制健全的资金保障环境，带动创新型人才、创新型企业的集聚发展，推动上海创新型经济的发展壮大（曾刚等，2016）[②]；从创新人才方面来看，上海应整合人力资本与社会资本，建立合理的人才培养与激励机制，吸引高端人才进沪工作，在"互联网+"背景下以及全球产业变革和技术融合的大趋势下，优化学科设置，在国内率先创设一批前沿交叉型新学科，聚焦微电子、生物医药、高端装备制造、新材料等重点领域，在高校建设若干个标志性学科，试点建立"学科（人才）特区，满足上海高新技术创新人才需要（中共中央国务院、上海市人民政府，2016）[③]。

---

① 韩玉刚，曹贤忠．中国中部城市群区域 R&D 资源配置绩效评价研究——以皖江城市带为例［J］. 西南民族大学学报（人文社科版），2016，37（7）：115－119.

② 曾刚．长江经济带协同创新研究：创新·合作·空间·治理［M］. 北京：经济科学出版社，2016.

③ 中共中央国务院，上海市人民政府．国务院关于印发《上海加快建设具有全球影响力科技创新中心方案》的通知［EB/OL］. 新华网，2016－04－15. http：//news. xinhuanet. com/local/2016－04/15/c_128899663. htm.

8.3.4 重视发挥企业在本国创新网络中的主体地位

越来越多的证据表明，许多组织并不需要从其邻近区域内获取知识，特别是那些创新驱动发展的区域，在这些区域内知识主要的来源是全球性的（Davenport，2005）①。此外，有些学者甚至认为距离的约束效应对于知识流动和转移的影响正逐步地减小（Tracey and Clark，2003；Johnson et al.，2006）②③。然而，本书的研究结论并不同意这一观点，本书认为距离对知识流动的约束效应并没有减小，只是存在一个最佳的临界点，且上海市高新技术产业创新网络效率评价结果指出本国是企业创新结网的最佳空间尺度。

从本书构建的全球、本国、本市、全球—地方四个空间尺度分析框架来看，应引导上海市高新技术企业与本国范围内其他企业、高校、科研机构及其他主体进行创新合作，吸引外资企业研发机构、总部落户上海并加强本土联系，这将有利于企业创新效率的提升，从而促进区域创新水平。另外，根据本书的研究结论，还应综合考虑产业特性或企业所在地理位置等因素对创新合作伙伴的不同需求，帮助企业选择发展较为成熟、规模较大且具有较大行业影响力的创新主体作为创新合作伙伴。

8.3.5 进一步优化高新技术企业空间布局

受信息技术迅速发展的影响，地理区位在企业创新活动中的地位已有所下降，但是由于产业各自独特的属性特征，企业区位条件也会对创新水平产生重要影响（田园、王铮，2016）④。因而，要对不同属性的产业进行

① Davenport S. Exploring the role of proximity in SME knowledge-acquisition [J]. Research Policy, 2005, 34 (5): 83 - 701.

② Tracey P., Clark G. L. Alliances, Networks and Competitive Strategy: Rethinking Clusters of Innovation [J]. Growth and Change, 2003, 34 (1): 1 - 16.

③ Johnson D. K. N., Siripong A., Brown A. S. The Demise of Distance? The Declining Role of Physical Proximity for Knowledge Transmission [J]. Growth and Change, 2006, 37 (1): 19 - 33.

④ 田园，王铮．创新型企业创业的区位选择 [J]. 科技导报，2016，34 (4): 50 - 55.

合理的空间布局，确保企业创新结网能力的提升。

上海各区高新技术产业创新网络效率差异显著。从全球尺度看，中心城区的新材料产业创新网络效率最高，近郊区和远郊区的电子信息产业创新网络效率最高；从本国尺度看，中心城区的高新技术改造传统产业创新网络效率最高，近郊区和远郊区的电子信息产业创新网络效率最高；从本市尺度看，中心城区的高新技术改造传统产业创新网络效率最高，近郊区和远郊区的生物医药产业创新网络效率最高；从全球—地方看，中心城区的电子信息产业创新网络效率最高，近郊区和远郊区的新材料产业创新网络效率最高。因此，应根据企业创新网络空间尺度的不同，合理布局不同类型的高新技术企业。

8.4 研究展望

创新网络研究在经济地理学领域是一个较为前沿的研究课题，以创新网络为核心研究内容的创新经济地理学学科体系也正在逐步形成，开展创新网络研究在当前乃至未来更长一段时期都具有非常重要的理论和实践意义（邓羽、司月芳，2016；吕拉昌等，2016）[①][②]。本书以上海市高新技术产业为研究对象，较为系统地分析了创新网络的特征、影响因子和创新效率，并比较分析了不同空间尺度和不同行业创新网络的差异，但由于数据自身的可获取性问题，基础数据主要采用的是 2015 年的数据，没有开展创新网络演化分析。但本书主要研究目标是探讨不同空间尺度创新网络绩效和影响因子比较，当前数据已经完全可以解决这一问题。

众多学者研究表明，企业构建创新网络的根本原因在于获取有用知识，网络成员间地理距离是影响知识传播的关键因素，大多研究认为知识在相邻区域传播比在有一定距离的区域传播更加容易（Jaffe et al.，1993）[③]，这表

① 邓羽，司月芳．西方创新地理研究评述［J］．地理研究，2016，35（11）：2041－2052.

② 吕拉昌，黄茹，廖倩．创新地理学研究的几个理论问题［J］．地理科学，2016，36（5）：653－661.

③ Jaffe A. B.，Trajtenberg M.，Henderson R. Geographic localization of knowledge spillovers as evidenced by patent citations ［J］. Quarterly Journal of Economics，1993（108）577－598.

明一些地方化企业经常根植于区域内部知识通道，且会通过本地化知识流动路径，促进本地企业从研究机构、大学或企业等其他创新主体获取知识（Storper and Venables，2004；Mueller，2006；Breschi and Lissoni，2009；Krätke，2010）[①②③④]。因此，多维邻近性尤其是空间距离邻近对于企业创新网络发展具有非常重要的作用，然而，也有一些学者指出地方企业需要有意识地建立非本地化的“通道”获取自身匮乏的知识（Bathelt et al.，2004）[⑤]，越来越多的学者强调同时探讨地方化与全球化创新网络对知识流动的重要性（Andersson and Karlsson，2007；Laursen et al.，2011；Broekel and Boschma，2012）[⑥⑦⑧]，受全球化和技术进步的影响，市场扩张、劳动分工被认为是跨区域创新合作与协调的新方式（Trippl et al.，2009；Dahlander and Gann，2010）[⑨⑩]。本书认为企业在一国范围内构建创新网络的效率最高，但本市创新网络的效率并不高，表明地方企业构建创新网络过程中仍然受到空间邻近性的影响，但重要性程度并不高，且上海高新技术企业全球创新网络效率最低，也充分证实了空间邻近性存在一个“临界点”，这个点是企业创新网络的最佳空间尺度。

---

① Storper M.，Venables A. J. Buzz：Face-to-face Contact and the Urban Economy［J］. Journal of economic geography，2004，4（4）：351－370.

② Mueller P. Entrepreneurship in the Region：Breeding Ground for Nascent Entrepreneurs？［J］. Small Business Economics，2006，27（1）：41－58.

③ Breschi S.，Lissoni F. Mobility of skilled workers and co-invention networks：an anatomy of localized knowledge flows［J］. Journal of Economic Geography，2009，9（4）：439－468.

④ Krätke S. Regional knowledge networks：a network analysis approach to the interlinking of knowledge resources［J］. European Urban and Regional Studies，2010，17：83－97.

⑤ Bathelt H.，Malmberg A.，Maskell P. Clusters and knowledge：local buzz，global pipelines and the process of knowledge creation［J］. Progress in Human Geography，2004，28（1）：31－56.

⑥ Andersson M.，Karlsson C. Knowledge in regional economic growth：the role of knowledge accessibility［J］. Industry and Innovation，2007，14：129－149.

⑦ Laursen K.，Reichstein T.，Salter A. Exploring the Effect of Geographical Proximity and University Quality on University-Industry Collaboration in the United Kingdom［J］. Regional Studies，2011，45（4）：507－523.

⑧ Broekel T.，Boschma R. A. Knowledge networks in the Dutch aviation industry：the proximity paradox［J］. Journal of Economic Geography，2012，12：409－433.

⑨ Trippl M.，Tödtling F.，Lengauer L. Knowledge Sourcing Beyond Buzz and Pipelines：Evidence from the Vienna Software Sector［J］. Economic Geography，2009，85（4）：443－462.

⑩ Dahlander L.，Gann D. M. How open is innovation？［J］. Research Policy，2010，39（6）：699－709.

展望未来，本书认为创新网络的研究还应重视以下三个方面：第一，重视创新网络整体的量化，将网络看作一个投入要素，纳入分析模型，开展网络评价；第二，重视研究方法和数据的创新，引入一些新的方法刻画创新网络的演化轨迹，并探索新的数据来源，如运用国家科技重大专项数据刻画创新网络等；第三，重视创新网络的效率评价，可探讨不同资金来源对创新网络效率评价的影响，从而能更加科学地开展创新网络治理。

参考文献

[1] Ahuja G., Katila R. Technological Acquisitions and the Innovation Performance of Acquiring Firms: A Longitudinal Study [J]. Strategic Management Journal, 2001, 22 (3): 197-220.

[2] Ahuja G., Morris L. C. Entrepreneurship in the large corporation: A longitudinal study of how established firms create breakthrough inventions [J]. Strategic Management Journal, 2001, 22 (6/7): 521-543.

[3] Amin A., Cohendet P. Review of architectures of knowledge: Firms, capabilities and communities [J]. Journal of Management & Governance, 2004 (10): 4459-4461.

[4] Andersson M., Karlsson C. Knowledge in regional economic growth: the role of knowledge accessibility [J]. Industry and Innovation, 2007 (14): 129-149.

[5] Arndt O., Sternberg R. Do manufacturing firms profit from intraregional innovation linkages? An empirical based answer [J]. European Planning Studies, 2000 (8): 465-485.

[6] Asheim B. T., Isaksen A. Regional innovation systems. The integration of local "sticky" and global "ubiquitous" knowledge [J]. Journal of Technology Transfer, 2002 (27): 77-86.

[7] Asheim B., Grillitsch M., Trippl M. Introduction: Combinatorial Knowledge Bases, Regional Innovation, and Development Dynamics [J]. Economic Geography, 2017, 93 (5): 429-435.

[8] Autio E. Evaluation of RTD in regional systems of innovation [J]. European Planning Studies, 1998, 6 (2): 131 -140.

[9] Balland P. A., Belsomartínez J A, Morrison A. The Dynamics of Technical and Business Knowledge Networks in Industrial Clusters: Embeddedness, Status, or Proximity? [J]. Economic Geography, 2016, 92 (1): 35 -60.

[10] Balland P. A., Vaan M. D., Boschma R. The dynamics of interfirm networks along the industry life cycle: The case of the global video game industry, 1987 -2007 [J]. Journal of Economic Geography, 2013 (13): 741 -765.

[11] Balland P. A. Proximity and the Evolution of Collaboration Networks: Evidence from Research and Development Projects within the Global Navigation Satellite System Industry [J]. Regional Studies, 2011, 46 (6): 741 -756.

[12] Bathelt H., Cohendet P. The creation of knowledge: local building, global accessing and economic development—toward an agenda [J]. Journal of Economic Geography, 2014 (14): 869 -882.

[13] Bathelt H., Glückler J. Toward a relational geography [J]. Economic Geography, 2003, 3 (2): 117 -144.

[14] Bathelt H., Kogler D. F., Munro A. K. Social Foundations of Regional Innovation and the Role of University Spin-Offs: The Case of Canada's Technology Triangle [J]. Industry and Innovation, 2011, 18 (5): 461 -486.

[15] Bathelt H., Li P. F. Global Cluster Networks-Foreign Direct Investment Flows From Canada to China [J]. Journal of Economic Geography, 2014 (14): 45 -71.

[16] Bathelt H., Malmberg A., Maskell P. Clusters and knowledge: local buzz, global pipelines and the process of knowledge creation [J]. Progress in Human Geography, 2004, 28 (1): 31 -56.

[17] Bathelt H., Zeng G. Strong growth in weakly-developed networks: producer-user interaction and knowledge brokers in the greater Shanghai chemical industry [J]. Applied Geography, 2012, 32 (1): 158 -170.

[18] Beckmann M. Knowledge networks: The case of scientific interaction at a distance [J]. The Annals of Regional Science, 1993, 27 (1): 5 -9.

[19] Belderbos R., Carree M., Lokshin B. Cooperative R&D and firm performance [J]. Research Policy, 2004, 33 (10): 1477 – 1492.

[20] Benneworth P., Hospers G. J. The new economic geography of old industrial regions: universities as global-local pipelines [J]. Environment and Planning C, 2007, 25 (6): 779 – 802.

[21] Boschma R., Frenken K. The Spatial Evolution of Innovation Networks: A Proximity Perspective [J]. Papers in Evolutionary Economic Geography, 2009 (0905).

[22] Boschma R., Minondo A., Navarro M. The Emergence of New Industries at the Regional Level in S pain: A Proximity Approach Based on Product Relatedness [J]. Economic Geography, 2013, 89 (1): 29 – 51.

[23] Boschma R. Proximity and Innovation: A Critical Assessment [J]. Regional Studies, 2005, 39 (1): 61 – 74.

[24] Brancati E., Brancati R., Maresca A. Global Value Chains, Innovation, and Performance: Firm-Level Evidence from the Great Recession [J]. Journal of Economic Geography, 2017, 17 (5): 1039 – 1073.

[25] Breschi S., Catalini C. Tracing the links between science and technology: An exploratory analysis of scientists' and inventors' networks [J]. Research Policy, 2010, 39 (1): 14 – 26.

[26] Breschi S., Lissoni F., Malerba F. Knowledge-relatedness in firm technological diversification [J]. Research Policy, 2003, 32 (1): 69 – 87.

[27] Breschi S., Lissoni F. Mobility of skilled workers and co-invention networks: an anatomy of localized knowledge flows [J]. Journal of Economic Geography, 2009, 9 (4): 439 – 468.

[28] Broekel T., Boschma R. A. Knowledge networks in the Dutch aviation industry: the proximity paradox [J]. Journal of Economic Geography, 2012 (12): 409 – 433.

[29] Broekel T., Boschma R. Knowledge networks in the Dutch aviation industry: the proximity paradox [J]. Journal of Economic Geography, 2012, 12 (2): 409 – 433.

[30] Broekel T. Do Cooperative Research and Development (R&D) Subsidies Stimulate Regional Innovation Efficiency? Evidence from Germany [J]. Regional Studies, 2015, 49 (7): 1087 - 1110.

[31] Bunnell T. G., Coe N. M. Spaces and Scales of Innovation [J]. Progress in Human Geography, 2001, 25 (4): 569 - 589.

[32] Cairncross F. The death of distance [M]. Harvard Business School, 1997.

[33] Cao X., Zeng G., Teng T., Si Y. The best spatial scale of firm innovation networks: Evidence from Shanghai high-tech firms [J]. Growth and Change. 2018, 49 (4): 696 - 711.

[34] Caragliu A., Nijkamp P. Space and knowledge spillovers in European regions: the impact of different forms of proximity on spatial knowledge diffusion [J]. Journal of Economic Geography, 2016, 16 (3): lbv042.

[35] Cassi L., Plunket A. The determinants of co-inventor tie-formation. Proximity and network dynamics. Papers presented in Evolutionary Economic Geography, no. 10. 15, Utrecht University, Utrecht, 2010.

[36] Castells M. The Rise of the Network Society [M]. Cambridge, MA: Blackwell, 1996.

[37] Chen K. H., Guan J. C. Measuring the Efficiency of China's Regional Innovation Systems: Application of Network Data Envelopment Analysis (DEA) [J]. Regional Studies, 2012, 46 (3): 355 - 377.

[38] Chesbrough H. W. Open Innovation: The New Imperative for Creating and Profiting from Technology [M]. Oxford University Press, Oxford, 2003.

[39] Clifton N., Keast R., Pickernell D, Senior M. Network Structure, Knowledge Governance, and Firm Performance: Evidence from Innovation Networks and SMEs in the UK [J]. Growth and Change, 2010, 41 (3): 337 - 373.

[40] Coe N. M., Dicken P., Hess M. Global production networks: realizing the potential [J]. Journal of Economic Geography, 2009, 8 (3): 271 - 295 (25).

[41] Coe N. M. Global Production Networks [A]. R Kitchin, N Thrift

(Eds.). International Encyclopedia of Human Geography [M]. Oxford: Elsevier, 2009: 556 -562.

[42] Coe N., Dicken P., Hess M. Global production networks: realizing the potential [J]. Journal of Economic Geography, 2008 (8): 271 -295.

[43] Coe N., Hess M., Yeung H., Dicken P., Henderson J. Globalizing Regional Development: A Global Production Networks Perspective [J]. Transactions of the Institute of British Geographers, 2004, 29 (4): 468 -484.

[44] Colazo J. A. Collaboration structure and performance in new software develepment: Findings from the study of open source projects [J]. International Journal of Innovation Management, 2010, 14 (5): 735 -758.

[45] Coleman J. S. Social Capital in the Creation of Human Capital [J]. American Journal of Sociology, 1988: 95 -120.

[46] Cooke P., Morgan K. The Associational Economy [M]. Oxford: Oxford University Press, 1998.

[47] Cooke P. New Regional Innovation System Models [R]. the Second Technological Innovation Management and Policy International Symposium, Changsha, China. 2010.

[48] Cooke P. Regional Innovation Systems: General Findings and Some New Evidence from Biotechnology Clusters [J]. Journal of Technology Transfer. 2002, 27 (1): 133 -145.

[49] Cooke P. Regional innovation systems—an evolutionary approach. In P. Cooke, M. Heidenreich, H. Braczyk (eds) Regional Innovation Systems: The Role of Governance in a Globalised World. London: Routledge, 2004.

[50] Cooke P. Regions in a Global Market: The Experiences of Wales and Baden-Württemberg [J]. Review of International Political Economy, 1997, 4 (2): 349 -381.

[51] Cooke P. The New Wave of Regional Innovation Networks: Analysis, Characteristics and Strategy [J]. Small Business Economics, 1996, 8 (2): 159 -171.

[52] Corey G. Theory and practice of group counseling [M]. London:

Cengage Learning, 2011.

[53] Corredoira R. A., Rosenkopf L. Should auld acquaintance be forgot? The reverse transfer of knowledge through mobility ties [J]. Strategic Management Journal, 2010, 31 (2): 159 - 181.

[54] Cowan R., Jonard N., Zman M. Knowledge dynamics in a network industry [J]. Technological Forecasting & Social Change, 2004 (71): 469 - 484.

[55] Crepon B., Duguet E., Mairesse J. Research, innovation and productivity: An econometric analysis at the firm level [R]. NBER Working Paper No. 6696, 1998.

[56] Crescenzi R., Iammarino S. Global investments and regional development trajectories: the missing links [J]. Regional Studies, 2017, 51 (1): 97 - 115.

[57] Crescenzi R., Rodríguez-Pose A. Innovation and Regional Growth in the European Union [M]. Springer Berlin Heidelberg, 2011.

[58] Crespo J., Suire R., Vicente J. Lock-in or lock-out? How structural properties of knowledge networks affect regional resilience [J]. Journal of Economic Geography, 2014 (14): 199 - 219.

[59] Dahlander L., Gann D. M. How open is innovation? [J]. Research Policy, 2010, 39 (6): 699 - 709.

[60] Davenport S. Exploring the role of proximity in SME knowledge-acquisition [J]. Research Policy, 2005, 34 (5): 83 - 701.

[61] Desrochers P. Geographical Proximity and the Transmission of Tacit Knowledge [J]. Review of Austrian Economics, 2001, 14 (1): 25 - 46.

[62] D'Este P., Guy F., Iammarino S. Shaping the formation of university-industry research collaborations: what type of proximity does really matter? [J]. Papers in Evolutionary Economic Geography, 2013, 13 (4): 537 - 558.

[63] Dicken P., Kelly P. F., Olds K. Chains and networks, territories and scales: towards a relational framework for analysing the global economy [J]. Global Networks, 2001, 1 (2): 89 - 112.

[64] Dicken P. Global shift: Reshaping the global economic map in the 21st century [M]. London: Sage, 2003.

[65] Dicken P. Global-local tensions: Firms and states in the global space-economy [J]. Economic Geography, 1994 (70): 101 – 128.

[66] Doloreux D., Parto S. Regional innovation systems: Current discourse and unresolved issues [J]. Technology in Society, 2005, 27 (2): 133 – 153.

[67] Dowling J. M., McGee E. J. Business and Technology Strategies and New Venture Performance: A Study of the Telecommunications Equipment Industry [J]. Management Science, 1994, 40 (12): 1663 – 1677.

[68] Duysters G. Collaboration and innovation: a review of the effects of mergers, acquisitions and alliances on innovation [J]. Technovation, 2005, 25 (12): 1377 – 1387.

[69] Egbetokun A. A. The more the merrier? Network portfolio size and innovation performance in Nigerian firms [J]. Technovation, 2015 (43 – 44): 17 – 28.

[70] Ernst D., Kim L. Global production networks, knowledge diffusion and local capability formation [J]. Research Policy, 2002, 31 (8/9): 1417 – 1429.

[71] Ernst D. A new geography of knowledge in the electronics industry? Asia's role in global innovation network. Honululu: East-West Center. 2009.

[72] Freeman C., Soete L. The economics of industrial innovation [M]. London: Psychology Press, 1997.

[73] Freeman C. Networks of innovators: A synthesis of research issues [J]. Research Policy, 1991 (20): 499 – 514.

[74] Frenz M., Ietto-Gillies G. The impact on innovation performance of different sources of knowledge: Evidence from the UK Community Innovation Survey [J]. Research Policy, 2009 (38): 1125 – 1135.

[75] Frenz M., Oughton C. Innovation in the UK Regions and Devolved Administrations: A Review of the Literature. Report to the Department of Trade and Industry. 2005 (available at: http: //www. bis. gov. uk/files/file9651. doc).

[76] Fritsch M., Franke G. Innovation, regional knowledge spillovers and

R&D cooperation [J]. Research Policy, 2004 (2): 245 -255.

[77] Gereffi G., Humphrey J., Sturgeon T. The governance of global value chains [J]. Review of International Political Economy, 2005, 12 (1): 78 -104.

[78] Giuliani E., Bell M. The micro-determinants of meso-level learning and innovation: evidence from a Chilean wine cluster [J]. Research Policy, 2005, 34 (1): 47 -68.

[79] Giuliani E. The selective nature of knowledge networks in clusters: evidence from the wine industry [J]. Journal of Economic Geography, 2007, 7 (2): 139 -168.

[80] Glückler J. Economic geography and the evolution of networks [J]. Journal of Economic Geography, 2007 (5): 619 -634.

[81] Glückler J. How controversial innovation succeeds in the periphery? A network perspective of BASF Argentina [J]. Journal of Economic Geography, 2014 (14): 903 -927.

[82] Granovetter M. S. The Strength of Weak Ties: A Network Theory Revisited [J]. Sociological Theory, 1983, 1 (1): 201 -233.

[83] Grillitsch M., Martin R., Srholec M. Knowledge Base Combinations and Innovation Performance in Swedish Regions [J]. Economic Geography, 2017, 93 (5): 458 -479.

[84] Guan J. C., Zhang J. J., Yan Y. The impact of multilevel networks on innovation [J]. Research Policy, 2015 (44): 545 -559.

[85] Hagedoorn J., Cloodt M. Measuring innovative performance: Is there an advantage in using multiple indicators? [J]. Research Policy, 2003, 32 (8): 1365 -1379.

[86] He C. F., Wang J. S. Does ownership matter for industrial agglomeration in China [J]. Asian Geographers, 2012, 29 (1): 1 -19.

[87] He C. F., Xiao X. J. Functional locational choices of multinationals in China [J]. Symphonya. Emerging Issues in Management, 2011 (1): 29 -40.

[88] Henderson J., Dicken P., Hess M., Coe N., et al. Global pro-

duction networks and the analysis of economic development [J]. Review of International Political Economy, 2002 (9): 64 -436.

[89] Hennemann S., Wang T. Mechanism of Integration of Chinese Academic Knowledge Network into Global Research System During the Transition Period [J]. Scientia Geographica Sinica, 2011, 31 (9): 1043 -1049.

[90] Hess M., Yeung H. W. C. Whither Global Production Networks in Economic Geography? Past, Present, and Future [J]. Environment and Planning A, 2006, 38 (7): 1193 -1204.

[91] Hite J., Hesterly W. S. The evolution of firm networks: from emergence to early growth of the firm, Strategic Management Journal, 2001, 22 (3): 275 -286.

[92] Hoekman J., Frenken K., Tijssen R. J. W. Research collaboration at a distance: Changing spatial patterns of scientific collaboration within Europe [J]. Research Policy, 2010, 39 (5): 662 -673.

[93] Howells J., Bessant J. Introduction: Innovation and economic geography: a review and analysis [J]. Journal of Economic Geography, 2012 (12): 929 -942.

[94] Huber F. Do clusters really matter for innovation practices in Information Technology? Questioning the significance of technological knowledge spillovers [J]. Journal of Economic Geography, 2012 (12): 107 -126.

[95] Huggins R., Izushi H., Clifton N., Jenkins S., Prokop D., Whitfield C. Sourcing Knowledge for Innovation: The International Dimension [M]. London: NESTA, 2010.

[96] Huggins R., Izushi H., Prokop D., et al. Network evolution and the spatiotemporal dynamics of knowledge sourcing [J]. Entrepreneurship & Regional Development, 2015, 27 (7 -8): 474 -499.

[97] Huggins R., Thompson P. A. Network-based view of regional growth [J]. Journal of Economic Geography, 2014, 14 (3): 511 -545.

[98] Huggins R., Thompson P., Johnston A. Network capital, social capital, and knowledge flow: how the nature of inter-organizational networks im-

pacts on innovation [J]. Industry and Innovation, 2012 (19): 203 - 232.

[99] Huggins R. Inter-firm network policies and firm performance: evaluating the impact of initiatives in the United Kingdom [J]. Research Policy, 2001, 30: 443 - 458.

[100] Huggins R. The Business of Networks: Inter-Firm Interaction, Institutional Policy and the TEC Experiment [M]. Aldershot: Ashgate, 2000.

[101] Huggins, R. Forms of network resource: knowledge access and the role of inter-firm networks [J]. International Journal of Management Reviews, 2010 (12): 335 - 352.

[102] Humphrey J., Schmitz H. Governance in Global Value Chain. H Schmitz (ed.). Local Enterprises in the Global Economy [M]. Issues of Governance and Upgrading, 2003.

[103] Inkpen A. C., Tsang E. W. K. Social Capital, Networks, and Knowledge Transfer [J]. Academy of Management Review, 2005, 30 (1): 146 - 165.

[104] Jaffe A. B., Trajtenberg M., Henderson R. Geographic localization of knowledge spillovers as evidenced by patent citations [J]. Quarterly Journal of Economics, 1993 (108): 577 - 598.

[105] James A. Work-life 'balance' and gendered (im) mobilities of knowledge and learning in high-tech regional economies [J]. Journal of Economic Geography, 2014 (14): 483 - 510.

[106] Johnson D. K. N., Siripong A., Brown A. S. The Demise of Distance? The Declining Role of Physical Proximity for Knowledge Transmission [J]. Growth and Change, 2006, 37 (1): 19 - 33.

[107] Johnston A., Huggins R. Drivers of university-industry links: The case of knowledge-intensive business service firms in rural locations [J]. Regional Studies, 2015: 1 - 16.

[108] Knight L., Pye A. Network Learning: An Empirically Derived Model of Learning by Groups of Organizations [J]. Human Relations, 2005, 58 (3): 369 - 392.

[109] Knoben J., Oerlemans L. A. G. Proximity and inter-organizational

collaboration: A literature review [J]. International Journal of Management Reviews, 2006, 8 (2): 71 -89.

[110] Knoben J. Localized inter-organizational linkages, agglomeration effects, and the innovative performance of firms [J]. Annals of Regional Science, 2009, 43 (3): 757 -779.

[111] Krätke S. Regional knowledge networks: a network analysis approach to the interlinking of knowledge resources [J]. European Urban and Regional Studies, 2010 (17): 83 -97.

[112] Landry R., Amara N., Lamari M. Does Social Capital Determine Innovation? To What Extent? [J]. Technological Forecasting and Social Change, 2002, 69 (7): 681 -701.

[113] Laursen K., Reichstein T., Salter A. Exploring the Effect of Geographical Proximity and University Quality on University-Industry Collaboration in the United Kingdom [J]. Regional Studies, 2011, 45 (4): 507 -523.

[114] Lechner C., Dowling M. Firm networks: external relationships as sources for the growth and competitiveness of entrepreneurial firms, Entrepreneurship & Regional Development, 2003, 15 (1): 1 -26.

[115] Lee S., Park G., Yoon B., Park J. Open innovation in SMEs—An intermediated network model [J]. Research Policy, 2010 (39): 290 - 300.

[116] Liefner I., Hennemann S. Structural holes and new dimensions of distance: the spatial configuration of the scientific knowledge network of China's optical technology sector [J]. Environment and Planning A, 2011 (43): 810 - 829.

[117] Liefner I., Zeng G. China's Mechanical Engineering Industry: Offering the Potential for Indigenous Innovation? In: Yu Zhou, William Lazonick and Yifei Sun (ed.): China as an Innovation Nation, Oxford University Press, 2016: 98 -132.

[118] Liu W., Dicken P. Transnational corporations and 'obligated embeddedness': Foreign direct investment in China's automobile industry [J].

Environment and Planning A, 2006 (38): 1229 - 1247.

[119] Liu X. H., Buck T. Innovation performance and channels for international technology spillovers: evidence from Chinese high-tech industries [J]. Research Policy, 2007, 36 (2): 355 - 366.

[120] MacKinnon D. Beyond strategic coupling: reassessing the firm-region nexus in global production networks [J]. Journal of Economic Geography, 2012, 12 (1): 227 - 245.

[121] Maillat D. Innovative milieux and new generations of regional policies [J]. Entrepreneurship & Regional Development, 1998, 10 (1): 1 - 16.

[122] Malmberg A., Power D. True clusters: a severe case of conceptual headache. In B. Asheim, P. Cooke, R. Martin (eds) Clusters and Regional Development: Critical Reflections and Explorations. London: Routledge, 2006.

[123] Maskell P., Malmberg A. Localised learning and industrial competitiveness [J]. Cambridge Journal of Economics, 1999, 23 (2): 167 - 185.

[124] Maskell P. Social capital, innovation, and competitiveness. In S. Baron, J. Field, T. Schuller (eds) Social Capital: Critical Perspectives [M]. Oxford: Oxford University Press, 2000.

[125] Mueller M., Stewart A. Does Temporary Geographical Proximity Predict Learning? Knowledge Dynamics in the Olympic Games [J]. Regional Studies, 2016, 50 (3): 1 - 14.

[126] Mueller P. Entrepreneurship in the Region: Breeding Ground for Nascent Entrepreneurs? [J]. Small Business Economics, 2006, 27 (1): 41 - 58.

[127] Nalson R. R. National innovation systems: a comparative analysis [M]. Oxford university press, 1993.

[128] Neffke F., Henning M., Boschma R. How Do Regions Diversify over Time? Industry Relatedness and the Development of New Growth Paths in Regions [J]. Economic Geography, 2011, 87 (3): 237 - 265.

[129] Neilson J., Pritchard B., Yeung H. W. C. Special issue: Global value chains, global production networks and the role of the state [J]. Review of International Political Economy, 2014 (21): 1 - 274.

［130］ O'h Uallachaín B. , Leslie T. F. Rethinking the regional knowledge production function ［J］. Journal of Economic Geography, 2007 (7): 737 -752.

［131］ OECD. National Innovation Systems ［M］. Paris, 1997.

［132］ Peter D. Global Shift (4th edition) ［M］. London: Sage Publications, 2004.

［133］ Pinch S. , Henry N. , Jenkins M. , Tallman S. From ' industrial districts' to ' knowledge clusters': a model of knowledge dissemination and competitive ［J］. Journal of Economic Geography, 2003 (3): 373 -388.

［134］ Porter M. E. On Competition. Cambridge, MA: Harvard Business School Press, 1998.

［135］ Prabhu J. C. , Chandy R. K. , Ellis M. E. The Impact of Acquisitions on Innovation: Poison Pill, Placebo, or Tonic? ［J］. Journal of Marketing, 2005, 69 (1): 114 -130.

［136］ Prigogine I. , Nicolis G. Self-Organization in Nonequilibrium Systems ［M］. New York: John Wiley&Sons, 1977.

［137］ Ramadani V. , Gërguri S. , Rexhepi S. Innovation and Economic Development: The Case of FYR of Macedonia ［J］. Journal of Balkan and Near Eastern Studies, 2013, 15 (3): 324 -345.

［138］ Robertson R. (n. d.) The conceptual promise of glocalization: commonality and diversity, 1995. http: //artefact. mi2. hr/_aO4/lang_en/index_en. htm.

［139］ Romer P. Endogenous technological change ［J］. Journal of Political Economy, 1990, XCVIII: 71 -102.

［140］ Romer P. Increasing returns and long-run growth ［J］. Journal of Political Economy, 1986, XCIV: 1001 -1037.

［141］ Rost K. The strength of strong ties in the creation of innovation ［J］. Research Policy, 2011, 40 (4): 588 -604.

［142］ Rothwell R. Successful Industrial Innovation: Critical Factors for the 1990s ［J］. R&D Management, 1992, 22 (3): 221 -239.

［143］ Samara E. , Georgiadis P. , Bakouros I. The impact of innovation policies on the performance of national innovation systems: A system dynamics analysis [J]. Technovation, 2012 (32): 624 -638.

[144] Saxenian A., Hsu J. The Silicon Valley-Hsinchu Connection: Technical Communities and Industrial Upgrading [J]. Social Science Electronic Publishing, 2001, 10 (4): 893 -920.

[145] Scott M. Re-theorizing social network analysis and environmental governance: Insights from human geography [J]. Progress in Human Geography, 2015, 39 (4): 449 -463.

[146] Seufert A., Krogh G., Bach A. Towards Knowledge Networking [J]. Journal of Knowledge Management, 1999 (3).

[147] Sharma S., Singla L. Telecom Equipment Industry: Challenges and Prospects [J]. Economic and Political Weekly, 2009, 44 (1): 16 -18.

[148] Singh R. P. Entrepreneurial Opportunity Recognition through Social Networks [M]. New York: Garland Publishing, 2000.

[149] Steafan K. Regional Knowledge Networks: A Network Analysis Approach to the Interlinking of Knowledge Resources [J]. European Urban and Regional Studies, 2010 (1).

[150] Storper M., Venables A. J. Buzz: Face-to-face Contact and the Urban Economy [J]. Journal of economic geography, 2004, 4 (4): 351 -370.

[151] Sun Y., Zhou Y., Lin G. C. S. Subcontracting and Supplier Innovativeness in a Developing Economy: Evidence from China's Information and Communication Technology Industry [J]. Regional Studies, 2011, 47 (10): 1 -19.

[152] Swyngedouw E. Globalisation or 'glocalisation'? networks, territories and rescaling [J]. Cambridge Review of International Affairs, 2004, 17 (1): 25 -48.

[153] Ter Wal A., Anne L. J. The dynamics of the inventor network in German biotechnology: geographic proximity versus triadic closure [J]. Journal of Economic Geography, 2014, 14 (3): 589 -620.

[154] Ter Wal A., Boschma R. A. Applying social network analysis in economic geography: Framing some key analytic issues [J]. Annals of Regional

Science, 2009, 43 (3): 739 –756.

[155] Ter Wal A. The Dynamics of the Inventor Network in German Biotechnology: Geographic Proximity versus Triadic Closure [J]. Journal of Economic Geography, 2013 (2): 1 –32.

[156] Ter Wal A. The spatial dynamics of the inventor network in German-biotechnology: geographical proximity versus triadic closure. Papers presented in Evolutionary Economic Geography 11 – 02, Section of Economic Geography, Utrecht University, 2011.

[157] Ter Wal A. The spatial dynamics of the inventor network in German biotechnology: geographical proximity versus triadic closure [J]. Evolutionary Economic Geography, 2011, 11 (2).

[158] Tracey P., Clark G. L. Alliances, Networks and Competitive Strategy: Rethinking Clusters of Innovation [J]. Growth and Change, 2003, 34 (1): 1 –16.

[159] Trippl M., Tödtling F., Lengauer L. Knowledge Sourcing Beyond Buzz and Pipelines: Evidence from the Vienna Software Sector [J]. Economic Geography, 2009, 85 (4): 443 –462.

[160] Turner S. Networks of learning within the English wine industry [J]. Journal of Economic Geography, 2010 (10): 685 –715.

[161] Ullman S. High-level vision: Object recognition and visual cognition [M]. Cambridge, MA: MIT Press, 1996.

[162] Van Geenhuizen M. Knowledge networks of young innovators in the urban economy: biotechnology as a case study [J]. Entrepreneurship&Regional Development, 2008 (20): 161 –183.

[163] Wang D., Chai Y., Li F. Built environment diversities and activity-travel behaviour variations in Beijing, China [J]. Journal of Transport Geography, 2011, 19 (6): 1173 –1186.

[164] Wang T. Y., Chien S. C. Forecasting innovation performance via neural networks—a case of Taiwanese manufacturing industry [J]. Technovation, 2006 (26): 635 –643.

[165] Wei Y. H., Liefner I., Chang-Hong M. Network configurations and R&D activities of the ICT industry in Suzhou Municipality, Chin. Geoforum, 2011, 42 (6): 731-731.

[166] Wei Y. H., Yuan H., Liao H. Spatial Mismatch and Determinants of Foreign and Domestic Information and Communication Technology Firms in Urban China. Professional Geographer, 2013, 65 (2): 247-264.

[167] Wu A., Wang C., Li S. Geographical knowledge search, internal R&D intensity and product innovation of clustering firms in Zhejiang, China [J]. Papers in Regional Science, 2015, 94 (3): 553-572.

[168] Yeung G. The operation of Global Production Networks (GPNs) 2.0 and methodological constraints [J]. Geoforum, 2016 (75): 265-269.

[169] Yeung H. W. C. Strategic coupling: East Asian industrial transformation in the new global economy. Cornell [M]. University Press, 2016.

[170] Yeung H. W. C. The Rise of East Asia: An Emerging Challenge to the Study of International Political Economy [A]. M Blyth (Eds.). Routledge handbook of international political economy (IPE): IPE as a global conversation [M]. London: Routledge, 2009: 201-215.

[171] Yeung H., Coe N. M. Toward a dynamic theory of global production networks [J]. Economic Geography, 2015, 91 (1): 29-58.

[172] Yeung H. Organizing 'the firm' in industrial geography I: networks, institutions and regional development [J]. Progress in Human Geography, 2000 (24): 301-315.

[173] Yeung H. Rethinking relational economic geography [J]. Transactions of the Institute of British Geographers, 2005, 30 (1): 37-52.

[174] Zeller C. North Atlantic Innovative Relations of Swiss Pharmaceuticals and the Proximities with Regional Biotech Arenas [J]. Economic Geography, 2004, 80 (1): 83-111.

[175] Zeng G., Liefner I., Si Y. F. The role of high-tech parks in China's parks in China's regional economy: Empirical evidence from the IC industry in the Zhangjiang high-tech park, Shanghai [J]. Edkunde, 2011, 65 (1): 43-53.

[176] Zhou Y., Tong X. An innovative region in China: Interaction between multinational corporations and local firms in a high-tech cluster in Beijing [J]. Economic Geography, 2003, 79 (2): 425 -434.

[177] Zhu S., He C., Zhou Y. How to jump further and catch up? Path-breaking in an uneven industry space [J]. Journal of Economic Geography, 2017 (17): 521 -545.

[178] Zukauskaite E., Trippl M., Plechero M. Institutional Thickness Revisited [J]. Economic Geography, 2017, 93 (4): 325 -345.

[179] 艾少伟，苗长虹．从“地方空间”“流动空间”到“行动者网络空间”：ANT 视角 [J]. 人文地理，2010 (2): 43 -49.

[180] 安虎森．新产业区理论与区域经济发展 [J]. 北方论丛，1998 (2): 17 -22.

[181] 拜琦瑞，杨开忠．论知识可达性与区域经济增长 [J]. 经济经纬，2008 (2): 64 -67.

[182] 蔡运龙，陆大道，周一星，等．中国地理科学的国家需求与发展战略 [J]. 地理学报，2004，59 (6): 811 -819.

[183] 曹贤忠，曾刚，司月芳．网络资本、知识流动与区域经济增长：一个文献述评 [J]. 经济问题探索，2016 (6): 175 -184.

[184] 曹贤忠，曾刚，司月芳．网络资本、知识流动与区域经济增长 [J]. 经济问题探索，2016 (5): 1 -10.

[185] 曹贤忠，曾刚，邹琳，等．基于面板数据的 R&D 投入对区域经济增长的影响 [J]. 长江流域资源与环境，2016，25 (2): 208 -218.

[186] 曹贤忠，曾刚，邹琳．长三角城市群 R&D 资源投入产出效率分析及空间分异 [J]. 经济地理，2015，35 (1): 104 -111.

[187] 曹贤忠，曾刚．基于熵权 TOPSIS 法的经济技术开发区产业转型升级模式选择研究——以芜湖市为例 [J]. 经济地理，2014，34 (4): 13 -18.

[188] 曾刚，李英戈，樊杰．京沪区域创新系统比较研究 [J]. 城市规划，2006，30 (3): 32 -38.

[189] 曾刚，文嫮．上海浦东信息产业集群的建设 [J]. 地理学报，

2004 (1): 59-66.

[190] 曾刚,袁莉莉. 长江三角洲技术扩散规律及其对策初探 [J]. 人文地理,1999 (1): 5-9.

[191] 曾刚. 技术扩散与区域经济发展 [J]. 地域研究与开发,2002,21 (3): 38-41.

[192] 曾刚. 上海市高新技术企业技术开发机制初探 [J]. 现代城市研究,1998 (4): 7-10.

[193] 曾刚. 长江经济带协同创新研究:创新·合作·空间·治理 [M]. 北京:经济科学出版社,2016.

[194] 陈卉,甄峰. 信息通讯技术对老年人的社区满意度影响路径——以南京市锁金社区为例 [J]. 地理科学进展,2016 (9): 1167-1176.

[195] 陈劲,梁靓,吴航. 基于解吸能力的外向型技术转移研究框架——以网络嵌入性为视角 [J]. 技术经济,2012,31 (5): 8-11.

[196] 陈强,刘笑. 城市三螺旋创新体系测度——基于上海和东京的对比研究 [J]. 中国科技论坛,2015 (9): 17-23.

[197] 陈强,刘笑. 上海高校创新合作演化路径分析——基于论文合作的角度 [J]. 同济大学学报 (社会科学版),2016,27 (5): 109-116.

[198] 程开明. 结构方程模型的特点及应用 [J]. 统计与决策,2006 (10): 22-25.

[199] 池仁勇. 区域中小企业创新网络的结点联结及其效率评价研究 [J]. 管理世界,2007 (1): 105-113.

[200] 党兴华,弓志刚. 多维邻近性对跨区域技术创新合作的影响——基于中国共同专利数据的实证分析 [J]. 科学学研究,2013,31 (10): 1590-1600.

[201] 党兴华,肖瑶. 基于跨层级视角的创新网络治理机理研究 [J]. 科学学研究,2015,33 (12): 1894-1908.

[202] 邓羽,司月芳. 西方创新地理研究评述 [J]. 地理研究,2016,35 (11): 2041-2052.

[203] 杜德斌,孙一飞,盛垒. 跨国公司在华 R&D 机构的空间集聚研究 [J]. 世界地理研究,2010,19 (3): 1-13.

[204] 杜德斌. 跨国公司 R&D 全球化：地理学的视角 [J]. 世界地理研究，2007，16 (4)：106 -114.

[205] 杜志威，吕拉昌，黄茹. 中国地级以上城市工业创新效率空间格局研究 [J]. 地理科学，2016 (3)：321 -327.

[206] 樊杰，等. 中小企业技术创新与区域经济发展 [M]. 北京：中国科学技术出版社，2004.

[207] 樊杰，刘汉初."十三五"时期科技创新驱动对我国区域发展格局变化的影响与适应 [J]. 经济地理，2016，36 (1)：1 -9.

[208] 范斐，杜德斌，李恒，等. 中国地级以上城市科技资源配置效率的时空格局 [J]. 地理学报，2013，68 (10)：1331 -1343.

[209] 方创琳，关兴良. 中国城市群投入产出效率的综合测度与空间分异 [J]. 地理学报，2011，66 (8)：1011 -1022.

[210] 方创琳，马海涛，王振波，等. 中国创新型城市建设的综合评估与空间格局分异 [J]. 地理学报，2014，69 (4)：459 -473.

[211] 符文颖，Diez，J. R.，Schiller，D. 区域创新系统的管治框架演化 [J]. 人文地理，2013，13 (2)：83 -88.

[212] 盖文启，王缉慈. 论区域创新网络对我国高新技术中小企业发展的作用 [J]. 中国软科学，1999 (9)：102 -106.

[213] 高菠阳，刘卫东，Norcliffe G，等. 国际贸易壁垒对全球生产网络的影响——以中加自行车贸易为例 [J]. 地理学报，2011，(04)：477 -486.

[214] 高菠阳，刘卫东. 我国彩电制造业空间变化的影响因素 [J]. 地理研究，2008，27 (2)：375 -384.

[215] 顾娜娜. 长江经济带装备制造业产学研创新网络研究 [D]. 上海：华东师范大学，2015.

[216] 顾新. 区域创新系统论 [D]. 成都：四川大学，2002.

[217] 韩玉刚，曹贤忠. 中国中部城市群区域 R&D 资源配置绩效评价研究——以皖江城市带为例 [J]. 西南民族大学学报（人文社科版），2016，37 (7)：115 -119.

[218] 韩增林，胡伟，李彬，等. 中国海洋产业研究进展与展望 [J]. 经济地理，2016，36 (1)：89 -96.

[219] 韩振海，李国平．国家创新系统理论的演变评述［J］．科学管理研究，2004，22（2）：24－26.

[220] 贺灿飞，郭琪，马妍，等．西方经济地理学研究进展［J］．地理学报，2014，69（8）：1207－1223.

[221] 贺灿飞，毛熙彦．尺度重构视角下的经济全球化研究［J］．地理学报，2015，34（9）：1073－1083.

[222] 侯剑华，胡志刚．CiteSpace 软件应用研究的回顾与展望［J］．现代情报，2013，33（4）：99－103.

[223] 胡学刚．高技术企业的界定［J］．安徽农业大学学报（社会科学版），2000（4）：27－19.

[224] 胡志坚，苏靖．区域创新系统理论的提出与发展［J］．中国科技论坛，1999（11）：20－23.

[225] 华红莲，周尚意，角媛梅，等．哈尼梯田遗产地居民地方感与梯田保护态度的关系［J］．热带地理，2016（4）：532－538.

[226] 纪慰华．社会文化环境对企业网络构建的影响——以上海大众供货商网络为例［D］．上海：华东师范大学，2004.

[227] 贾若祥，刘毅．企业合作在我国区域发展中的作用［J］．人文地理，2004，19（3）：31－35.

[228] 蒋同明，刘世庆．基于自组织理论的区域创新网络演化研究［J］．科技管理研究，2011（7）：23－26.

[229] 蒋媛媛．上海高新技术产业发展研究［J］．上海经济研究，2010（11）：109－120.

[230] 解学梅，左蕾蕾．企业协同创新网络特征与创新绩效：基于知识吸收能力的中介效应研究［J］．南开管理评论，2013，16（3）：47－56.

[231] 李丹丹，汪涛，魏也华，等．中国城市尺度科学知识网络与技术知识网络结构的时空复杂性［J］．地理研究，2015（3）：525－540.

[232] 李丹丹，汪涛，周辉．基于不同时空尺度的知识溢出网络结构特征研究［J］．地理科学，2013，33（10）：1180－1187.

[233] 李二玲，李小建．欠发达农区传统制造业集群的网络演化分析——以河南省虞城县南庄村钢卷尺产业集群为例［J］．地理研究，2009，

28 (3): 738 - 750.

[234] 李虹. 区域创新体系的构成及其动力机制分析 [J]. 科学学与科学技术管理, 2004 (2): 34 - 36.

[235] 李金华, 孙东川. 创新网络的演化模型 [J]. 科学学研究, 2006, 24 (1): 135 - 140.

[236] 李琳, 韩宝龙. 地理与认知邻近对高技术产业集群创新影响——以我国软件产业集群为典型案例 [J]. 地理研究, 2011, 30 (9): 1592 - 1605.

[237] 李婉, 孙斌栋. 西方经济地理学的知识结构与研究热点——基于 CiteSpace 的图谱量化研究 [J]. 经济地理, 2014, 34 (4): 7 - 12.

[238] 李小建. 新产业区与经济活动全球化的地理研究 [J]. 地理科学进展, 1997, 16 (3): 16 - 23.

[239] 李郇, 徐现祥, 陈浩辉. 20 世纪 90 年代中国城市效率的时空变化 [J]. 地理学报, 2005, 60 (4): 615 - 625.

[240] 李贞, 张体勤. 企业知识网络能力的理论架构和提升路径 [J]. 中国工业经济, 2010 (10): 107 - 116.

[241] 李志刚, 汤书昆, 梁晓艳, 等. 产业集群网络结构与企业创新绩效关系研究 [J]. 科学学研究, 2007, 25 (4): 776 - 781.

[242] 连远强. 国外创新网络研究述评与区域共生创新战略 [J]. 人文地理, 2016 (1): 26 - 32.

[243] 林兰, 曾刚. 技术扩散空间尺度与高新技术企业布局 [J]. 科技管理研究, 2006, 26 (7): 70 - 73.

[244] 刘承良, 桂钦昌, 段德忠, 等. 全球科研论文合作网络的结构异质性及其邻近性机理 [J]. 地理学报, 2017, 72 (4): 737 - 752.

[245] 刘刚, 罗强. 上海推进农业产学研一体化的现状与建议 [J]. 上海农村经济, 2015 (3): 16 - 18.

[246] 刘刚. 中国经济发展的新动力 [J]. 华东经济管理, 2014, 28 (7): 1 - 7.

[247] 刘军. 社会网络分析导论 [M]. 北京: 社会科学文献出版社, 2004.

［248］刘顺忠，官建成．区域创新系统创新绩效的评价［J］．中国管理科学，2002，10（1）：75－78.

［249］刘炜，刘逸，李郇，等．全球化下珠三角本土企业创新网络的演变及影响因素研究——基于顺德东菱凯琴集团和珠海德豪润达集团的对比实证［J］．经济地理，2010，30（8）：1316－1321.

［250］刘卫东，马丽，刘毅．经济全球化对我国区域发展空间格局的影响［J］．地域研究与开发，2003，22（3）：11－17.

［251］刘学元，丁雯婧，赵先德．企业创新网络中关系强度、吸收能力与创新绩效的关系研究［J］．南开管理评论，2016，19（1）：30－42.

［252］刘毅，黄建毅，马丽．基于 DEA 模型的我国自然灾害区域脆弱性评价［J］．地理研究，2010，29（7）：1153－1162.

［253］鲁新．创新网络形成与演化机制研究［D］．武汉：武汉理工大学，2010.

［254］陆大道．论区域的最佳结构与最佳发展［J］．地理学报，2001，56（2）：127－135.

［255］陆大道．中国区域发展的新因素与新格局（节选）［J］．地理教育，2004（1）：261－271.

［256］陆立军，郑小碧．区域经济发展差异与创新网络联结度相关关系研究［J］．科学学与科学技术管理，2007（10）：130－134.

［257］吕国庆，曾刚，顾娜娜．经济地理学视角下区域创新网络的研究综述［J］．经济地理，2014，34（2）：1－8.

［258］吕国庆，曾刚，郭金龙．长三角装备制造业产学研创新网络体系的演化分析［J］．地理科学，2014，34（9）：1051－1059.

［259］吕国庆．中国装备工业创新网络研究［D］．上海：华东师范大学，2016.

［260］吕拉昌，黄茹，廖倩．创新地理学研究的几个理论问题［J］．地理科学，2016，36（5）：653－661.

［261］马丽，刘卫东，刘毅．经济全球化下地方生产网络模式演变分析——以中国为例［J］．地理研究，2004，23（1）：87－96.

［262］马铭波，王缉慈．知识深度视角下文化产品制造业的相似问题

及根源探究——基于国内钢琴制造业的例证［J］. 中国软科学，2012（3）：100－106.

［263］马双，曾刚，吕国庆. 基于不同空间尺度的上海市装备制造业创新网络演化分析［J］. 地理科学，2016，36（8）：1155－1164.

［264］马晓龙，保继刚. 基于DEA的中国国家级风景名胜区使用效率评价［J］. 地理研究，2009，28（3）：838－848.

［265］梅亮，许庆瑞. 创新网络研究述评［J］. 科技管理研究，2011，31（10）：18－25.

［266］苗长虹，樊杰，张文忠. 西方经济地理学区域研究的新视角——论"新区域主义"的兴起［J］. 经济地理，2002，22（6）：644－650.

［267］苗长虹，魏也华. 西方经济地理学理论建构的发展与论争［J］. 地理研究，2007，26（6）：1233－1246.

［268］苗长虹. 变革中的西方经济地理学：制度、文化、关系与尺度转向［J］. 人文地理，2004，19（4）：68－76.

［269］苗长虹. 全球—地方联结与产业集群的技术学习：以河南许昌发制品产业为例［J］. 地理学报，2006，61（4）：425－434.

［270］宁越敏. 外商直接投资对上海经济发展影响的分析［J］. 经济地理，2004，24（3）：313－318.

［271］潘峰华，赖志勇，葛岳静. 社会网络分析方法在地缘政治领域的应用［J］. 经济地理，2013，33（7）：15－21.

［272］潘峰华，王缉慈. 全球化背景下中国手机制造产业的空间格局及其影响因素［J］. 经济地理，2010，30（4）：608－613.

［273］钱锡红，徐万里，杨永福. 企业网络位置、间接联系与创新绩效［J］. 中国工业经济，2010（2）：78－88.

［274］邱皓政. 结构方程模型的原理与应用［M］. 北京：中国轻工业出版社，2009.

［275］施放，朱吉铭. 创新网络、组织学习对创新绩效的影响研究——基于浙江省高新技术企业［J］. 华东经济管理，2015，29（10）：21－26.

［276］石书德，高建. 知识流动、创业活动对经济增长的影响——一种解释中国区域经济差异的观点［J］. 科学学与科学技术管理，2009

(11)：134 -140.

[277] 史春云，张捷，尤海梅．游客感知视角下的旅游地竞争力结构方程模型 [J]. 地理研究，2008 (3)：703 -714.

[278] 史焱文，李二玲，李小建，等．基于 SNA 的农业产业集群创新网络与知识流动分析 [J]. 经济地理，2015，35 (8)：114 -122.

[279] 史焱文，李二玲，李小建．地理邻近、关系邻近对农业产业集群创新影响——基于山东省寿光蔬菜产业集群实证研究 [J]. 地理科学，2016，36 (5)：751 -759.

[280] 史焱文，李二玲，李小建．农业产业集群创新效率及影响因素——基于山东省寿光蔬菜产业集群的实证分析 [J]. 地理科学进展，2014，33 (7)：1000 - 1008.

[281] 司月芳，曾刚，曹贤忠，等．基于全球—地方视角的创新网络研究进展 [J]. 地理科学进展，2016，35 (5)：600 -609.

[282] 孙斌栋，阎宏，张婷麟．社区建成环境对健康的影响——基于居民个体超重的实证研究 [J]. 地理学报，2016 (10)：1721 -1730.

[283] 覃成林．高新技术产业布局特征分析 [J]. 人文地理，2003，18 (5)：38 -41.

[284] 谭成文，杨开忠．中关村科技园区发展问题剖析 [J]. 中国软科学，2001 (4)：92 -96.

[285] 滕堂伟，曾刚，等．集群创新与高新区转型 [M]. 北京：科学出版社，2009.

[286] 田园，王铮．创新型企业创业的区位选择 [J]. 科技导报，2016，34 (4)：50 -55.

[287] 佟连军，宋亚楠，韩瑞玲，等．辽宁沿海经济带工业环境效率分析 [J]. 地理科学，2012，32 (3)：294 -300.

[288] 童昕，王缉慈．硅谷—新竹—东莞：透视 IT 产业全球生产网络 [J]. 科技导报，1999，(16)：14 -16.

[289] 童昕，王涛，李沫．无锡光伏产业链中的全球—本地联系 [J]. 地理科学，2017，37 (12)：1823 -1830.

[290] 汪涛，Henneman S，Liefner I，等．知识网络的空间极化与扩

散研究——以我国生物技术知识为例［J］. 地理研究，2011，30（10）：1861－1872.

［291］汪涛，曾刚. 地理邻近与上海浦东高技术企业创新活动研究——兼比较德国下萨克森州［J］. 世界地理研究，2008，17（1）：47－52.

［292］汪涛，任瑞芳，曾刚. 知识网络结构特征及其对知识流动的影响［J］. 科学学与科学技术管理，2010（5）：150－155.

［293］汪侠，顾朝林，梅虎. 旅游景区顾客的满意度指数模型［J］. 地理学报，2005（5）：807－816.

［294］王蓓，刘卫东，陆大道. 中国大都市区科技资源配置效率研究——以京津冀、长三角和珠三角地区为例［J］. 地理科学进展，2011，30（10）：1233－1239.

［295］王承云，杜德斌. 在华美、日跨国公司 R&D 投资区位的比较［J］. 人文地理，2007，94（2）：1－5.

［296］王大洲. 企业创新网络的进化与治理：一个文献综述［J］. 科研管理，2001，22（5）：96－103.

［297］王飞. 生物医药创新网络演化机理研究——以上海张江为例［J］. 科研管理，2012，33（2）：48－54.

［298］王海花，谢富纪. 企业外部知识网络能力的结构测量——基于结构洞理论的研究［J］. 中国工业经济，2012（7）：134－146.

［299］王灏. 光电子产业区域创新网络构建与演化机理研究［J］. 科研管理，2013，34（1）：37－45.

［300］王宏起，胡运权. 高新技术及其产业的界定和使用规范化研究［J］. 科学学与科学技术管理，2002，23（4）：8－11.

［301］王缉慈，王敬甯. 中国产业集群研究中的概念性问题［J］. 世界地理研究，2007，16（4）：89－97.

［302］王缉慈. 超越集群：中国产业集群的理论探索［M］. 北京：科学出版社，2010.

［303］王缉慈. 创新的空间——企业集群与区域发展［M］. 北京：北京大学出版社，2001.

［304］王缉慈. 创新集群三十年探索之旅［M］. 北京：科学出版

社，2016.

［305］王缉慈．超越集群——关于中国产业集聚问题的看法［J］．上海城市规划，2011（1）：52－54.

［306］王俊松．企业所有制与在华外资企业的溢出效应［J］．世界地理研究，2013（3）：101－109.

［307］王立平．我国高校 R&D 知识溢出的实证研究——以高技术产业为例［J］．中国软科学，2005（12）：54－59.

［308］王丽平，何亚蓉．互补性资源、交互能力与合作创新绩效［J］．科学学研究，2016，34（1）：132－141.

［309］王秋玉，曾刚，吕国庆．中国装备制造业产学研合作创新网络初探［J］．地理学报，2016，71（2）：251－264.

［310］王文亮，刘岩．校企合作创新网络运行机制调查分析——以河南省为例［J］．技术经济，2011，30（8）：32－38.

［311］王铮，马翠芳，王莹，等．区域间知识溢出的空间认识［J］．地理学报，2003，58（5）：773－780.

［312］魏江，应瑛，刘洋．研发网络分散化，组织学习顺序与创新绩效：比较案例研究［J］．管理世界，2014（2）：137－151.

［313］魏权龄．数据包络分析（DEA）［J］．科学通报，2000，45（17）：1793－1808.

［314］魏旭，张艳．知识分工、社会资本与集群式创新网络的演化［J］．当代经济研究，2006（10）：24－27.

［315］文嫮，曾刚．全球价值链治理与地方产业网络升级研究——以上海浦东集成电路产业网络为例［J］．中国工业经济，2005，208（7）：20－27.

［316］吴敬琏．制度重于技术——论发展我国高新技术产业［J］．中国科技产业，1999（10）：1－6.

［317］吴延兵．用 DEA 方法评测知识生产中的技术效率与技术进步［J］．数量经济技术经济研究，2008（7）：67－79.

［318］吴玉鸣．大学、企业研发与首都区域创新的局域空间计量分析［J］．科学学研究，2006，24（3）：398－404.

［319］夏丽娟，谢富纪，王海花．制度邻近、技术邻近与产学协同创新绩效——基于产学联合专利数据的研究［J］．科学学研究，2017，35（5）：782－791.

［320］肖泽磊，项喜章，刘虹．高新技术产业创新群构成要素及优势分析——以“武汉·中国光谷”为例［J］．中国软科学，2010（7）：103－111.

［321］谢富纪，徐恒敏．知识、知识流与知识溢出的经济学分析［J］．同济大学学报（社会科学版），2001，12（2）：54－57.

［322］徐维祥，刘程军．产业集群创新与县域城镇化耦合协调的空间格局及驱动力——以浙江为实证［J］．地理科学，2015，35（11）：1347－1356.

［323］许皓，孙燕红，华中生．基于整体效率的区间 DEA 方法研究［J］．中国管理科学，2010，18（2）：102－107.

［324］颜子明，杜德斌，刘承良，等．西方创新地理研究的知识图谱可视化分析［J］．地理学报，2018，73（2）：362－379.

［325］杨开忠，谢燮．中国城市投入产出有效性的数据包络分析［J］．地理与地理信息科学，2002，18（3）：45－47.

［326］杨鹏．我国区域 R&D 知识存量的经济计量研究［J］．科学学研究，2007（3）：461－466.

［327］杨鹏鹏，袁治平，王能民．社会资本影响区域经济增长的机理——基于“织网”模型的分析［J］．人文地理，2008（5）：67－72.

［328］杨维汉等．把创新摆在国家发展全局核心位置［EB/OL］．新华每日电讯 3 版，2015－10－31. http：//news. xinhuanet. com/mrdx/2015－10/31/c_134768553. htm.

［329］杨兴柱，陆林，王群．农户参与旅游决策行为结构模型及应用［J］．地理学报，2005（6）：50－62.

［330］杨雪，顾新，王元地．文化邻近对产学合作创新倾向影响的实证研究［J］．中国科技论坛，2014（10）：66－71.

［331］杨忠泰．区域创新体系与国家创新体系的关系及其建设原则［J］．中国科技论坛，2006（5）：42－46.

［332］叶琴，曾刚，陈弘挺．中国装备制造企业合作创新伙伴选择——基于 2013 年中国工博会 249 家参展企业的问卷调查分析［J］．地理

科学进展，2015，34（5）：648－656.

［333］叶琴，曾刚，陈弘挺．组织与认知邻近对东营市石油装备制造业创新网络演化影响［J］．人文地理，2017（1）：116－122.

［334］易将能，孟卫东，杨秀苔．区域创新网络演化的阶段性研究［J］．科研管理，2005，26（5）：24－28.

［335］尤瑞玲，陈秋玲．我国沿海地区科技创新效率的省域差异研究［J］．技术经济与管理研究，2017（5）：119－123.

［336］约瑟夫·熊彼特．经济发展理论——对于利润、资本、信贷、利息和经济周期的考察［M］．北京：商务印书馆，1990.

［337］张方华，陶静媛．企业内部要素协同与创新绩效的关系研究［J］．科研管理，2016，37（2）：20－28.

［338］张满银，杨丽芸，韩大海．区域创新网络理论述评［J］．当代经济研究，2011（6）：30－35.

［339］张荣天，焦华富．长江三角洲地区城镇化效率测度及空间关联格局分析［J］．地理科学，2015，35（4）：433－439.

［340］张文佳，柴彦威．基于家庭的城市居民出行需求理论与验证模型［J］．地理学报，2008（12）：1246－1256.

［341］张秀萍，卢小君，黄晓颖．基于三螺旋理论的区域协同创新网络结构分析［J］．中国科技论坛，2016（11）：82－88.

［342］赵建吉，曾刚．创新的空间测度：数据与指标［J］．经济地理，2009，29（8）：1250－1255.

［343］赵建吉，曾刚．基于技术守门员的产业集群技术流动研究——以张江集成电路产业为例［J］．经济地理，2013，33（2）：111－116.

［344］赵炎，郑向杰．网络嵌入性与地域根植性对联盟企业创新绩效的影响——对中国高科技上市公司的实证分析［J］．科研管理，2013，34（11）：9－17.

［345］赵媛，郝丽莎，杨足膺．江苏省能源效率空间分异特征与成因分析［J］．地理学报，2010，65（8）：919－928.

［346］郑展，韩伯棠．基于知识流动的区域创新网络研究评述［J］．科技管理研究，2009（6）：176－179.

[347] 中共中央国务院，上海市人民政府．国务院关于印发《上海加快建设具有全球影响力科技创新中心方案》的通知［EB/OL］．新华网，2016－04－15. http：//news. xinhuanet. com/local/2016－04/15/c_128899663. htm.

[348] 中共中央国务院．关于深化体制机制改革加快实施创新驱动发展战略的若干意见［EB/OL］．新华社，2015－03－23. http：//news. xinhuanet. com/2015－03 /23/c_1114735805. htm.

[349] 中共中央国务院．中共中央国务院印发《国家创新驱动发展战略纲要》［EB/OL］．中华人民共和国中央人民政府网站，2016－05－19. http：//www. gov. cn/ gongbao/content/2016/content_5076961. htm.

[350] 中共中央国务院．中国制造 2025［EB/OL］．中华人民共和国中央人民政府官方网站，2015－05－19. http：//www. gov. cn/zhengce/content/2015－05/19/content_9784. htm.

[351] 中共中央国务院/发改委．关于制定国民经济和社会发展第十三个五年规划的建议［EB/OL］．新华社，2015－11－03. http：//news. cnr. cn/native/gd/20151103/t20151103_520379989. shtml.

[352] 周江华，刘宏程，仝允桓．企业网络能力影响创新绩效的路径分析［J］．科研管理，2013，34（6）：58－67.

[353] 周柯，唐娟莉．我国省际创新驱动发展能力测度及影响因素分析［J］．经济管理，2016（7）：24－34.

[354] 周青，侯琳，毛崇峰．制度邻近性对高新技术企业合作创新的作用路径研究［J］．科技进步与对策，2013，30（10）：81－83.

[355] 朱晓霞．区域创新系统中中小企业角色定位与成长对策研究［D］．哈尔滨：哈尔滨工程大学，2008.

[356] 朱贻文，曾刚，曹贤忠，等．不同空间视角下创新网络与知识流动研究进展［J］．世界地理研究，2017，26（4）：117－125.

[357] 邹琳，曾刚，曹贤忠，等．长江经济带的经济联系网络空间特征分析［J］．经济地理，2015，35（6）：1－7.

附录1：调查问卷

上海高技术产业创新调查问卷

尊敬的先生/女士，您好！

本问卷是华东师范大学城市发展研究院进行的一项研究，上海市科创中心建设已成为全球城市建设的重要内容，为推动科技创新的相关研究，我们将对工业的创新情况、创新环境、创新政策等方面进行调查。我们郑重承诺，本调查仅用于学术研究，不会泄露贵公司任何隐私，请您放心并客观填写。感谢您的大力支持！

华东师范大学城市发展研究院

第一部分　企业创新与合作

1. 过去三年内，贵公司是否向市场推出过新产品？

□ 没有

□ 有，项，这些新产品占贵公司 2014 年销售额的比重为：

□ 低于 10%　□ 10% ~30%　□ 30% ~50%　□ 50% ~80%

□ 高于 80%

2. 这些新产品属于什么范围内的新产品？

□ 本公司　□ 本市　□ 本省　□ 本国　□ 全球

3. 过去三年内，贵公司是否申请专利？

□ 没有　□ 有，　项。

4. 贵公司最新产品的核心技术主要来源于：

□ 自主研发　□ 与客户共同研发　□ 与大学/科研机构共同研发

□ 购买知识产权

5. 2014 年，贵公司的自主研发经费投入占全部研发经费投入的比重：

□ 0　□ 1% ~10%　□ 10% ~30%　□ 30% ~50%　□ 50% ~80%

□ 80% ~99%　□ 100%

6. 合作创新：（指联合开发新产品、开拓新市场、设计新工艺、拓展新的供应商以及组建新组织。）

（1）目前，贵公司与哪些合作伙伴进行合作创新？

请按照重要程度高低选出三个：①______②______③______

请根据联系频率高低选出三个：①______②______③______

A. 供应商　B. 大学/科研机构　C. 客户　D. 同行业企业

E. 母公司/子公司　F. 行业协会　G. 咨询公司

（2）根据（1）的回答，与贵公司合作创新伙伴的地区分布为：

合作伙伴	本市内	本省内	本国内（请填省/市）	国外（请填国家）
A. 供应商				
B. 大学/科研机构				
C. 客户				
D. 同行业企业				
E. 母公司/子公司				
F. 行业协会				
G. 咨询公司				

（3）贵公司除了固定的合作伙伴以外，还会通过哪些方式寻求合作伙伴？

□ 个人　□ 校友　□ 老乡　□ 行业协会　□ 博览会/研讨会

□ 网络或其他媒介

（4）贵公司与哪个区域的伙伴合作更加有利于创新？

□ 本市　□ 本省　□ 本国　□ 全球

（5）贵公司与合作伙伴合作创新的效果如何？

□ 很好　□ 好　□ 一般　□ 差　□ 很差

第二部分　企业创新环境

1. 您认为装备工业企业发展受到长江经济带发展战略的影响大吗？（长江经济带指的是长江流域九省二市，2014 年 9 月，国务院发布长江经济带发展指导意见，长江经济带上升为国家战略）

□ 很大　□ 大　□ 一般　□ 小　□ 很小　□ 没影响

2. 长江经济带省市加强合作有利于装备工业企业创新吗？

□ 能　　□ 不能，原因

3. 您认为有哪些因素有利于贵公司与合作伙伴进行合作创新？

请按照重要程度高低选出三个：①______②______③______

A. 与本企业的远近　　B. 政府政策

C. 企业管理者受教育程度　　D. 企业规模

E. 企业技术专业化水平　　F. 交通、通讯便利程度

G. 已有合作基础　　H. 城市经济发展水平

I. 文化及认知水平　　J. 企业服务能力

K. 市场潜力

4. 您认为哪些因素不利于贵公司与合作伙伴进行合作创新？

请按照重要程度高低选出三个：①______②______③______

A. 与本企业的远近　　B. 政府政策

C. 文化及认知水平　　D. 市场潜力

E. 企业技术专业化水平　　F. 交通、通讯便利程度

H. 企业所处城市发展水平　　I. 企业服务能力

5. 在贵公司发展过程中，为了提高创新绩效，您希望政府提供哪方面的支持？请按照重要程度高低选出三个：①______②______③______

A. 完善基础设施　　B. 扶持/奖励资金

C. 知识产权保护　　C. 专业人才引进

D. 优惠政策　　E. 服务效率提升

F. 信息共享　　G. 设立产业集聚区

H. 帮助寻找合作伙伴　　I. 其他

第三部分　企业基本情况

1. 贵公司成立于____年，主营业务或产品为______。

2. 贵公司为：

□ 总公司　□ 地区总公司　□ 子公司　□ 独立公司　□ 其他

3. 贵公司的功能为：

□ 生产　□ 研发　□ 销售　□ 服务　□其他

4. 贵公司的所有制类型为：

□ 国有　□ 民营　□ 外资企业　□ 港澳台独资　□ 其他

5. 贵公司2014年销售收入为：

□ 低于1000万元　□ 1000万~5000万元

□ 0.5亿~1亿元　□ 1亿~10亿元

□ 10亿~50亿元　□ 50亿元以上

6. 贵公司2014年研发投入占销售收入比重为：

□ 低于1%　□ 1%~3%

□ 3%~5%　□ 5%~8%

□ 高于8%

7. 贵公司的员工数量为：

□ 小于100人　□ 100~500人

□ 500~1000人　□ 1000~5000人

□ 大于5000人

其中研发人员占比：

□ 低于5%　□ 5%~10%

□ 10%~20%　□ 20%~30%

□ 高于30%

企业名称：________展位号：______　____________________

受访人员职位：________调研人员：____　____________________

附录 2：访谈提纲

1. 贵公司与其他伙伴开展合作创新吗？

2. 贵公司的创新合作伙伴分布在哪些区域？

3. 贵公司与其他机构开展合作创新，往往通过什么形式体现创新合作成果？专利还是其他什么？

4. 贵公司一般会选择什么类型的伙伴进行合作创新？主要考虑哪些因素的影响？

5. 贵公司与哪些类型伙伴合作效果较好？与哪些区域的合作伙伴合作效果最好？

6. 贵公司主要通过哪些方式开展创新合作，如技术购买、委托开发还是联合开发？

7. 贵公司创新合作产生的新产品市场状况如何？

8. 您如何评价贵公司的技术水平？当前开展创新合作的水平如何？

9. 贵公司的研发人员和研发资金投入怎么样？研发资金主要来源？

10. 贵公司是否与境外企业、机构等进行创新合作，具体的合作途径及合作内容？

11. 请列举贵公司国内外重要研发合作伙伴？（如上下游企业、同行业企业、大学及科研机构等）

12. 贵公司未来还希望与哪些机构开展创新合作？希望政府机构提供哪些帮助？